어른의 문답법

HOW TO HAVE IMPOSSIBLE CONVERSATIONS:
A Very Practical Guide

개싸움을 지적 토론의 장으로 만드는

어른의

How to Have Impossible
Conversations

의

피터 버고지언 ·
제임스 린지 지음
홍한결 옮김

문답

법

『어른의 문답법』에 쏟아진 찬사

이 책은 원활하게 논의하고, 상대를 회유하고, 부드럽게 설득하는 방법을 알려주는 자습서다. 저자 피터와 제임스 역시 대화하면서 많은 실수를 저질렀음을 인정하고 있다. 나도 이 책을 읽고 나서야 내가 얼마나 잘못 말하고 있었는지 깨달았다. 모든 사람이 이 책을 읽는다면 세상은 지금보다 좋아질 것이다.

— 리처드 도킨스Richard Dawkins

『이기적 유전자』, 『신, 만들어진 위험』 저자

자유공화국에서 '불가능한 대화'란 있을 수 없겠지만, 이런 의문이 든다. 오늘날 우리는 과연 자유롭다고 할 수 있는가? 이 책을 읽고, 저자들의 조언에 따라 대화를 나눠보고 나니 두 사람은 우리 시대의 갈릴레오, 칸트라는 확신이 든다.

— 글렌 벡Glenn Beck

정치평론가

나는 대화와 토론이라면 알 만큼 안다고 생각했다. 그러나 이 책을 읽고 그 생각이 틀렸음을 깨달았다. 내가 아는 건 논쟁과 언쟁이었다. 피터 버고지언과 제임스 린지는 대화를 건설적으로 풀어낼 온갖 묘책을 제시한다. 모든 담론이 진흙탕 싸움으로 전락한 시대, 지성인들이 온갖 다양성을 지지하면서도 관점의 다양성은 도외시하는 시기에 더없이 귀중한 책. 이 책을 읽으면 당신의 설득력이 부쩍 커질 것이다.

— 니얼 퍼거슨Niall Ferguson
   하버드대학 역사학과 교수, 스탠퍼드대학 후버 칼리지 선임 연구교수

지금은 저마다 극단적인 소셜미디어 동굴에 갇혀 독선적 믿음을 키워가는 양극화 시대다. 사회와 감정을 들여다보는 혜안으로 가득한, 지적이며, 과학적 근거가 튼튼한 책. 누구나 이 책을 통해 견해가 엇갈리는 상대방과 원활히 대화하는 법을 배울 수 있다. 타인의 신념, 편견, 종교적 가치에 의문을 제기하고 변화시키는 능력을 키울 수 있다. 더 나아가 우리 자신이 변화하는 계기가 열릴 것이다.

— 로버트 새폴스키Robert M. Sapolsky
   스탠퍼드대학 생물학과 및 의과 대학 신경학과, 신경외과 교수

피터와 제임스는 극단적이고 날 선 오늘날의 정치 환경에서 논쟁적 주제를 놓고 이성적으로 대화하는 방법에 관해 비판적 조언을 제공한다. 의견 차이를 풀어나가고 서로 간의 골을 메우는 데 꼭 필요한 지침서다.

— 데브라 W. 소Debra W. Soh
   과학 칼럼니스트, 정치 평론가

이 책은 생각이 다른 상대와의 대화에 유용한 각종 지침을 제공한다. 그뿐 아니라 근거가 부족한 신념에 의문을 제기해 확신을 누그러뜨리고, 상대방이 진실을 고민해볼 수 있도록 돕는 효과적 기법을 제시한다. 흥미진진한 책이다.

— 헬렌 플러크로스Helen Pluckrose

《애리오Areo》 편집장

나는 지난 20여 년간 홀로코스트 부정자, 창조론자, 백신 반대론자, 9·11 테러 음모론자, 점성술과 초능력 신봉자, 대체의학 지지자, 종교 근본주의자, 그 밖에 내가 강하게 반대하는 견해를 가진 사람들과 도무지 불가능해 보이는 대화를 나눴다. 그러나 이 책을 읽기 전까지는 대화에 관해 제대로 아는 것이 없었다. 가장 효과적인 커뮤니케이션 기법을 훌륭히 집약해놓은 이 책을 내가 더 일찍 접했더라면, 실패한 많은 대화를 성공적으로 이끌 수 있었을 것이다. 우리 시대의 대립과 분열을 치유하는 책이다.

— 마이클 셔머Michael Shermer

《스켑틱Skeptic》 발행인 겸 편집장

요즘 시대는 친한 친구 사이에도 논쟁적인 주제를 두고 좋은 대화를 나누는 건 거의 불가능에 가깝다. 이 책은 우리가 논의 중에 낭떠러지로 길을 잘못 들지 않기 위한, 꼭 필요한 지도가 되어줄 것이다.

— 데이브 루빈Dave Rubin

정치 토크쇼 〈루빈 리포트The Rubin Report〉 진행자

초정치화된 우리 시대에 예의 있게 대화하는 방법은 두 가지다. 타임 머신을 만들거나, 이 책을 읽거나.

— 마크 앤드리슨Marc Andreessen

소프트웨어 개발자, IT 벤처 투자사 앤드리슨 호로위츠 공동창업자

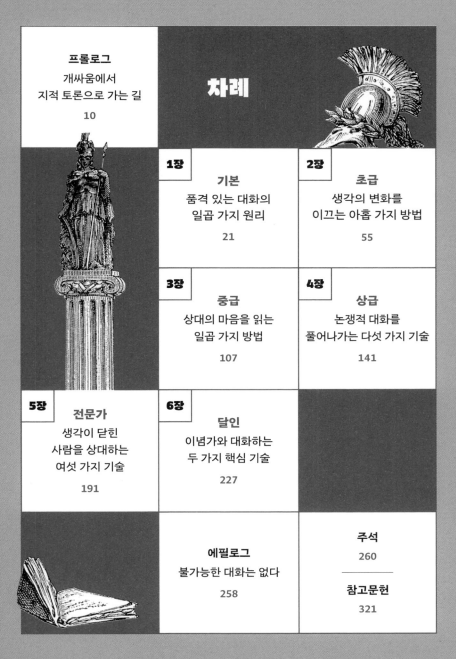

| 프롤로그 |
개싸움에서 지적 토론으로 가는 길

생각이 전혀 다른 사람과 어떻게 하면 의사소통을 잘할 수 있을까?
갈라지고 양극화된 시대에 사는 우리는, 나와 의견이 다른 사람과는
대화를 잘 나누지 않는다. 그에 따른 부작용은 막대하고 심각하다. 진
솔한 발언이 위축되고, 공동의 문제가 풀리지 않고, 인간관계가 틀어
진다.

약 20년 전, 이 책의 공저자 피터는 적극적 우대조치(여성이나 소
수자에게 입학이나 취업 등에서 혜택을 주어 그 집단이 사회적으로 받아
온 불이익을 보상하고자 하는 조치. 한국의 경우 농어촌 학생 특별 전형이
나 지역 균형 선발 등이 있다-옮긴이)를 놓고 직장 동료와 대화를 나눴
다. 직장 동료는 자신을 진보주의자라 밝힌 백인 여성이었는데, 이름
은 SDL이라 하겠다. 논란이 많은 주제이니만큼 분위기가 금방 후끈
달아올랐다. 그러더니 아니나 다를까, 곧 대화가 악화 일로를 걷기 시
작했다. 그 대화를 옮겨본다.

> **SDL:** 적극적 우대조치가 공정하다는 걸 절대 인정 안 하시네요.
> **피터:** 네, 공정하지 않으니까요. 누구한테 공정하죠?
> **SDL:** 말했잖아요. 오랫동안 소외됐던 집단이요. 아프리카계 미국인처럼

요. 그런 사람들은 시작부터 불리하잖아요. 우리가 누렸던 기회를 똑같이 누리지 못했다고요.

피터: 하지만 그렇다고 해서 왜 결과를 인위적으로 바꿔야 하죠?

SDL: 똑같은 말만 계속하시네요. 같은 미국인인데 부당한 대우를 받고 있으니까요. 그 사람들처럼 고생을 안 해봤으니 아실 리가 없죠. 좋은 학교 나오셨으니 그 사람들이 날마다 겪는 문제를 손톱만큼이나 겪어봤겠어요?

피터: 그 말이 맞는다고 합시다. 제 생각은 다른데, 일단 맞는다고 하죠. 그럼, 적극적 우대조치가 과거에 행해진 불의를 바로잡는 수단이 된다는 근거가 뭐죠?

SDL: 근거가 있어서 그러는 게 아니에요. 당연히 옳은 일이니까….

피터: 근거가 없다는 거죠? 근거는 없지만 옳다고 철석같이 믿으신다는 거네요.

SDL: 제 말 좀 들어보실래요?

피터: 듣고 있어요. 어떻게 근거 없이도 그렇게 믿음이 확고할 수 있는지 궁금해서 그래요. 클래런스 토머스Clarence Thomas(아프리카계 미국인이며 1991년부터 현재까지 연방대법관으로 재직 중인 인물이다. 진보 성향의 아프리카계 미국인 대법관이 퇴임하자 그 자리에 조지 부시 대통령이 임명했다. 매우 보수적인 신념과 판결 성향으로 알려져 있다-옮긴이) 덕분에 아프리카계 미국인이 살기가 더 좋아졌나요? 그 사람이 연방대법관을 해서 아프리카계 미국인들한테 더 도움이 됐나요? 아니면 진보적인 백인 남성이 그 자리에 앉았더라면 더 도움이 됐을까요?

SDL: 와, 진짜 짜증 난다. 학생들 가르치는 교수 맞으세요?

피터: 짜증 나신다니 유감이네요. 간단한 질문에 그렇게 짜증이 나신 걸 보니 본인 생각을 변호하기가 쉽지 않은가 봐요.

SDL: 학생들한테 뭘 가르치세요?

피터: 제 학생 아니시잖아요. 그리고 그렇게 화내지 마시죠.

SDL: 완전 꼴통이시네. 우리 다시는 얘기하지 맙시다.

맞는 말이었다. 피터는 상대방의 말을 듣지 않았다. 짜증 나게 굴었고, '꼴통' 짓을 했다. 그 짧은 대화 중에 상대방의 말을 끊은 것은 물론, 상대방의 말을 '하지만'으로 받았다(그나마 가장 봐줄 만한 잘못이었다). 또 주제를 마음대로 바꿨고, 묻는 말에 답하지 않았다. 피터는 상대방을 눌러 이기고, 더 나아가 상대방이 지적으로 부족하다는 것을 드러내 망신을 주겠다는 목표를 추구하느라 여념이 없었다. 그러다 보니 대화는 엉망이 되었고, 생산적인 대화를 나눌 기회조차 사라지고 말았다. SDL은 결국 대화를 거부하고 자리를 떴다. 그만큼이나 대화를 해준 것도 다행이었다.

종교관, 정치관, 가치관 등이 전혀 다른 사람 간의 대화란 원래 쉽지 않은 법이다. 그러니 피터와 SDL의 대화도 매끄럽게 진행되기는 어려웠지만, 그렇게까지 엉망이 될 이유는 없었다. 생각이 다른 사람과 대화하는 데 바람직한 방법은 따로 있다. 분명히 더 나은 대화 방법이 존재하고, 우리는 이를 체득할 수 있다. 그러나 오늘날 크게 양극화된 문화적 환경에서 생각이 다른 상대와 생산적으로 대화하기는 한층 더 어려워졌다.

피터가 20년 전에 이 대화를 나눈 후로도 사람들 간의 대화는 분열을 거듭했다. 견해차가 큰 사람과 대화하기가 예전보다 훨씬 더 어렵다. 사람들은 끝없이 불신하고 옥신각신한다. 진보주의자와 보수주의자[1], 종교 신자와 무신론자, 미국이라면 민주당 지지자와 공화당 지지자가 서로 다툰다. 이 파와 저 파가 다투고 이 집단과 저 집단, 아니 모든 집단이 서로 다투고, 분노에 찬 수구 세력이나 급진 세력이 어리둥절하고 피로한 중도파와 다툰다.

그 밖에도 여러 의견 차이를 넘어 대화하는 데는 어려움이 많다. 편은 갈려 있고 전선은 그려져 있으며, '상대편'과 대화할 줄 아는 사람은 드물다. 자기와 생각이 다른 상대를 실존적 위협으로 간주하는 사람도 많다. 존재하는 것만으로 남들의 존재를 위협한다고 보는 것이다. 더군다나 이 상황은 해법도 출구도 보이지 않는다. 우리는 저녁 식탁에서 가족과 의견이 다를 때도 어떻게 해야 할지 잘 모르는 상태로 소셜미디어에서 모르는 사람과 격론에 휘말리곤 한다. 그러다 보니 논쟁이 될 만한 대화를 아예 피하는 사람도 많다. 물론 그것도 한 방법이고, 때에 따라서는 그게 정답일 수도 있다. 하지만 까다로운 대화, 즉 '말이 안 통할 것 같은' 대화라고 해서 피하는 게 능사일 수는 없다. 우리는 그런 대화에 임하는 방법을 배울 필요가 있다.

| 말이 안 통하는 대화란? |

이 책에서 언급하는 '말이 안 통하는 대화'란, 상대방의 생각이나 믿음 또는 도덕관, 정치관, 세계관이 나와 너무 달라서 대화해봤자 도저히 소득이 없어 보이는 경우를 뜻한다. 상대방이 대화할 마음이 아예 없는 경우는 여기에 속하지 않음에 유의하자. 예컨대 상대방이 폭력적, 위협적으로 나온다거나 대화의 문을 걸어 잠그고 말을 듣지도 않는 경우는 이 책에서 말하는 '말이 안 통하는 대화'가 아니다. 대화를

거부하는 사람과 대화를 할 방법은 없다. 그런 사람을 억지로 대화하게 만드는 방법을 알려줄 책은 없을 것이다. 하지만 그런 상황은 굉장히 드물다. 주제가 무엇이건 대부분의 사람이 대화에 응한다.

물론 생각이 전혀 다른 사람과 생산적인 대화를 나누기란 굉장히 어렵다. 그러나 문자 그대로 대화 자체가 불가능한 경우는 드물다. 대개는 믿음이 투철한 사람일수록 자기 믿음에 관해 이야기하려는 마음도 강하다. 대화가 어려운 이유는 대화 자체가 불가능해서가 아니라, 양방향 소통이 안 되어서다. 상대방이 대화를 함께 나눈다기보다 연설을 일방적으로 늘어놓기 때문이다. 우리를 자기 생각을 주입할 그릇 아니면 논박하여 물리칠 적으로만 생각하는 것이다.

일단 상대방이 이야기할 마음만 있다면, 아무리 대화가 안 통할 것 같아도 이야기를 나눌 방법은 있다. 이 책은 그 방법을 알려주고자 한다. 상대방이 아무리 화가 나 있더라도, 또 아무리 우리와 견해가 달라서 예의 있는 대화가 불가능해 보인다고 할지라도 방법은 있다. 상대방이 아무리 극단적인 골수 신봉자이거나 특정 당파의 열렬한 지지자라고 해도, 대화 자체를 거부하는 사람만 아니라면 의사소통을 잘할 수 있다.

물론 생각이 다른 사람과는 말을 아예 섞지 않는 게 더 손쉬운 방법이라고 생각할 수 있다. 하지만 항상 피하기만 할 수는 없는 법이다. 누가 말을 걸어올 수도 있고, 자리를 뜨기 어려운 모임에서 종교나 정치 이야기가 나올 수도 있다. 또 이야기 주제가 외면하기엔 너무 중요하다는 생각이 들 수도 있다. 그런 상황을 맞닥뜨렸을 때는 풀어나갈 방법을 알고 있는 게 모르는 것보다 훨씬 낫다. 여러분은 이제 아무리 격앙된 대화도 잘 대처해나갈 방법을 배우게 될 것이다.

그러고 나면 누구와도 예의 있게 대화할 수 있다.

말이 안 통하는 대화를 해야 하는 이유

이 책의 내용은 한마디로, 나와 다른 믿음을 가진 사람들과 대화하는 방법이다. 타인의 믿음은 중요하고 우리의 믿음도 중요하다. 날씨가 춥다고 믿는 사람은 두꺼운 외투를 꺼내 입는다. 그러면 몸이 따뜻해진다고 믿기 때문이다. 도덕적, 정치적 믿음도 마찬가지다. 외국인들이 우리나라에 들어와 일자리를 빼앗고 강간과 살인을 저지르고 있다고 믿는다면, 국경을 걸어 잠그고 국민의 안전을 지켜줄 정치인에 투표하고 싶어진다. 게다가 정치적으로 '적'인 사람이 국경 개방을 주장한다면, 국경을 걸어 잠글 쪽에 투표하고 싶은 마음은 한층 더 강해진다. 또 파시스트들이 사방에 널려서 정권을 탈취하기 직전이라고 믿는다면, 폭력을 동원해서라도 '나치를 타도해야' 한다는 주장에 동조하기 쉽다. 믿음이 중요한 이유는, 옳은 믿음이든 그른 믿음이든 그 자체가 행동의 기준이 되기 때문이다. 그리고 옳은 믿음보다는 그른 믿음을 갖기가 훨씬 쉽다.

그런가 하면 믿음은 바뀔 수도 있다. 믿음을 바꾸는 데는 바람직한 방법이 있고 그렇지 않은 방법이 있다. 대화는 바람직한 방법이다. 강압은 여러 자명한 이유로 바람직하지 않은 데다가 효과 자체도 턱없이 떨어진다. 누구나 답답하면 본능적으로 강압의 유혹을 느끼지만, 원수에게 두들겨 맞는다고 믿음을 바꿀 사람은 없다. 사람의 믿음에 깊이 다가가는 가장 좋은 방법은, 거의 언제나 솔직한 대화다. 대화는 다른 사람과 '함께' 하는 행위로서(영어 단어 'conversation'에서 'con'은 라틴어로 '함께'라는 뜻이다), 부드러우면서도 효과적으로 타인의 믿음에 개입할 수 있는 수단이기 때문이다. 대화란 본래 협업인지라, 상대방이 믿음을 재고하고 행동을 바꾸는 계기가 될 수 있다. 남뿐만이 아니다. 대화는 나의 믿음을 되살펴보는 계기가 되기도 한다.

| 그럼 어떻게 해야 할까? |

이처럼 곳곳에서 소통이 막혀 있는 사회에서, 우리 두 저자는 '말이 안 통하는 대화 풀어나가기'를 일종의 연마해야 할 기술이자 몸에 붙여야 할 습관으로 제시하고자 한다. 자기 의견을 밝히는 것을 두려워 말자. 남들과 의견이 다를까 봐 겁내지 말자. 물어볼 것이 있으면 주저 말고 물어보자. 남들과 의미 있는 대화를 나누고 더 나아가 도덕적 경계를 과감히 넘음으로써 정치적 자산을 얻을 수 있다. 친구를 사귈 수 있고, 통찰을 얻을 수 있으며, 지적 정직성intellectual integrity을 발휘할 수 있다. 그러려면 알아야 할 것은 하나다. 바로 어떻게 하면 대화를 생산적으로 풀어나가서 상대가 좀 덜 방어적으로 나오고, 완강하던 믿음이 풀리게 만들 수 있느냐 하는 것이다.

　이 책은 검증된 기법들을 통해 명확한 해답을 제시한다. 여러분은 이 책을 통해 '설교 대결'을 지양하고 생산적 대화를 끌어내는 방법을 배울 수 있다. 아무리 상대방이 '내 말을 그대로 믿으라'며 강요하더라도, 상대방의 말을 듣고 이해하는 것은 물론, 상대방에게 본인의 믿음에 관해 의심을 불어넣어주는 대화를 할 수 있다. 우리 두 저자는 광신자, 범죄자, 종교적 강경주의자, 온갖 극단주의자들과 수없이 많은 대화를 나누어보았다. 피터는 미국 오리건주 교도소에서 박사 논문을 쓰면서 수감자들과 인생의 여러 난제를 놓고 대화했고, 그때 개발한 기법을 종교적 강경주의자들과 수천 시간에 걸쳐 대화를 나누며 발전시켰다. 제임스는 정치관, 도덕관, 종교관이 전혀 다른 사람들과 장시간 대화하며 그 경험을 토대로 책과 칼럼을 썼다. 이 책은 우리 둘이 벌여온 방대한 연구의 결실이자, 자기 신념이 확고하다고 공언하는 사람들과 일생에 걸쳐 대화를 나눠온 경험의 산물이다.

사회가 극단적으로 양극화된 오늘날, 소셜미디어의 혁신적인 발달이 우리에게 점점 큰 부담이 되고 있다. 이러한 현실에서, '말이 통하지 않는 사람과의 대화'는 필연적으로 발생할 수밖에 없다. 생각이 다른 사람과의 대화를 최대한 피하거나 어떻게든 빠져나가려 하지 말고, 그 기회를 백분 활용하는 것을 목표로 삼자. 남의 말을 듣고 나의 말을 전하는 데 필요한 기술을 배우자. 숨지 말고 나서서 의견을 당당히 말하되, 현명하게 말하자. 이 책은 우리 사회의 대화 전반을 암울하게 하는 소심, 무례, 공포, 불신의 문제를 풀어낼 해결책을 제시한다.

| 이 책의 개괄 및 이용법 |

이 책에 수록된 36가지 기법은 응용인식론, 인질 협상과 전문 협상, 사이비종교 탈퇴, 심리학 제반 분야 등 다양한 영역의 검증된 연구 성과를 토대로 했다. 가장 활용하기 쉬운 기법부터 난이도 순으로 제시하는 평이한 구성을 택했으며, 기본(1장), 초급(2장), 중급(3장), 상급(4장), 전문가(5장), 달인(6장)으로 나뉘어 있다. 소개된 기법 가운데는 상대방의 인식에 개입하거나, 의심을 불어넣거나, 상대방에게 자기 믿음을 돌아볼 여지를 주려는 방법도 있는 한편, 진실을 모색하기 위한 것도 있다. 그런가 하면 단순히 실용적인 조언도 있다. 지향하는 대화 목표는 다양할 수 있지만 모두 정치관, 도덕관, 세계관이

전혀 다른 상대와 대화하는 기술이라는 공통점이 있다.

모든 질문과 대화 패턴은 군더더기를 빼고 간단히 다듬고, 의견 차이가 큰 상대와 대화할 때 바로 효과를 볼 수 있는 내용만 넣었다. 문헌에 관심 있는 독자를 위해 관련 연구의 출처도 책 뒤의 주석에 상세히 밝혀놓았다. 주석을 읽지 않아도 이 책을 활용하는 데는 지장이 없지만, 이 책에 소개된 기법들의 근거를 더 자세히 알고 싶다면 출발점으로 삼을 수 있을 것이다.

실제로 있었던 대화 일부를 예로 보인 곳도 많다. 실례를 통해 기술과 기법을 억지스럽지 않고 자연스럽게 구사하는 방법을 보이고자 했다. 저자의 실제 실수담을 짤막하게 실은 곳도 있다. 이 책에 적은 기법들을 알았더라면 그럴 때 얼마나 요긴했을지 독자가 상상해보길 바라는 마음에서다.

한 장을 읽고 나면 그 내용을 충분히 소화한 다음에 다음 장으로 넘어가길 권한다. 이 책은 앞의 장에서 배운 것을 토대로 뒤의 장을 설명하는 구조기 때문에, 내용을 건너뛰지 말고 순서대로 읽어주길 바란다. 이 책을 효과적으로 활용하려면, 한 장을 읽을 때마다 그 장에서 배운 기법을 실제로 대면 대화를 통해 연습해본 다음에 다음 장으로 넘어가도록 하자. 특히 1장과 2장은 꼭 그렇게 하길 바란다. 이 두 장은 눈으로 읽고 나서 다 안다고 생각하기가 아주 쉽다. 하지만 두 장에서 설명하는 기본 도구가 갖춰져 있지 않으면 뒤에 나오는 기법과 전략을 제대로 구사할 수 없다.

마지막으로, 우리는 시대가 바뀌고 있다고 믿는다. 생각이 다른 상대와 원활하게 대화하는 방법에 관한 관심이 커지고 있다. 논쟁적인 주제를 입에 올리지 못하고, 남들 심기를 건드릴까 봐 의견을 조심조심 말해야 하는 현실에 이제 진저리가 나는 사람이 많다. 욕설도 질책도 적개심도, 이제 지긋지긋할 만하다. 이 책은 그런 사람들을 위해 쓰였다.

『어른의 문답법』은 대화를 주도적으로 이끌어나가게 해주는 종합 도구 세트다. 여러분은 이제 이 책을 통해 타인의 사고에 개입해 생각의 변화를 유도하는 방법뿐 아니라 함께 진실을 모색하는 방법을 배우게 될 것이다. 상대가 강경주의자든 이념가ideologue든 상관없다. 아무리 의견 차이가 크다 해도 예의 있는 대화, 당당한 대화, 완고한 신념을 바꾸는 대화는 가능하다. 그 도구를 지금부터 소개한다.

품격 있는 대화의
일곱 가지 원리

#1 목표 인식하기
'이 대화를 왜 하는가?'

#2 협력 관계 조성하기
적이 아닌 파트너가 되자

#3 라포르 형성하기
공감대를 형성하고 유지한다

#4 상대방의 말 듣기
말은 줄이고 더 많이 듣는다

#5 내 안의 메신저 잠재우기
내가 생각하는 진실을 전달하지 않는다

#6 상대방의 의도 파악하기
상대방의 의도는 생각보다 선하다

#7 대화를 끝낼 시점 판단하기
불편한 대화를 강요하지 않는다

모든 건 기본에 달려 있다. 복잡하고 화려한 발레 동작도 발레의 기본 기술 위에서 이루어진다. 모든 전문 기술은 탄탄한 기본에서 비롯된다. 원활한 대화 역시 하나의 기술이다. 이 또한 지식과 연습이 필요한 일이기에, 일단 기본 원리부터 배워야 한다. 기본이 몸에 익으면 나중엔 의식적으로 생각하지 않아도 저절로 능력이 발휘된다. 하지만 기본이 갖춰져 있지 않으면 계속 대화가 틀어지고, 결국 관계가 경색될 수밖에 없다.

예의 있는 대화의 기본은 한마디로, 상대를 적이 아니라 협력 상대로 보는 자세다. 견해차가 큰 대화를 할 때 특히 중요한 점이다. 그러려면 내 목표를 알고 상대의 의도를 너그럽게 해석해야 한다. 또 상대의 말을 들으며 메시지 전달이 아닌 양방향 대화를 해야 한다. 원활한 양방향 대화의 첫걸음은 듣는 법 배우기다. 머릿속에 있는 말을 다 하고 싶은 마음을 참아야 한다. 그다음에는 타이밍을 잘 판단해 대화를 품위 있게 끝내야 한다.

이 장에서 배울 바람직한 대화의 일곱 가지 기본 원리는 목표 인식하기, 협력 관계 조성하기, 라포르 형성하기, 상대방의 말 듣기, 내안의 메신저 잠재우기, 상대방의 선의 명심하기, 대화를 끝낼 시점 판단하기다. 이 장에 소개된 기본 원리만 숙달해도, 앞으로 누구와 어떤 이야기를 하든 대화가 훨씬 더 바람직하게 흘러갈 것이다. 또 이 기본이 갖춰지지 않은 상태에서는 다른 고급 기술을 익히려고 해도 모래 위에 쌓은 성이 되어 별 효과를 발휘하지 못할 것이다. 자, 이제 일곱 가지 기본 원리를 순서대로 하나씩 살펴보자.

#1 목표 인식하기

사람들이 대화하는 이유는 참 다양하다. 그저 친밀감을 나누려고 하는 대화도 있지만, 실제적인 목표가 있는 대화도 있다. 대화의 목표에는 다음의 유형이 있다.

- 서로 이해하기: 의견 일치까지는 이르지 못하더라도 서로의 견해를 이해하려 하는 경우
- 서로 배우기: 상대방이 어떻게 그러한 결론에 이르렀는지 알아보기 위한 경우
- 진실 찾기: 힘을 합쳐 진실을 모색하거나 착각을 바로잡으려 하는 경우
- 개입: 상대방의 믿음이나 믿음 형성 방법을 바꾸려고 시도하는 경우
- 감탄시키기: 상대 또는 제삼자의 감탄을 유발하고자 하는 경우
- 강요에 굴복: 상황상 어쩔 수 없이 대화에 응하는 경우

어떤 경우이든 내 목표를 분명히 의식하고 나면 대화를 풀어나가기가 더 쉬워진다. 스스로 자문해보자. "내가 이 대화를 하는 이유는 무엇인가? 어떤 목표를 이루고 싶은가? 대화에서 얻으려는 게 뭔가?" 위에 보인 예 중 하나가 들어맞을 수도 있고, 아니면 그저 가볍게 친근하고 유쾌한 대화를 나누려는 마음뿐일 수도 있다.

목표는 둘 이상일 수도 있고, 딱히 없을 수도 있다. 그리고 대화 도중에 바뀔 수도 있다. 어떻든 간에 대화를 시작할 때 자신의 목표를 분명히 인식해야 한다.[1] 우선 내가 원하는 게 진실 찾기인지, 아니면 상대방에게 생각을 재고하게 하려는 것인지부터 자문해보자. 둘 다일 수도 있고, 어느 한쪽 마음이 더 강할 수도 있다. 일단 목표가 뚜렷해지면, 목표에 가장 알맞은 기법을 사용하면 된다.

#2 협력 관계 조성하기

피터의 스승인 프랭크 웨슬리Frank Wesley 포틀랜드 주립대학 심리학 교수가 1970년대에 수행한 연구가 있다. 웨슬리는 한국전쟁 중 북한군에 잡힌 미군 포로 중 일부가 북한행을 택한 이유를 분석했다. 조사 결과 북한행을 택한 미군은 거의 전부 한 훈련소 출신인 것으로 드러났다. 이들은 훈련소에서 정신교육을 통해, 북한 사람은 잔학무도한 야만인이고 미국을 경멸하며 미국을 궤멸하는 데 혈안이 되어 있다고 배웠다. 그런데 북한군에게 친절하게 대우받고나자, 머릿속에 주입되었던 지식이 산산이 허물어져버렸다. 결국 이들은 북한 사람에 대해 특별히 교육받지 않았거나 덜 편향된 교육을 받은 군인들보다 훨씬 높은 비율로 북한행을 택했다.

사람의 생각을 바꾸거나 움직이고, 인간관계를 돈독히 하고, 우정을 지키고 싶다면 어떻게 해야 할까? 우선 상대방에게 호의와 공감과 연민을 보여주어야 한다. 상대방을 존중해주고 품위를 지켜주어 심리적으로 안전한 환경을 조성해야 한다.[2] 사람은 자기 말을 들어주고, 자기에게 친절하게 대해주고, 예의를 지키는 사람에게 우호적으로 대하게 되어 있다. 사람의 믿음을 고착시키고 분열과 불신을 부추기는 확실한 방법은 적대적이고 험악한 분위기를 조성하는 것이다. 악의적이거나, 남의 말을 듣지 않거나, 상대를 무시하거나 예의 없는 사람은 저절로 싫어질 수밖에 없다. 여러분도 살면서 그런 사람을 한 번쯤은 틀림없이 만나봤을 것이다.

다행히도 안전하고 신뢰감 있는 소통 환경을 만드는 방법은 전혀 어렵지 않다.[3] 한마디로, 서로 '대화 파트너'라고 생각하는 것이다. 다시 말해 타인을 생산적 대화를 위한 협력 상대처럼 대하면 된다. 그리고 실제로 협력 상대가 맞다. 대화를 협력 작업으로 인식하는 것, 그것이야말로 대화를 예의 있게 풀어나가면서 인간관계를 망가뜨리지 않고 돈독히 하는 데 가장 큰 도움이 되는 방법이다. 그리고 그런 자세를 취하기는 의외로 쉽다.

| 이기는 대화에서 이해하는 대화로 |

가장 먼저 목표로 삼아야 할 일은 상대방의 추론을 이해하는 것이다.[4] 적대적 사고, 즉 맞서고, 다투고, 따지고, 비웃고, 이긴다는 생각을 버리자. 그보다는 손잡고, 힘을 합치고, 듣고, 배운다고 생각하며 협력적 사고를 하자.[5] '이 사람은 내 적이며, 내 말을 알아듣게 할 필

요가 있다'는 생각을 접고, 대신 이렇게 생각하자. '이 사람은 내 대화 파트너이며, 그에게서 무언가 얻을 수 있는 정보가 있다. 가령 그가 왜 그런 믿음을 갖게 되었는지 알아볼 수 있다.'

혹시 이런 생각이 들지도 모른다. '웬만한 사람이라면 파트너로 삼고 대화할 수 있지. 하지만 인종차별주의자와는 죽어도 못 해!' 아니다, 할 수 있다.[6] 흑인 음악가 대릴 데이비스는 KKK 단원들과 예의 있는 대화를 나누어 단원들이 KKK에서 탈퇴하게끔 설득했다. 그는 그 증표로 넘겨받은 흰색 고깔 두건을 벽장 가득 보관하고 있다. 우리도 인종차별주의자와 대화할 수 있다. 아니, 어떤 신념 체계를 가진 사람과도 대화할 수 있다. 그리고 그 사람이 왜 그러한 믿음을 갖게 되었는지 알아볼 수 있다.[7]

다시 말해, 우리는 도무지 말이 통하지 않을 것 같은 상대와도 충분히 대화할 수 있다. 대화란 두 사람이 모르는 것을 서로 자연스럽게 배우는 기회다. 누군가를 파트너로 삼아 예의 있는 대화를 나눈다고 해서 상대의 결론에 수긍하는 것도 아니요, 그의 추론에 넘어가는 것도 아니다.[8] (교양의 척도는 수긍하지 않고도 이해하는 능력이라는 옛말도 있다.)[9] 상대의 사고를 따라감으로써 그 사람의 믿음과 그리 믿게 된 까닭이 무엇인지 이해하는 것일 뿐이다. 그러다 보면 상대방이 내 추론을 이해하게 될 수도 있고, 본인의 추론이 잘못되었음을 깨달을 수도 있고, 또 어쩌면 내 믿음이 그릇되다는 것을 깨달을 수도 있다.[10] 서로 파트너가 되어 대화하는 일은 의견의 일치나 불일치를 가리는 데 목적이 있지 않다. 어디까지나 예의와 관용을 바탕으로 서로 이해하고자 하는 활동일 뿐이다.[11]

생각해보자. 이런 사고를 바탕으로 두면, 최악의 결과라고 해봤자 정말 악독한 이야기를 들어주어야 하는 게 다. 그럴 때는 사람들이 도대체 왜 혐오스러운 믿음을 갖는지 조금은 더 이해하게 될 테니 그걸 소득으로 치면 된다. 하지만 대개는 그보다 좋은 결과가 있다. 대화를 더 편안하게 나눌 수 있고, 인간관계를 돈독히 할 수 있다. 또 앞으로 비슷한 주장을 접할 때 더 잘 이해하고 대처할 수 있고, 어쩌면 나 자신의 사고를 수정하게 될지도 모른다.[12]

물론 유의할 점도 있다. 상대방의 행동을 어떻게 할 수는 없다. 내가 어떻게 할 수 있는 건 내 행동뿐이다. 그러니 내가 먼저 상대방의 추론을 이해하려고 노력해야 한다. 상대방이 상응하는 노력을 보일 뜻이 없어도 어쩔 수 없다. 또, 주도적으로 나서서 협력적인 대화 방식을 정착시키고 유지해야 하며, 그것이 여의치 않을 때는 대화를 끝낼 마음의 준비도 해야 한다. 이 점에 관해서는 이어지는 내용에서 자세히 설명하겠다. 우선 실전에 쓸 수 있는 간단한 요령을 몇 가지 제시하면 다음과 같다.

1. 협력과 이해라는 목표를 분명히 제시한다.[13]

이렇게 말한다. "어떻게 해서 그 결론을 내리셨는지 정말 궁금하네요. 같이 짚어보면 참 좋겠는데요."

2. 대화를 강요하지 않는다.

상대방에게 대화에 응하지 않거나 질문에 답하지 않거나 대화를 언제든 끝낼 길을 열어준다. 다시 말해, 대화를 불편해하는 상대에게 대화를 강요하지 않는다.[14]

3. 순수한 호기심에서 묻는다.

'어떻게 그렇게 생각할 수 있지?'라는 의문을 품되, 상대방에게 그렇게 묻지 않는다. 의문을 풀기 위해 진지하게 질문한다. 의아하다는 듯이 묻지 말고 순수한 호기심에서 묻는다. 의문을 해소하려고 애쓰다 보면 대화가 험악해지지 않고 원활히 진행되는 데 도움이 된다.

#3 라포르 형성하기

다음 대화 예문에 나올 앤서니 매그너보스코Anthony Magnabosco는 이른바 '길거리 인식론자'다.[15] 길거리 인식론자란, 잘 알려진 소크라테스식 문답법 등 몇 가지 대화 도구를 이용해 자신이 안다고 하는 것을 어떻게 아는지 재고해보게끔 유도하는 사람을 가리킨다.[16]

앤서니가 방금 등산길에서 내려온, 캐리라는 여성과 나눈 대화를 살펴보자. 두 사람은 처음 만난 사이다. 앤서니는 상대방과 곧 '라포르'를 형성한다. 다시 말해 공감을 나누며 편안한 분위기를 조성하고 있다. 앤서니는 그런 다음 캐리의 신앙을 주제로 이야기를 꺼낸다.[17]

> **앤서니:** 안녕하세요? 한 5분쯤 이야기 좀 나누실 수 있을까요?
>
> **캐리:** 네, 그러죠.
>
> **앤서니:** 고맙습니다. 혹시 실시간 스트리밍으로 내보내고 녹화해도 될까요?
>
> **캐리:** 그러세요. 주제가 뭔데요?

앤서니: 좋은 질문이시네요.

캐리: [웃음]

앤서니: 그러니까 처음 보는 분들과 5분 동안 대화를 하면서….

캐리: 네.

앤서니: 어떤 믿음을 가지셨는지, 그리고 왜 그렇게 믿으시는지 알아보는
거예요.

캐리: [쾌활하게] 좋아요!

앤서니: 재미있으실 거예요.

캐리: 좋아요.

앤서니: 네, 고맙습니다.

캐리: 선글라스 벗을까요?

앤서니: 편한 대로 하세요. 저는 상관없습니다.

캐리: [선글라스를 벗는다] 네.

앤서니: 이름이 어떻게 되세요?

캐리: 캐리요.

앤서니: [손을 내민다] 전 앤서니예요.

캐리: 반갑습니다.

앤서니: 안녕하세요, 저도 반갑습니다. 이름 철자가…?

캐리: K-A-R-I요.

앤서니: [이름을 메모한다] 네. 여기 등산 자주 오세요?

캐리: 자주 와요.

앤서니: 그렇군요. 저도 몇 번 왔었는데, 보통 애들하고 같이 와서 빨리
걷지는 못했어요.

캐리: 맞아요. 저도 보통 애들하고 같이 와요.

앤서니: 그렇군요, 그럼 걸음이 느려지죠.

캐리: 그렇죠.

앤서니: 그럼 좀 빨리 걸어보셨어요?

캐리: 혼자는 사실 처음 와봤어요. 그래서 좀 어려운 코스로 다녀봤죠. 재미있더라고요.

앤서니: 아, 그러셨군요. 네.

앤서니는 이렇게 2분 정도 이어진 대화로 캐리와 라포르를 충분히 형성하여, 캐리가 낯선 사람과 편하게 대화할 수 있게 했다. 그런 다음에 대화의 화제를 캐리의 신앙으로 옮겨갔다.

라포르는 친근감이라 할 수 있다. 두 사람이 라포르를 형성하면 서로를 친근하게 느끼면서 마음이 편해진다. 서로 공감하면서 신뢰를 쌓고자 노력한다. 라포르는 대립을 피하고 친목을 지향하는 담소를 나눌 때 가장 중요한 요소이기도 하다.

하지만 목표 지향적인 대화를 할 때도 라포르가 발휘하는 친근감의 마법은 꼭 필요하다. 대화를 협력 관계로 보는 자세만 갖추어도 큰 효과가 있지만, 거기에 친근한 분위기까지 보탠다면 더더욱 바람직한 대화가 된다. 또한 두 사람의 의견 차이가 클수록 라포르 형성은 중요해진다.[18] 무엇보다도 상대방과의 공감대가 커지면 방어적 태도를 내려놓고 상대방의 의견에 마음을 열기 쉽다.[19]

라포르를 형성하려면 진심이 담긴 질문을 해야 한다. 다시 말해 질문에 다른 의도를 깔지 말고, 진심으로 답을 듣고 싶어 해야 한다. 처음 만난 사람과 대화할 때는 영화나 음악, 공통의 친구를 어떻게 알게 되었는지 등의 화제로 시작하면 좋다. 이미 아는 사람과 대화할 때는 애들은 잘 크는지, 부모님은 잘 계신지, 새로 이사한 집은 어떤지 등 근황을 나눈다. 상황에 따라 다르지만, 일반적으로 라포르를 형성하는 데는 몇 분밖에 걸리지 않는다.[20]

이미 상대방과 친해서 라포르가 형성되어 있는 경우, 논쟁에서 이긴다거나 말을 멋지게 하는 것보다는 우정을 이어가는 게 더 중요하다. 친구는 내 말에 귀 기울여주고 내 생각을 진지하게 고려해주는 사람이다. 사실 친구라는 존재 자체가 무엇보다 중요하다. 이미 형성된 라포르를 허물지 말고, 잘 키워나가고 소중히 여기자. 그렇다고 해서 친구와는 의견 대립이 없어야 한다는 말이 아니다. 오히려 의견 대립 덕분에 우정이 더 단단해질 수도 있다. 하지만 친구는 친구임을 무엇보다 유념하자. 논쟁의 소지가 큰 화제를 꺼내기 전에 어느 정도 편안한 라포르 형성 시간을 갖도록 하자. 일단 어디까지나 친구로서 담소를 나누고, 대화의 목표는 잠시 잊자.

| 라포르 형성 요령 |

라포르를 형성하는 구체적인 방법 몇 가지를 소개한다. 상대방이 처음 만나는 사람이건 친구이건 상관없이 적용할 수 있다.

1. 라포르부터 형성한다.

진지한 주제로 바로 들어가지 않는다. 특히 논쟁의 소지가 있는 주제는 자제한다.

2. 모르는 사람이라면 다음과 같은 말로 라포르를 형성한다.
- "안녕하세요, 저는 ○○라고 합니다. 처음 뵙네요."

- "반갑습니다, 저는 ○○라고 해요. 성함이 어떻게 되세요?"
- "저는 여기 처음 와봐요. 여기는 어떻게 알게 되셨어요?"

위와 같은 질문으로 말문을 열고 나면, 라포르 형성을 위한 질문으로 바로 들어갈 수 있다. 상대방의 관심사나 행동의 동기를 알아보는 질문들이다.

- "그걸 중요하게 생각하시는 이유가 궁금해요."[21]
- "어떻게 하다가 그 주제에 관심이 생기셨어요?"
- "한가할 때는 주로 뭘 하세요? 평소에 뭘 좋아하세요?" ("무슨 일을 하세요?"라는 질문은 상대방이 실제로 좋아하는 것을 알기 어려우므로 피한다.)[22]
- "본인의 별명 중 좋아하는 게 있으세요?"[23]
- "그걸 어떻게 아셨어요?"[24]

3. 공통분모를 찾는다.

나와 상대방 사이에는 수많은 공통점이 있을 것이다.[25] 요가를 배운다거나, 초밥을 좋아한다거나, SF를 좋아한다거나, 예비 부모라거나, 같은 동네에 산다거나, 어떤 정치 문제에 관심이 많다거나 하는 등 반드시 하나 이상의 공통점이 있을 것이다. 대화가 후끈 달아오르기 시작하면 그런 공통점을 잊지 말자. 사이코패스가 아닌 한 모든 사람에게 해당하는 공통점 하나는, 누구나 더 좋은 삶을 누리고 더 좋은 세상을 만들기를 바란다는 것이다. 누구나 자신과 주변 사람들, 공동체가 잘되기를 바란다. 어떤 게 좋은 삶인지는 생각이 다를 수 있어도, 그런 마음만큼은 만인의 공통점이라고 할 수 있다.

4. '화제 가로채기'는 금물이다.

상대방이 꺼낸 화제를 가로채서 내 이야기를 하지 않는다. 예를 들어 상대방이 얼마 전 쿠바 여행을 다녀왔다고 하면, 나도 쿠바에 가보았다며 내 이야기를 꺼내지 않는다. 상대방의 쿠바 여행이 어땠는지 묻도록 한다. 상대방의 이야기를 내 이야기로 전환해선 안 된다. 그러면 라포르가 훼손된다.

5. 정치적 견해를 떠나 상대방과의 관계 구축에 공을 들인다.

친근한 관계가 구축되어야 상대방이 나를 믿고 마음을 열게 되며, 의견의 골을 원활히 메울 수 있다. 이어지는 장에서 자세히 논하겠지만, 내 정치적 · 도덕적 입장이 아니라 상대방, 그리고 상대방이 중요하게 생각하는 것에 먼저 관심을 가져야 한다.

6. 진지한 대화는 시간 여유가 있을 때 한다.

시간이 없다고 해서 내 말을 쏟아놓고 빠지는 행위는 금물이다. 상대방의 생각을 진지하게 들어줄 여유가 없으면 다음 기회로 미룬다. 대화를 억지로 급하게 밀어붙이는 행위는 라포르를 저해한다.[26] 시간이 충분치 않으면 라포르를 형성하거나 근황을 묻는 것으로 만족하자.

7. 화제를 언제든 바꿀 마음의 준비를 한다.

가족들과 모인 자리에서 자기의 종교적, 정치적 생각을 한없이 늘어놓아 흥을 깨는 친척 한두 명은 꼭 있을 것이다. 그런 사람이 되지 말자. 대화가 난감하게 흘러가면, 언제든 더 가벼운 화제로 전환해도 좋다. 화제가 바뀌고 나서는 그 무거운 주제를 다시 거론하지 말자. 특정 주제의 대화를 고집하는 행위는 라포르를 무너뜨린다.

8. 심각한 잘못이 아닌 한 질책하지 않는다.

여기서 말하는 질책이란 상대방이 도의적인 선을 넘었음을 알리는 행위를 뜻한다. 보통 상대방이 문제의 발언을 하자마자 강하게 비판하는 형태로 이루어진다. 질책 후에는 대개 "이렇게 해야 한다", "그렇게 해선 안 된다" 같은 도의적인 지적이 이어진다. 상대방을 질책하는 행위는 라포르를 훼손한다. 특히 상대방의 말을 끊고 하는 경우는 더욱더 그렇다. 그러기보다는 조심스럽게 때를 봐서 우려를 표명하도록 하자. 아마도 상대방은 자기 생각을 최대한 잘 표현하려고 그런 말을 했을 것이다. 아무리 거칠게 표현했더라도 잘못을 질책하기보다는 논점을 이해해주고 진정성을 높이 평가해주자. 물론 상대방이 의도적으로 무례하게 굴거나 폭언을 할 때는 대응에 나서야 한다. 그럴 때는 그런 식으로 굴면 안 된다고 선을 긋거나, 대화를 끝내는 것이 좋다.

9. 예의를 지킨다.

"해주실 수 있을까요?", "고마워요" 같은 말을 꼭 한다. 상대방이 내 말에 반론하거나 동의하지 않는다는 뜻을 밝히면 의견을 말

해줘서 고맙다고 말한다.[27]

#4 상대방의 말 듣기

듣기가 왜 중요한지는 경험에 비추어 생각해보면 금방 알 수 있다. 친구가 두 사람 있다고 하자. 한 사람은 무엇이든 잘 알고 똑똑하지만, 대부분 자기 말만 한다. 한 사람은 내 말을 경청하고 바짝 집중하며 적극적으로 반응해준다. 둘 중 누구와 저녁 식사를 함께하고 싶은가? 답은 정해져 있을 것이다. 사실 그렇게 내 말을 잘 들어주는 친구가 한 명이라도 있으면 다행이다. 사람은 누가 자기 말을 들어줄 때 큰 만족감을 느낀다. 그러므로 진정성 있게 남의 말을 들어주면 엄청난 보상이 따른다.

    듣지 않으면 상대방을 이해할 수 없다. 그리고 상대방을 이해하지 못하면 대화는 불가능하다. 듣기는 생각보다 어려운 기술이어서 연습이 필요하다.

| 듣기 능력을 키우는 방법 |
듣기를 중심으로 대화할 수 있는 방법을 알아보자. 바로 적용할 수 있는 요령 몇 가지를 소개한다.

  1. 말할 차례를 양보한다.
    상대방의 말과 내 말이 겹치면, 말을 멈추고 "먼저 말씀하세요" 하며 양보한다. 상대방이 "아니요, 먼저 말씀하세요" 하면 "괜찮습니다, 먼저 말씀하세요"라고 대답하며 상대방이 먼저 말하게 한다. 이는 두 사람이 동시에 문에 이르렀을 때와 같은 상황이다. 그럴 때는 상대방을 제치고 먼저 빠져나갈 것이 아니라, 한 걸음 물러서서 상대방에게 먼저 가라고 손짓해야 한다. 만약 상대방도 똑같이 하면, 아예 한 걸음 더 물러서서 손짓하면 된다. 어떻게 보면 방어운전과도 같다. 항상 보행자나 다른 차량에 길을 양보하면 문제가 없다. 우선통행권이 보장된 상황이 아닌 한, 양보하는 게 맞다.

2. 상대방을 똑바로 바라보고 몸도 상대방을 향한다.
상대방의 말을 이해했을 때는 고개를 끄덕여주자. 이해한 척 시늉만 해서는 안 된다. 건성으로 듣지 않고, 상대방의 말에 온전히 집중한다.

3. 상대방이 특정 단어가 생각나지 않아 고민할 때 알려주려는 게 아니라면, 상대방의 말을 가로채어 마무리 짓지 않는다.
상대방의 말을 다 듣고 이해하기 전에는 절대 끼어들지 않는다. 대화 분위기에 긴장이 감도는 게 느껴지면, 내 말을 줄이고 상대방의 말을 더 많이 듣는다. 그러다가 정적이 흘러도 조급하게 정적을 메우지 않는다. 그냥 기다린다. 잘 들어주는 사람과 적이 되기는 쉽지 않다.

4. 정적을 만든다.
대화 중의 정적은 각자 찬찬히 생각하는 데 꼭 필요하다. 군이 조급하게 정적을 메우지 않도록 하자. 정적은 신뢰를 쌓고 라포르를 형성하는 데 도움이 되고, 상대방의 생각을 곰곰이 이해해보는 시간으로 삼을 수 있다. 많은 사람이 대화가 잠깐이라도 끊어지면 불편해하는 경향이 있는데, 이를 유용한 기회로 삼아보자. 정적은 서로 찬찬히 생각해볼 기회다.

5. 방해 요인을 지목한다.

주변의 어떤 방해 요인 때문에 대화에 집중하기 어려울 때는 방해 요인을 등지고 서서 이야기하거나 방해 요인을 분명히 말로 지적한다. 상대방도 방해가 되는 것을 느끼고 있다면, 이러한 행동이 두 사람 사이의 유대감을 높인다. 예를 들어 옆방의 대화 소리가 커서 방해가 되면 "저 사람들 토론 정말 격하게 하네요. 저는 집중에 좀 방해가 돼요. 어떠세요?"라고 말한다.

6. 이해는 내 몫이다.

상대방의 말이 잘 이해되지 않으면, 이해하려는 노력은 내 몫이라고 생각한다. 이때는 상대방이 말을 쉬길 기다려 "제가 잘 이해를 못 했어요. 더 자세히 설명해주실래요?"라고 한다. "이해가 안 되는 말이네요"라든지 "그건 말이 안 돼요!" 같은 말은 피한다.

7. 두려움, 답답함, 분노, 분개, 혐오와 같은 감정이 느껴지면 상대방이 쓰는 단어에 주목한다.

특히 열띤 대화 중에 감정을 추스르는 가장 좋은 방법 하나는 경청, 그리고 재빠른 감정의 '인정'이다. 이럴 때는 상대방이 감정을 표현하는 데 쓴 단어를 그대로 말해보자. 예를 들어 "그렇겠네요. 답답하시겠어요"라고 하는 것이다.[28] 상대방이 쓴 단어를 그대로 써서 감정을 인정해주면 갈등으로 치닫는 대화의 방향을 틀 수 있다.[29] 설령 그렇게까지는 못한다 해도 상대방에게 경청하고 있다는 신호를 줄 수 있다.

8. 재청한다.

상대방이 하는 말에 집중이 잘 안 되거나 주의력이 떨어지면 상대방을 바라보며 "죄송한데 다시 한번 말해주실래요?"라고 한다. 집중이 계속 흐트러져 상대방의 말을 잘 듣기 어려우면 아마도 대화를 끝내는 게 좋을 것이다.

9. 끝까지 양보한다.

상대방과 말이 겹쳐서 상대방에게 양보했다면, 내가 말할 차례가 됐을 때 방금 하다가 만 말을 그대로 반복하지 않는다. 예를 들어 "제가 알기로는…"까지 말했다가 말이 끊겼다고 하자. 내가 다시 말할 차례가 됐을 때 "제가 알기로는"으로 말을 시작하지 않는다. 그러면 상대방의 말을 전혀 듣지 않은 것처럼 보이기 때문이다. 그 대신 상대방이 한 말의 요점을 다른 말로 간추린 다음, 상대방과 같은 주제로 이야기를 이어간다. 아니면 내가 하려던 말은 그냥 잊고 상대방의 말에 따라가도 좋다.

10. 대화 중에 휴대전화를 꺼내지 않는다.

대화 주제와 관련된 정보를 검색하고 싶더라도 자제한다.

11. 추임새를 넣는다.

상대방의 말을 잘 듣고 있다는 신호로 "그렇군요"라고 말한다. 이
는 가장 간단하면서도 효과적인 방법이다. 단, 기계적으로 말해
서는 안 된다.

#5 내 안의 메신저 잠재우기

충분히 설득력 있게 주장을 편 것 같은데, 상대방이 바로 반박하고
나설 때가 있다. 발신자는 메시지를 전달했지만, 수신자가 수령을 거
부했기 때문이다. 설교 듣기를 좋아하는 사람은 없다.

효과적인 대화법을 연구한 여러 문헌에 따르면 '메시지 전달'은
통하지 않는다.[30] 메신저는 정치적, 도덕적 견해 차이를 넘어설 수 없
기 때문이다. 아니, 대화 자체를 할 줄 모른다. 메시지를 전달할 뿐이
다. 대화란 주고받는 것인데, 메시지는 일방적으로 전달되는 정보다.
메신저는 무언가를 굳게 신봉한다. 그리고 상대방이 자신의 메시지
를 귀 기울여 듣고 결국 생각을 바꾸리라 착각한다.

정치적, 도덕적으로 견해가 다른 상대방에게만 통하지 않는 게
아니다. 메시지 전달은 원래 효과를 보기 어렵다. 1940년대에 심리학
자 쿠르트 레빈Kurt Lewin이 이끄는 연구팀은 제2차 세계대전 중 식량
난 대처를 위해 주부들에게 소 내장 요리를 장려했던 사례를 분석해
논문으로 발표했다.[31] 연구팀은 주부들을 두 그룹으로 나누어 한 그
룹은 전쟁 중 소 내장 요리의 중요성에 대한 강연을 듣게 하고, 다른
한 그룹은 조별 활동을 통해 소 내장 요리의 중요성을 직접 생각해보

게 했다. 그 결과 직접 고민했던 그룹에서는 37퍼센트가 소 내장 요리를 식구들에게 해 먹였고, 강연을 들은 그룹에서는 3퍼센트만이 그렇게 했다.[32]

이렇게 큰 차이가 난 이유는 여러 가지가 있지만(5장의 '역할 부여'에서도 그중 한 이유를 다룬다), 그중 하나는 메시지 전달에 대한 거부감이다. 우리는 남이 전하는 메시지는 거부하는 경향이 있고, 스스로 도달했다고 생각하는 견해는 잘 수용하는 경향이 있다.[33] 무슨 견해를 들려주어도 받아들이지 않던 친구가 시일이 지난 후 자기가 '직접' 그 견해에 우연히 도달하고는 받아들이는 경우가 있는데, 그게 바로 그런 예다.

또 메신저가 달갑지 않은 소식이나 사실을 전해서 수신자의 확신과 충돌하면, 수신자는 화를 내곤 한다. 옛날에는 화만 낸 게 아니라 아예 메신저를 총으로 쏴 죽였다. 영어에서 '엉뚱한 데 화풀이하지 말라'는 뜻으로 '메신저를 쏴 죽이지 말라Don't shoot the messenger'라고 하게 된 까닭이다.[34] 이러한 반응을 피하는 가장 쉬운 방법은, 메시지를 일방적으로 전하지 않는 것이다.

| 메시지 전달은 효과가 없다 |
메시지 전달 대신 '대화'를 하는 요령 몇 가지를 소개한다.

1. 메시지 전달과 진정한 대화를 구분한다.

메시지 전달은 선생이 되어 일방적으로 가르치는 것과 같다. 반면 대화는 주고받으며 서로 배우는 것이다. '상대방이 이것만 좀 알아들으면 생각을 바꿀 텐데'라는 생각이 든다면, 대화가 아닌 메시지 전달을 하고 있다는 뜻이다. 자문해보자. '지금 나는 상대방이 알려달라고 해서 알려주는 것인가, 아니면 그냥 나 혼자 알려주는 것인가?' 후자라면 메신저 노릇을 하고 있을 가능성이 크다.

2. 상대방은 내가 잘 모르는 관점에서 문제를 보고 있다는 사실을 유념한다.

내가 상대방의 추론을 다 알지 못한다는 사실을 명심하고, 상대방이 지금 아는 것을 어떻게 알게 되었는지 알아보는 데 중점을 두자. 그러면 아마 메시지 전달을 자제하게 될 것이다.

3. 상대방의 메시지 전달에 내 메시지 전달로 맞서지 않는다.

메시지 전달에 메시지 전달로 맞서는 것은 대화가 아니라 논쟁을 하자는 것이다. 메시지 전달 행위는 대화를 답답하게 하고 상대방의 신념을 더 굳힐 뿐이다. 잊지 말자. 설교 듣기 좋아하는 사람은 없다. 대화가 팽팽하게 맞서면 누구나 남의 메시지보다 자기 메시지를 중시하기 마련이다.

4. 상대방이 메신저 노릇을 할 때 메신저를 공격하지 않는다.

메신저를 공격하면 라포르가 손상될 뿐 아니라 대화가 틀어지기 쉽다. 잠재워야 할 메신저는 오로지 내 안의 메신저다. 상대방이 메시지 전달 모드에 돌입하면, 나는 질문 중심의 '듣고 배우기' 모드로 들어가자. 질문은 엇나간 대화를 본 궤도로 슬쩍 되돌리는 효과가 있다. 뒤에 설명할 '개입 기법'의 핵심도 바로 질문이다.

5. 상대방이 명시적으로 요청했을 때만 내 메시지를 전달한다.

이때 핵심은 간결하게 전달하는 것이다. 그런 다음 듣고 배우기 중심의 협력적 자세로 되돌아간 뒤, 상대방에게 들어줘서 고맙다고 하고 생각을 묻는다. "의견 말할 기회를 주셔서 고마워요. 보탤 의견은 없으세요?"

#6 상대방의 의도 파악하기

다음에 소개하는 소크라테스와 메논의 대화는, 고대 그리스 철학자 플라톤이 기원전 4세기에 집필한 대화편 『메논』에서 가져온 것이다.

> **소크라테스**: 세상에는 나쁜 것을 원하는 사람과 좋은 것을 원하는 사람이 따로 있다고 생각하나? 누구나 좋은 것을 원하지 않는가?
>
> **메논**: 누구나 그렇지는 않습니다.
>
> **소크라테스**: 그렇다면 나쁜 것을 원하는 사람은 나쁜 것을 좋다고 생각하는 것인가, 아니면 나쁜 줄 알면서도 원하는 것인가?
>
> **메논**: 두 경우가 다 있을 것입니다.
>
> **소크라테스**: 그래? 나쁜 것을 나쁜 줄 알고도 원하는 사람이 정말 있다고 생각하나?
>
> **메논**: 네.
>
> **소크라테스**: 어떤 식으로 원한다는 것인가? 갖고 싶어 한다는 것인가?
>
> **메논**: 물론입니다.
>
> **소크라테스**: 나쁜 것을 가지면 이롭다고 생각해서인가, 해롭다고 생각해

서인가?

메논: 전자인 사람도 있지만, 후자인 사람도 있습니다.

소크라테스: 나쁜 것을 가지면 이롭다고 생각하는 사람은 그게 나쁜 것인
줄 아는가? 어찌 생각하는가?

메논: 그럴 것 같지 않습니다.

소크라테스: 그렇다면 나쁜 것을 나쁜 줄 모르는 그런 사람들은, 나쁜 것
을 원하는 게 아니라 본인이 좋다고 생각하여 어떤 것을 원
하는데 그게 사실은 나쁜 것이라는 말 아닌가? 무지하여 나
쁜 것을 좋다고 착각하는 사람이라면, 좋은 것을 원하는 사
람으로 보아야 하지 않는가?

메논: 그 말씀이 맞는 것 같습니다.

소크라테스: 그럼, 나쁜 것을 가지면 해롭다고 생각하여 나쁜 것을 원한
다는 사람을 생각해보세. 그런 사람은 자신이 그것을 가지면
해를 입는다는 사실을 알고 있다는 것이지?

메논: 물론 알고 있을 것입니다.

소크라테스: 그런 사람은, 사람이란 해를 입으면 그만큼 불행하다고 생각
하지 않겠는가?

메논: 그렇게 생각할 것입니다.

소크라테스: 그리고 불운하다고 생각하지 않겠는가?

메논: 그렇게 생각하겠지요.

소크라테스: 불행과 불운을 원하는 사람이 과연 있을까?

메논: 없을 것 같습니다.

소크라테스: 그렇다면 나쁜 것을 원하는 사람은 없네. 나쁜 것을 원하여
나쁜 것을 얻는다면 그야말로 불행 아니겠는가?

메논: 선생님 말씀이 맞는 듯합니다. 나쁜 것을 원하는 사람은 없습니다.[35]

| 나쁜 것을 나쁜 줄 알면서도 원하는 사람은 없다 |

『메논』에서 소크라테스는 나쁜 것을 나쁜 줄 알면서도 원하는 사람은 없다고 했다. 사람은 가진 정보에 따라 행동하고 믿음을 형성하며, 그에 따른 욕구가 있기 마련이다. 가진 정보가 다르면 나오는 결론도 다르다. 가령 옛날 의사들은 몸 안에 피가 너무 많으면 병이 난다고 믿어 병을 치료할 때 거머리를 썼다. 거머리를 환자의 몸에 붙여 피를 빨게 했는데, 환자를 낫게 하기 위해서였다. 어디까지나 좋은 결과를 바라고 한 행동이었으며, 현대인과는 가진 정보가 달랐을 뿐이다. 오늘날에는 피의 양과 질병이 무관하다는 사실이 알려져 있다.

우리는 누구나 선善을 추구하려는 욕구가 있다. 그러나 상황의 전모를 보지 못해 올바른 결론에 이르지 못할 때가 많다.[36] 우리는 생각이 전혀 다른 사람을 만나면 무지하거나, 제정신이 아니거나 혹은 악한 사람이라고 생각하기 쉽다.[37] 그런 마음을 버리고, 이런 마음을 가져보자. 상대방은 문제를 나와 다른 시각에서 보고 있을 뿐이다. 혹은 자기 나름대로 최선의 정보를 바탕으로 판단하고 있을 뿐이다. 무지하거나 제정신이 아니거나 악한 사람일 가능성보다는, 선의를 갖고 있으나 의사소통에 서툰 사람일 가능성이 훨씬 크다.

우리는 대화 상대와 의견이 다르면 상대의 의도와 동기를 실제보다 나쁘리라고 짐작하는 경향이 있다.[38] '보수주의자는 인종차별주의자다', '진보주의자는 애국심이 전혀 없다', '공화당 지지자는 가난한 사람들에 신경 쓰지 않는다', '민주당 지지자는 국방에 무심하다'

등이 그러한 짐작의 예다. 그리고 그 사람들은 그런 결점 때문에 그렇게 믿고 그렇게 주장한다고 짐작한다. 대개는 잘못된 짐작이다.[39]

상대방이 품은 의도와 동기는 내 짐작보다 좋을 가능성이 크다. 예를 들어 미국 공화당 지지자의 대부분이 가난한 사람들에 신경 쓰지 않는다는 것은 사실과 다르다. 그보다는 부가 위에서 아래로 흘러내리는 '낙수 효과'로 인해 고용 창출 등 기회가 늘어난다는 생각, 그리고 사람은 '엄한 사랑'으로 대해야 빈곤 탈출 의지를 키울 수 있다는 생각을 판단의 기준으로 삼고 있을 가능성이 크다. 그런 관점에서 본다면, 고소득자의 세금을 감면할 경우 빈곤층에도 더 많은 기회가 돌아가는 것이 맞다.[40] 그 생각이 정말 옳은지 그른지가 중요한 게 아니다. 중요한 것은, 공화당 지지자도 상황을 개선하고 싶은 마음이고, 민주당 지지자가 흔히 짐작하는 것보다 훨씬 더 좋은 의도를 가졌다는 점이다.[41]

상대가 나쁜 의도를 가졌다고 짐작하면 대화는 숨 막히게 답답해진다. 그 순간 협력은 중단되고, 대화를 통해 진실에 도달할 가망은 희박해진다. 또 상대방이 내 말에서 가시를 느끼면서 방어적으로 나오기 쉽다. 설상가상으로, 방어적인 자세가 되면 믿음을 바꾸기도 더 어려워진다. 하지만 대화에 더 악영향을 끼치는 요인은 따로 있다. 바로 나도 상대방의 말을 잘 안 듣게 된다는 것이다.[42]

상대방의 의도를 꼭 추측해야겠다면, 하나만 하자. 상대방의 의도는 내 생각보다 더 좋으리라는 추측이다. 사람은 알면서도 나쁜 것을 원하지는 않는다. 그러니 상대방이 좋은 의도를 가졌다고 추측하자.[43] 참고로 뒤에서 다룰 인터넷 분탕꾼troll과 사이코패스는 여기에 속하지 않는 예외다.

대화에 바로 적용할 수 있는 요령은 다음과 같다.

1. 상대방이 내 의도를 의심할 때는 굳이 반론하지 않는다.

그 대신 대화의 초점을 '의도'가 아닌 '추론'으로 옮겨간다. 이렇게 말한다. "저는 정말 오류에 빠지고 싶진 않거든요. 제 추론에 혹시 잘못이 있으면 꼭 짚어주세요."[44]

2. 상대방의 의도가 나쁘다는 의심이 들 때는 궁금증을 푼다는 자세로 접근한다.

다시 말해, 상대방이 내가 모르는 뭔가를 알고 있을 가능성을 고려하는 것이다. 그 점을 꼭 짚어서 묻는다. "어떤 이유로 그렇게 말씀하시는 건지 이해가 잘 안 되네요. 제가 모르는 걸 뭔가 알고 계신 것 같아요. 그 이유를 좀 설명해주실래요? 그럼 이해가 더 잘 될 것 같아요."

3. 답답함을 드러낸다.

이렇게 말해보자. "좀 답답한 느낌이 들어요. 말씀하시는 맥락을 좀 더 알고 싶어요. 그리고 지금 어떤 의도로 대화를 하시는지 잘 모르겠어요. 대화의 의도를 알려주실 수 있을까요?" 이는 다양한 해석의 여지가 있는, 열린 질문이다. 상대방이 "의도라니 무슨 말이죠?" 하고 물으면, "이 대화에서 바라시는 게 뭔가요? 대화에서 뭘 얻고 싶으세요?"라고 한다.

4. 인터넷 분탕꾼에게 관심을 주지 않는다.

인터넷 용어로 '트롤'이라고도 불리는 인터넷 분탕꾼이란 악의적으로 못되게 구는 사람을 뜻한다. 이들은 대화에 해악을 끼치는 존재다.[45] 아예 관심을 주지 말자. 꼬임에 말려들지 말자. 그런 사람은 계정을 차단하거나 '숨김' 처리하자. 나의 짜증을 유발하는 것이 목표인 사람과 대화해야 할 의무는 없다. 강압에 못 이겨 대화하는 일은 없도록 하자. 대화는 내가 하고 싶어서 하는 것이지, 누가 귀찮게 요구한다고 해서 하는 것이 아니다. 대화란 모든 참여자의 합의로 이루어지는 것이다.

#7 대화를 끝낼 시점 판단하기

피터는 스포츠 팬과 대화하여 좋아하는 팀을 바꾸게 유도하는 개입 기법을 여러 해 동안 연구했다. 가령 미식축구팀 '댈러스 카우보이스'를 좋아하는 사람이 있으면 대화를 통해 '뉴잉글랜드 패트리어츠'를 좋아하게 만드는 것이다. 그 성공률은 참담할 만큼 저조했다.

다음은 피터가 농구팀 '로스앤젤레스 레이커스'의 팬에게 개입을 시도해본 예다. 첫 번째 목표는 상대방에게 '내가 로스앤젤레스 레이커스를 좋아하는 게 옳은가'라는 의심을 불어넣는 것이었고, 두 번째 목표는 상대방을 '포틀랜드 트레일 블레이저스'의 팬으로 만드는 것이었다. 'LA 팬'은 28세쯤 되는 남성이었다. 우리는 LA의 어느 인기 음식점에서 줄을 서 있다가 만났다.

피터: 저는 이해가 안 돼요. 선수들이 모두 LA 출신인 것도 아니잖아요.

48

그렇죠?

LA 팬: 네, 그렇죠.

피터: 어디 출신이죠?

LA 팬: [선수와 출신지를 줄줄 읊는다.]

피터: 알겠어요. 만약 선수들이 LA 출신이라면 왜 로스앤젤레스 레이커스 팬이신지 너무 이해가 잘 돼요. 선수들이 여기 출신이면 당연히 동질감이라든지 친근감 같은 게 들겠죠.

LA 팬: 뭐, 그렇죠. 어쨌거나 여기 팀이잖아요. 여기는 제가 사는 도시고요. 제가 LA를 얼마나 좋아하는데요!

피터: 그럼요, LA 안 좋아하는 사람이 어디 있겠어요. 그런데 그 선수들은 LA 출신이 아니잖아요.

LA 팬: 그래도 LA를 대표해서 경기하잖아요. 우리를 대표해서 하는 거예요. 선수들이 이기면 우리가 이기는 거고요!

피터: 만약에 레이커스 선수들이 전부 LA 출신이라면 좋아하는 마음이 더 커지실까요?

[정적]

LA 팬: 무슨 말씀이세요?

피터: 만약 레이커스 선수들이 전부 LA에서 태어나서 자랐다고 하면, 더 애정을 느끼실까요? 레이커스에 더 애착을 느끼실까요?

[정적]

LA 팬: 아마도요. 네, 그럴 것 같아요.

피터: 그럼 선수들이 LA 출신이 아니니까 그보다는 애정이나 애착이 덜 가야 하는 거 아닌가요? 그러니까 선수들이 LA 출신일 때 애정이 더 간다면, LA 출신이 아니니까 그만큼 애정이 덜 가야 맞지 않

나요?

[긴 정적]

여기까지만 하고 대화를 가벼운 분위기로 끝내야 좋았을 것이다. '좋아하는 팀을 다른 팀으로 바꾸기'라는 두 번째 목표로 넘어가지 말았어야 했다. 그런데 피터는 다른 팀 쪽으로 상대방의 마음을 돌리려고 끈덕지게 시도했다. 사람의 마음을 어느 쪽으로 움직이게 하거나 좋아하는 것을 바꾸게 하기는 의심 불어넣기보다 훨씬 힘들다. 이후 어떻게 되었을까? 상대방은 레이커스에 대한 애정을 더 강력히 표현했고, 대화의 분위기는 바뀌어버렸다. 상대방은 방어적으로 나오면서 대화에 관심을 보이지 않았다. 재미있고 즐겁던 대화가, 상대방을 수세로 밀어붙이는 바람에 재미없고 즐겁지 않은 대화가 된 것이다.

| 조용히 퇴장하기 |

대화를 끝낼 때를 알자. 설령 대화가 잘되고 있더라도 적당할 때 끝내야 한다.[46] 상대방이 불편감을 느낄 때까지 대화를 밀어붙이면 역효과가 난다. 상대방이 귀를 닫고 방어적 태도로 나오게 되며, 대화는 '내가 옳고 너는 바보'라고 서로 우기는 공방이 되어버린다. 그러면 상대방은 견해를 더 강하게 고수하기 마련이고 라포르도 손상되기 쉽다. 우정에도 금이 갈 수 있다.[47]

대화하다 보면, 쓸 수 있는 수단이 동날 때가 있다. 더 할 말이 없을 수도 있고 대화가 뱅뱅 도는 기분일 수도 있으며, 교착점에 이르렀을 수도 있다. 이럴 때 흔히 저지르는 실수가 대화를 수습하거나 추슬러서 계속 이어가려고 하는 것이다. 그러지 말고, 그냥 원만하게 헤어지는 편이 가장 낫다.

스스로 의심과 씨름하고, 새 정보를 소화하고, 반론과 이견을 곱씹어보고, 자기 입장을 되돌아보기 위해서는 혼자만의 시간이 필요하다.[48] 누구나 마찬가지다. 생각 변화는 개인의 심리와 습관에 맞추어 느릿느릿 이루어진다.[49] 시간이 흐르면서 새로운 신념과 자세가 녹아들거나 완전히 새로 밀고 들어온다.[50] 상대방이 불편감을 느끼는 영역까지 대화를 억지로 밀고 가면, 나와 상대방 모두 천천히 생각해볼 기회를 잃고 서로의 관계가 경색된다. 원만한 분위기에서 예의 바르게 대화를 끝내면, 대화 참여자 모두에게 곰곰이 생각해볼 기회가 된다. 마지막으로, 좋은 말로 대화를 마무리하도록 한다. "이야기 나눠줘서 고마워요"라는 간단한 인사로도 충분할 수 있다.

대화를 끝낼 때를 판단하는 요령 몇 가지는 다음과 같다.

1. 주 감정이 '답답함'이라면 대화를 끝낸다.

대화가 화내는 분위기가 되었다면 예상보다 빨리 대화를 끝내야 할 수도 있다.[51]

2. 숨을 쉰다.

말 그대로, 숨을 쉰다. 처음 답답한 기분이 들면 대화를 밀고 나가지 말고 속도를 늦춘다. 정적을 굳이 메우려 하지 말고, 숨을 쉰다.[52] 심호흡을 한다.[53] 그래도 마음이 진정되지 않으면 대화를 끝낸다.

3. 선을 넘지 않는다.

상대방이 대화를 끝내고 싶어 하면, 이야기 나눠주어 고맙다고 예의 바르게 인사말을 한다. 상대가 불편감을 느끼는 영역까지 논의를 진행하지 않는다.

4. 상대방이 조금이라도 믿음을 의심하게 되었다면, 대화를 중단하기 좋은 시점이다.

상대방에게 의심을 곱씹어보고 나름대로 고민해볼 여유를 준다. 상대방이 계속 관심을 보이면, "우리 둘 다 이 기회에 이 문제를 고민해보면 좋을 것 같아"라고 말한다. 그런 다음 대화를 끝내거나 화제를 바꾸면 된다. 상대방이 의심하고 의아해하는 틈을 타서 내 생각을 전달하려는 행위는 가끔 좋은 성과가 있을 때도 있지만, 일종의 '전도' 행위가 될 수도 있다. 전도하지 말자. 의심으로 인해 마음이 물러진 상대방을 좌지우지하려 하는 행위는 비윤리적이다(드문 예외라면 내가 정말 전문적 견해를 가진 경우나 상대방이 터무니없이 비현실적이고 비과학적인 믿음을 가진 경우다).

5. 대화를 끝낼 때는 상대방에게 고마움을 표한다.

고마움을 표하고 싶지 않은 대화일수록, 고마움을 표하는 것이 중요하다(여기엔 예외도 있다. 가령 상대방이 악의적 비방을 하거나 귀찮게 괴롭혔을 때). 상대방에게 고맙다는 말이 잘 안 나온다면 대화 주제에 정서적으로 애착이 있는 것이다. 아니면 상대방에게 개인적 불만이 있는 것으로, 그러한 불만은 대화에 스며들었을 가능성이 크다. 시간을 내준 상대방에게 고마움을 표하는 것은 기본적인 예의다. 또 대화를 긍정적이고 친근한 분위기로 마무리하는 데도 도움이 된다.

지금까지 예의 있게 원활히 대화하는 데 필요한 기본 원리를 알아보았다. 다음 장에 소개하는 기법의 활용에 나서기 전에 이 장의 내용을 실제로 연습해보길 강력히 권한다. 기본 원리를 잘 숙달할수록 고급 기법도 더 잘 활용할 수 있을 것이다.

한마디 더 보태자면, 대화할 기회를 일부러 찾아 나설 필요는 없다. 직장 동료, 계산대 직원, 음식점 종업원, 룸메이트, 친구, 가족 등 일상생활에서 누구를 만나든 모두 좋은 기회가 된다. 편하게 일상생활을 하면서 다른 사람과 마주칠 때를 기다리면 된다.

누구와의 대화이건 더 친절하고 원활한 의사소통을 연습하는 기회로 삼을 수 있다. 상대방의 말을 경청하고 좋은 대화 파트너가 되는 것은 인간관계에도 유익하기 마련이다. 지금 시작하자.

생각의 변화를 이끄는 아홉 가지 방법

#1 본보기 보이기
상대방에게서 원하는 행동을 내가 먼저 보인다

#2 용어 정의하기
용어를 우선 정의한다

#3 질문하기
구체적인 질문을 던진다

#4 극단주의자와 선 긋기
우리 편의 나쁜 행동을 지적한다

#5 소셜미디어 신중하게 이용하기
소셜미디어에서 감정을 분출하지 않는다

#6 기여 요인 논하기
탓하기에서 기여 밝히기로 관점을 바꾼다

#7 인식 원리에 주목하기
상대방이 어떻게 알게 되었는지 알아본다

#8 배우기
생각이 닫힌 사람의 사고를 이해한다

#9 하지 말아야 할 행동
대화 중에 저지르기 쉬운 기초적 실수

앞에서 원활한 대화법의 기본을 어느 정도 익혔으니 이제 보유 기술을 좀 더 늘려볼 차례다. 이 장에서는 각종 개입 기법을 알아본다. 여기서 개입이란 상대방의 믿음 형성 과정에 비집고 들어가는 행위를 말한다. 목표는 상대방의 굳은 믿음을 누그러뜨려 생각이 바뀔 수 있는 계기를 마련하는 것이다. 이제부터 대화를 나누는 것만으로도 상대방의 인식에 개입해 의심의 씨앗을 심어주는 방법을 배워보자.

앞서 설명했듯이, 내가 전하고 싶은 메시지를 알리고 내가 생각하는 확실한 근거를 대는 식으로는 목표를 이룰 가망이 희박하다. 오히려 역효과를 낳아 상대방의 믿음을 더 공고하게 만들기 쉽다. 의심의 씨앗을 효과적으로 심어주려면 좀 더 미묘한 기법을 써야 한다. 그러면 대화도 더 흥미로워진다.

우선, 내가 먼저 본보기를 보이는 행동과 구체적인 질문이 얼마나 강력한 효과가 있는지 알아본다. 그다음에는 용어의 뜻을 다르게 생각해 서로 딴 얘기를 하거나 대화가 표류하는 현상을 피하려면 어떻게 해야 하는지도 알아본다. 상대방이 내가 어떤 편에 속한다고 생각하면서 그 무리 자체에 반감이 클 때 쓸 수 있는, 무척 강력하면서 간단한 기법도 알아본다. 한마디로, 내가 극단주의자가 아님을 보여주어 공감대를 구축하면 된다.

이런 대화 기술을 활용하면 대화가 원활히 풀려나가면서 '배우는' 모드로 접어든다. 특히 상대방이 왜, 어떻게 지금처럼 생각하고 믿게 되었는지 이해하는 데 중점을 두게 된다. 그러면 상대방에게는 물론 스스로도 그동안 안다고 생각했던 것이 아는 게 아니었음을 겸허히 자각하게 되는 기회가 될 수 있다. 항상 기억하자. 남에게 의심의 씨앗을 심어주려면 우선 나부터 열린 태도를 지녀야 한다.

마지막으로, 대화 중에 흔히 저지르는 각종 실수도 짚어보겠다. 진실을 모색하는 대화든 인식에 개입하는 대화든 금방 대화를 어그러뜨리기 쉬운 실수들이지만, 다행히 쉽게 피할 수 있다.

#1 본보기 보이기

2015년 호주에서 어느 이슬람 단체 임원들과 만난 자리에서였다. 피터는 간통한 여성을 투석형에 처해야 한다고 믿느냐고 단체의 대변인에게 거듭 물었지만, 확답을 들을 수 없었다. 계속 말 돌리기로 응수하기에 방법을 바꾸어 물어보았다.

> 피터: 간통한 여성을 투석형에 처해야 한다고 믿으세요?
>
> 대변인: 남성이라고 왜 아니겠어요? 간통한 남성은 투석형에 처하면 안 될 이유가 있나요?
>
> [피터가 재차 묻자 난해한 설명을 복잡하게 늘어놓는 대변인]
>
> 피터: 저한테 똑같이 질문해보실래요?

대변인: 무슨 말씀이신지?

피터: '간통한 여성을 투석형에 처해야 한다고 믿느냐'고 물어봐주세요.

[정적]

대변인: 간통한 여성을 투석형에 처해야 한다고 믿으세요?

피터: 아니요. 대변인께서는요? 간통한 여성을 투석형에 처해야 한다고 믿으세요?

[긴 정적]

대변인: 네.

내가 상대방에게 원하는 행동이 있다면, 내가 먼저 본보기를 보이자. 단도직입적으로 대답해주길 원하면, 내가 단도직입적으로 대답하자. 조용히 들어주길 원하면, 나부터 조용히 듣자.[1] 언성을 높이길 원하면, 내가 언성을 높이자.[2] 생각을 유연하게 바꾸길 원하면, 내가 생각을 유연하게 바꾸자. 예의를 지키길 원하면, 내가 예의를 지키자. 근거를 제시하길 원하면, 내가 근거를 제시하자. 내 말에 귀 기울여주기를 원하면, 나부터 상대방의 말에 귀 기울이자. 말로는 쉬워도 실천하긴 어렵다. 하지만 꼭 지켜야 할 원칙이기도 하다. 특히 나와 생각이 다른 사람과 대화할 때는 더욱 그렇다. 이 원칙은 대화가 엉뚱하게 엇나가는 것을 막기 위해서도 매우 중요하다.

| '남들이 아는 건 나도 안다'는 흔한 오류 |

'무지에 대한 무지' 현상을 연구한 두 학자가 있다.[3] 로버트 윌슨 Robert A. Wilson이라는 철학자와 프랭크 카일Frank Keil이라는 심리학자인데, 1998년에 쓴 논문 「설명의 그림자와 여울The shadows and shallows of explanation」에서 사람들이 사물의 작동 원리를 실제보다 잘 안다고 착각하는 현상을 연구했다. 다시 말해, 사람들은 타인의 전문성을 믿음으로써 자신이 실제보다 더 잘 안다고 착각하는 경향이 있다는 것이다. 비유하자면, 인류의 지식을 모아놓은 큰 도서관에서 책을 빌리고는 읽지 않은 것과 같다고 할 수 있다. 책이 수중에 있으니 책에 든 정보를 자기가 가졌다고 생각하지만, 실제로는 연구해보기는커녕 읽어보지도 않았으니 지식이 없는 상태다. 그런 맥락에서, 이러한 오류를 이 책에서는 앞으로 '읽지 않은 장서 효과Unread Library Effect'라고 부르겠다.[4]

'읽지 않은 장서 효과'는 2001년 프랭크 카일과 레오니드 로젠블릿Leonid Rozenblit의 실험을 통해 밝혀졌다. 두 사람은 그러한 효과를 가리켜 '설명 능력의 착시현상'이라 칭하고, '통념의 한계에 대한 착각'이라고 부연 설명했다.[5] 실험은 수세식 변기의 작동 원리에 대한 사람들의 이해도를 알아보는 것이었다. 먼저 참여자들에게 작동 원리를 자기가 얼마나 잘 설명할 수 있는지 그 자신감의 정도를 숫자로 답하게 했다. 그런 다음 작동 원리를 최대한 자세히 설명하게 했다. 그러고는 자신감을 다시 숫자로 답하게 했다. 그러자 참여자들은 자신감이 전보다 훨씬 낮아졌음을 시인했다. 직접 설명해보고 나서는 자신이 '빌린 지식'에 의존했을 뿐이며 실제로는 무지하다는 사실을 깨달은 것이다.[6]

2013년에 인지과학자 스티븐 슬로먼Steven Sloman과 필립 페른백 Philip Fernbach, 행동과학자 토드 로저스Todd Rogers, 인지심리학자 크레이그 폭스Craig Fox는 실험을 통해 읽지 않은 장서 효과가 정치적 믿음에도 적용됨을 보여주었다. 다시 말해, 사람들에게 빌린 지식에 의존하고 있다는 사실을 깨우쳐주면 스스로 의심하기 시작하면서 기존의 믿음을 누그러뜨리는 것으로 나타났다. 실험 참여자들에게 어떤 정책에 관해 구체적으로 실시할 방법, 예상되는 효과 등 최대한 자세히 설명하게 했더니, 강한 정치적 견해를 가졌던 사람도 더 온건한 견해로 선회했다.[7] 타인의 사고에 개입할 때 이런 현상을 잘 이용한다면 적어도 두 가지 큰 장점이 있다. 첫째, 상대방이 주로 말하도록 유도하고 나는 주로 들음으로써 상대방은 내가 자기 생각을 바꾸려고 시도한다는 느낌을 받지 않게 된다. 둘째, 상대방이 그 누구의 압력도 받지 않고 스스로 자신의 지식을 의심하게 된다.

읽지 않은 장서 효과를 자각시키는 데 효과적인 방법 하나가 바로 '무지의 본보기'를 보이는 것이다. 잘 생각해보자. 읽지 않은 장서 효과는 모르면서 안다고 착각하는 것이며, 우리의 바람은 상대방이 자기 지식의 한계를 깨닫는 것이다. 그렇다면 우리가 할 일은 '나 자신의 한계'를 드러냄으로써 본보기를 보이는 것이다. 이 방법은 세 가지 큰 장점이 있다. 먼저 우리 자신에게도 있는 읽지 않은 장서 효과를 극복하는 기회가 된다. 즉, 주어진 문제에 관해 실제보다 잘 알고 있다는 착각에서 벗어날 수 있다. 또 "잘 모르겠네요"라고 편하게 말할 수 있는 분위기가 조성되는데, 그럼으로써 상대방에게도 모른다고 시인해도 좋다는 무언의 허락 신호를 보낼 수 있다. 무엇보다도 이는 상대방의 체감 지식과 실제 지식 사이의 괴리를 드러내는, 미묘하면서도 효과적인 전략이 된다.

대화에 실제로 적용하는 예를 들어보자. 가령 이런 식으로 말할 수 있다. "불법 이민자를 강제 추방하면 구체적으로 어떤 효과가 있을지 잘 모르겠어. 아마 장단점이 있을 텐데 어느 쪽이 더 클지 잘 모르겠네. 어떤 방식으로 집행되는 거지? 재원은 어디서 나오나? 비용은 얼마나 들고? 실제로 어떤 식으로 이루어지나? 내가 구체적인 지식이 많지 않아서 뭐라고 강한 의견을 갖지는 못하겠는데, 그런 걸 좀 들어보고 싶어."

이때 부끄러워하지 말자. 설명해달라는 부탁을 명확히 하자. 정보를 구체적으로 요청하자. 그런 다음 상대방이 자세한 정보를 알게 된 경위를 꼭 짚어서 묻고, 내 무지를 계속 솔직히 인정하자. 대개는 내가 무지를 인정할수록 상대방은 내 이해를 돕기 위해 열심히 설명을 내놓을 것이다. 그리고 설명을 시도할수록 자신이 가진 지식의 한계를 깨달을 가능성이 크다.

앞의 예에서, 상대방이 혹시 불법 이민자 관련 정책 분야의 전문가라면 내게 유익한 정보를 줄 수도 있을 것이다. 그렇지 않다면, 내가 보인 무지의 본보기 덕분에 상대방이 읽지 않은 장서 효과를 자각할 수 있을지도 모른다. 상대방이 만약 자신의 지식을 의심하면서 읽지 않은 장서 효과를 느끼기 시작하면, 혼자 곱씹게 놔두자. 계속 질문 공세를 퍼붓지는 말자.

다시 강조하지만, 이 전략은 강한 견해를 온건하게 누그러뜨리는 효과만 있는 것이 아니다. 솔직한 태도, 그리고 기꺼이 무지를 인정하고 믿음을 바꾸는 자세의 본보기를 보인다는 점에서 의미가 있다. 지적으로 정직하게 무지의 본보기를 보인다는 것은, 숙련된 대화의 장인이라면 누구나 보유한 미덕virtue이다. 익히기도 그리 어렵지 않다.

| 바람직한 대화의 본보기 보이기 |
본보기 보이기를 통해 읽지 않은 장서 효과를 깨우치고 타인의 믿음에 개입하는 몇 가지 방법을 알아보자.

1. 모르면 "모르겠다"라고 말한다.

모른다는 건 수치스러운 딱지가 아니라 정직, 겸손, 진실성을 드러내 보이는 행위다. 상대방이 "모르겠다"라고 말하면 칭찬을 해주자.

2. 단도직입적으로 물었는데 상대방이 대답을 얼버무리거나 거부한다면, 똑같은 질문을 내게 해달라고 요청한다.

잘 이해가 가지 않는다면 앞에 예로 든, 간통한 여성의 투석형에 관한 대화를 참조해보라. 간결히 답변하여 본보기를 보이고, 곧바로 똑같은 질문을 상대방에게 한다.

3. 원활하고 성공적인 대화의 관건이 되는 태도를 먼저 본보기로 보인다.

그러한 태도로는 들어주기, 정직성(특히 무지를 인정하는 것), 진실성, 호기심, 개방성, 공정성, 너그러움(상대방의 선의를 전제하는 것), 믿음의 근거를 중시하는 태도, 겸손함, 유머, 생각을 바꿀 수 있는 유연성 등이 있다.

4. 아는 게 부족해 확고한 입장을 갖지 못한다고 시인한 후, 상대방에게 본인의 믿음에 관해 최대한 자세히 설명해달라고 요청한다.

예를 들어 앞서 슬로먼과 페른백의 연구에서 살펴보았듯이, 복잡한 주제에 관해 설명을 시도하다 보면 읽지 않은 장서 효과를 깨닫고 견해를 누그러뜨리기 쉽다.[8] 가령 "불법 이민자 강제 추방 관련 법을 집행하는 기관은?", "어느 부처의 예산으로 집행되며 비용은 얼마나 드는지?", "이민자 추방에 관한 현행법의 내용은?", "현행법을 반대하는 논거로 가장 강력한 것은?", "추방자는 어디에 임시 수용되는지?", "일어날 수 있는 구체적인 문제점은?" 등의 질문을 통해 자세히 물어볼수록 그 효과는 크다.

5. 나 자신의 '읽지 않은 장서 효과'를 자각한다.

내가 중요하게 생각하는 정치적 주제를 하나 골라서 최대한 자세히 설명해본다. 예상되는 효과와 실행 방법을 구체적으로 밝혀보는 것이다. 그 밖에 커피 메이커 등 일상용품이나 반도체의 작동 원리 등 과학적 과정에 관해 설명해보는 연습도 좋다. 그런 것은 인터넷으로 바로 확인할 수 있으므로 복잡한 정치적 문제보다 연습하기에 좋다.

6. 명료하게 말하는 본보기를 보이고, 전문용어를 피한다.

예를 들어 자신이 양자물리학자가 아니라면 '양자적 도약'이라는 말은 쓰지 않도록 하자.[9]

7. 나쁜 행동의 본보기를 보이지 않는다.

다시 말해, 말을 끊거나 무례하게 굴지 않는다. 상대에게서 호의와 예의를 바란다면 내가 먼저 호의와 예의를 보인다. 특히 상대가 내 견해를 너그럽게 해석해주길 바란다면, 내가 먼저 상대방의 견해를 너그럽게 해석해준다.

#2 용어 정의하기

2017년에 제임스 더모어라는 구글 엔지니어가 사내 게시판의 글을 통해 '성 고정관념을 강화했다'는 이유로 해고된 사건이 있었다. 글은 더모어가 회사의 요청을 받고 자기가 생각하는 구글 내부의 문제에 대해 의견을 적은 것이었다. 더모어는 후에 포틀랜드 주립 대학에서 열린 어느 행사에서 당시 있었던 일을 회상했다.

구글에서 4년쯤 일했을 때였는데, 저희 팀에 '포용'과 관련해 문제가 좀 있는 것 같았습니다. 그룹별 점심 식사 자리에도 나오지 않고, 팀 회의 시간에도 의견을 내지 않는 사람들이 있었죠. 그래서 다양성과 포용을 주제로 한 사내 콘퍼런스에 참석했는데 (…) 들어보니 팀원들을 모두 포용할 방법을 이야기하는 게 아니라 다양성, 그중에서도 구글의 인종 다양성과 성 다양성에 관해서만 이야기하더군요. (…) 인구 중 여성은 50퍼센트인데 구글에는 여성이 20퍼센트밖에 없으니 성차별이 있다고 (…) 콘퍼런스에 대한 의견을 요청받는데 (…) 제가 사실 입사하기 전에 대학원에서 생물학을 전공해서 심리학 지식이라든지 (…) 기술 분야에 흥미가 있는 여성이 남성보다 상대적으로 적은 이유를 좀 알고 있었습니다. (…) 그래서 그 문서를 작성했고 (…) 그런 요인들을 충분히 고려해야 더 많은 여성이 흥미를 느끼는 직장이 되도록 구글을 변화시킬 수 있다는 것, 그리고 현재 직장 내 문제 몇 가지를 해결하고 성 다양성을 논의에서 뺄 수 있을 만한 방안을 설명했습니다.[10]

이 사례가 보여주는 구글 사내 문화의 문제는 여러 가지가 있지만(예컨대 회사가 직원에게 의견을 요청하면서 다양성에 관한 특정 관점에 부합하는 의견만을 원한 것), 오해가 빚어진 한 가지 이유는 구글 측에서 '다양성'과 '포용'이라는 용어를 일반적이지 않은 용법으로 사용한 데 있다. 더모어는 '다양성', 그리고 '포용'을 자연히 모든 팀원의 참여도를 높이는 일로 생각했지만, 경영진이 생각한 뜻은 그게 아니었던 것 같다. 더모어가 한 일이라곤 서로 용어의 오해가 있는 상황에서 솔직하고 예의 바르게 발언한 것뿐이지만, 돌아온 것은 해고 통지였다.

| 용어의 의미 |

얼핏 보면 내용을 놓고 벌어지는 듯한 논쟁도, 사실은 용어의 의미를 놓고 의견이 달라서 벌어지는 경우가 많다.[11] 대화 중 문득 사전을 찾아보고 싶어진다면 그런 상황에 휘말렸다는 신호일 수 있다. 참고로 용어의 의미를 판정하기 위해 사전을 찾아보는 일은 별로 도움이 되지 않는데, 같은 용어도 사람마다 사용하는 방식이 다르고 맥락에 따라 의미가 달라지기 때문이다.

예를 들어 누가 "난 정부가 싫다"라고 하면, 그 뜻은 정부의 간섭이라든지 부정부패, 관료주의, 정치 권력의 집중, 본인의 생각과 맞지 않는 각종 규제 등이 싫다는 것일 수 있다. 한편 또 어떤 사람이 정부가 좋다고 하면, 그 말은 정부가 제공하는 안전, 안정, 복지, 사회기반시설 등이 좋다는 뜻일 수 있다. 이 두 사람이 '정부'를 주제로 대화하게 되면, 정책 문제에 대해서는 하나하나 다 의견이 같다 해도 논쟁이 벌어질 수 있다. 언뜻 상당히 내용이 있어 보이지만, 사실은 고작용어 의미를 두고 벌어지는 논쟁이니 정말이지 답답한 상황이다. 우선 용어를 정의하고 그 뜻에 합의한다면, 의사소통의 혼선을 줄일 수 있다.

'도덕'과 관련된 주제를 놓고 대화할 때도 용어 정의의 차이로 대화가 엇나가기가 아주 쉽다. 사람마다 생각하는 뜻이 엄청나게 다를 수 있기 때문이다. '신앙'이라는 단어도 마찬가지다. 피터의 저서 『신앙 없는 세상은 가능하다』에서도 설명한 바 있지만, 종교 신자와 무신론자는 이 단어의 의미를 서로 다르게 생각한다.[12] 그래서 대화를 이어나가기 전에 그 단어의 의미를 명확히 할 필요가 있다.

정치 이야기를 할 때도 마찬가지다. 진보주의자는 복지 제도를 국가의 도덕적 책무로 간주할 테지만, 보수주의자는 공짜 혜택을 나누어주어 노력할 동기를 떨어뜨리는 조치로 볼 수도 있다. 다시 말해, 진보주의자는 복지 문제를 '배려와 위해care and harm'의 관점에서 보는 경향이 있지만, 보수주의자는 복지 문제를 주로 '공정fairness' 관점에서 보는 경향이 있다(이 점에 대해서는 6장에서 더 자세히 논한다).[13] 이 경우 '복지'라는 단어는 그 가리키는 대상은 같지만, 사람마다 그 단어에서 느끼는 도덕적 함의가 확연히 다르다.[14] 그러므로 그럴 때는 부당한 수급 문제라든지 빈곤 감소 방안을 직접 논하면 좋을 것이다. 그러면 복지라는 단어를 쓰지 않고 대화할 수 있다. 이런 식으로 하지 않으면 자칫 공정성이라든지 누구에게 어디까지 지원해야 하느냐를 놓고 엉뚱한 논쟁이 불붙을지도 모른다. 대화에서 중요한 용어(가령 '진리', '여성', '복지')의 뜻을 두고 합의가 이루어지지 않는다면, 다른 사안으로 넘어가거나 대화를 잠시 중단하자.[15]

| 용어 통일 방법 |

간단한 방법으로 용어의 의미를 서로 오해하지 않도록 해서 대화가 엇나가는 것을 막을 수 있다.

1. 단어를 처음부터 정의한다.

예를 들어, "[X]라고 하시는 건 무슨 뜻이죠?" 또는 "[X]의 정의가 뭔가요?"라고 묻는다.

2. 단어가 쓰이는 맥락을 이해한다.

"그 단어를 다른 맥락에서도 같은 뜻으로 쓰시나요? 그런 예는 뭐가 있을까요?"라고 질문해보자. 가령 이런 식으로 묻는다. "[X] 라는 단어를 어떤 용법으로 쓰시는지 알고 싶어서요. 다른 맥락 에서도 [X]라는 단어가 그런 뜻으로 쓰이는 예가 있나요?"

3. 상대방의 정의를 따른다.

다시 말해 상대방에게 정의를 물었고 대답을 들었다면, 그 정의를 받아들이고 대화를 진행한다. 중요한 용어인데 상대방의 정의를 받아들이지 못하겠다면, 다른 주제로 넘어가거나 대화를 끝낸다.

4. 단어의 도덕적 함의에 주목한다.

어떤 단어에 도덕적 의미가 있다면, 상대방은 어떤 믿음을 가짐 으로써 더 선한 사람이 된다고 생각해 자기 믿음이 옳다고 확신 하게 되었는지도 모른다.[16] 다시 말해, 어떤 믿음을 가지면 더 선 한 사람이 된다는 판단을 먼저 한 다음에, 거꾸로 그 믿음의 근거를 열심히 찾았는지도 모른다. 도덕적 사고가 이성적 사고를 압도한 것이다. 이런 사람은 가령 다음과 같은 도덕적 추론을 하기 쉽다. "선한 사람은 [X]를 믿는다." → "나는 선한 사람이므로 [X]를 믿어야 한다." 그런 다음엔 [X]를 뒷받침하는 근거를 찾아내서 [X]를 믿곤 한다. 그러고는 자기가 찾은 근거에 따라 [X]를 믿고 있다고 생각한다.[17]

#3 질문하기

소크라테스는 잘 알려져 있듯이 사람들을 잘못된 믿음에서 벗어나게 해주는 데 능했다. 그는 치밀한 논증을 펼치기보다는 사려 깊고 예리한 질문을 던지는 방법을 즐겨 썼다. 다음은 소크라테스가 던진 질문의 예시로, 제자 플라톤이 쓴 여러 대화편에서 뽑은 것이다.[18]

- "인간으로 산다는 것은 무엇인가? 덕이 있다는 것은 무엇인가?" 『소크라테스의 변론』, 『메논』
- "용기란 무엇인가?" 『라케스』
- "정의란 무엇인가?" 『국가』
- "왜 법을 지켜야 하는가?" 『크리톤』, 『국가』
- "목숨과 바꿀 가치가 있는 것은 무엇인가?" 『소크라테스의 변론』, 『크리톤』
- "처벌이 정당할 때는 언제인가?" 『고르기아스』, 『크리톤』
- "개인의 의무는 얼마나 중요한가?" 『고르기아스』, 『국가』, 『법률』

- "최선의 삶이란 무엇인가?" _『국가』_
- "우리는 남들에게 어떤 의무를 지는가?" _『국가』_

  소크라테스는 명료한 질문을 중심으로 대화를 풀어나갔다. 초점이 명확했기에 대화가 원만하게 이루어졌다. 대화가 옆길로 새거나 논점이 불분명해지면 처음의 질문으로 되돌아갔다. '읽지 않은 장서 효과'를 드러내려고 시도할 때처럼, 주제보다 질문에 초점을 두자.

| 교정 질문을 던져라 |

"예" 또는 "아니요"로 답하는 단답형 질문보다는 상대방이 자기 생각을 자기 언어로 길게 이야기할 수 있는 '열린' 질문을 하자. 그러면 상대방을 대화에 자연스럽게 끌어들일 수 있다. 인질 협상 전문가 크리스 보스Chris Voss는 열린 질문 중에서도 이른바 '교정 질문calibrated question'을 추천한다.[19] 교정 질문은 '어떻게'나 '무엇'이 들어가는 질문이다. "예"나 "아니요"로 답할 수가 없다.[20] 예를 들면, "이것 괜찮은가요?"라고 묻는 대신 "이것 어떻게 생각하세요?"라고 묻는 것이다. 잘 모르겠으면 일단 '어떻게'나 '무엇'이라는 의문사를 넣어 질문하자. 주변에서 쉽게 볼 수 있는 예를 들면, 경험 많은 의사들은 교정 질문을 한다. "통증이 있으세요?"처럼 단답형으로 묻기보다는 "몸이 어떤 느낌이세요?"라고 묻는 식이다.

  닫힌 질문, 즉 한 마디로 답하거나 짧막하게 답할 수 있는 질문을 하면 토론이 자연스럽게 이어지지 않아 대화가 어색해질 수 있다. 변호사가 반대신문을 할 때는 증인을 궁지에 몰아붙이기 위해 그런 방법을 자주 쓴다. 상대방에게서 무언가를 시인하는 답을 효과적으로 끌어낼 수 있기 때문이다. 그런 질문도 때로 유용하지만, 상황을 잘 가려서 해야 한다. 대화하는 중에 반대신문을 당하고 싶은 사람이 있을까? 물론 없을 것이다. 그러나 상대방이 답변을 회피할 때는 닫힌 질문을 써볼 만하다. 앞서 살펴본, 간통한 여성을 투석형에 처해야 하느냐는 질문이 그런 예다. 단답형 질문이 나름의 유용한 역할을 했던 경우다.

대화 중에 교정 질문을 하는 방법은 다음과 같다.

1. 주제를 택했으면, 범위를 좁혀서 질문 형식으로 명확히 제시한다.
"그러니까 지금 우리가 답해야 할 질문이 [X]이지요?"라고 묻는다. 상대방의 대답을 듣고 질문을 적절히 수정한다. 질문의 형태를 바꿔야 하면 바꿔서 이렇게 말한다. "아, 알겠어요. 그러니까 질문은 [X]인 거지요?" 이때는 닫힌 질문이 유용하지만, 내용을 잘 생각해서 해야 한다. 그래도 상대방이 질문의 형태에 동의하지 않으면, "그럼 질문을 무엇으로 잡아야 할까요?"라거나 "질문을 어떻게 제시하시겠어요?"라고 묻는다. 둘 다 교정 질문이다.

2. 대화가 엉뚱한 쪽으로 흘러가면 원래 질문으로 되돌린다.
"우리가 [X]를 논하던 중이었으니까 괜찮으시면 그 질문으로 돌아가지요", "원래 [X]를 논하고 있었는데, 언제부턴가 옆길로 샜네요. [X]로 돌아갈까요?"라고 말한다. 원래 질문으로 돌아가고 싶지 않다면 그러지 않아도 좋다. 대화가 더 흥미로운 쪽으로 옮겨갔는데 그쪽으로 가보고 싶다면, 새로운 질문을 제시해 새 토론을 시작한다.

3. 진정성 있게 임한다.

가장 좋은 질문은, 어떠한 목표를 달성하려고 하는 질문이 아니라 정말 답을 듣고 싶어서 하는 질문이다.[21] 상대의 진정성을 높이 사고 애타게 바라는 한편, 술수를 경계하는 게 사람의 심리다. 정말로 관심 있어서 하는 질문이라면 그런 티가 나기 마련이다.[22]

4. 주장을 질문으로 위장하지 않는다. 유도 질문을 하지 않는다.

가령 "공화당 지지자들은 어째서 빈곤층의 어려움에 그렇게 무관심할까요?" 같은 질문이 그런 예다. 언뜻 보기엔 교정 질문 같지만, 이는 일종의 유도 질문이다. 공화당 지지자가 빈곤층에 무심하다는 데 상대방이 동의할 것을 '전제'한 질문이기 때문이다. 주장을 주장이 아닌 것처럼 가장하거나 의도를 띠었으면서 그렇지 않은 것처럼 가장한다면 진정성 있는 소통이라고 할 수 없다. 이 경우 상대방이 전제에 수긍하지 않는다면 즉시 역효과가 나기 쉽다.

5. '어떻게'와 '무엇'을 이용해 교정 질문을 한다.

교정 질문은 대답의 여지가 열린 질문이므로 대화를 더 원활히 풀어나갈 수 있다. "예" 또는 "아니요"로 답할 수 있는 등의 닫힌 질문은 기본적으로 피한다. 예외는 불분명한 점을 명확히 하거나, 명확한 대답을 요구하거나, 내가 상대방의 생각을 정확히 이해했는지 확인하고자 할 때다.

#4 극단주의자와 선 긋기

미국 남부 지방에는 이런 속담이 있다. "안다고 알아주랴, 관심을 줘야 관심받지Nobody cares how much you know until they know how much you care." 아마 장사꾼들 사이에서 유래한 말인 듯한데, 이 책의 공저자 제임스는 그 말의 진짜 뜻을 10년이 넘게 걸려서야 이해했다.

이 속담을 자세히 살펴보자. 언뜻 보기엔 둘 중 하나를 뜻하는 말인 것 같다. 우리가 아무리 아는 게 많더라도, 대화 주제 또는 대화 상대에게 관심이 많아야 비로소 관심을 받을 수 있다는 것. 두 특성 다 장점은 있지만, 상대의 생각을 바꾸는 데는 도움이 되지 않는다. 장사하는 데는 두 가지 해석 모두 의미가 있지만, 도덕적 견해가 엇갈리는 대화에서는 의미가 없다.

대화 주제에 열정이 넘치면 일단 사람들이 들어주긴 하겠지만, 듣는 사람을 설득하기는 무리다. 오히려 유난 떠는 사람처럼 보이고 현실 감각이 살짝 부족한 사람으로 여겨져 역효과가 나기 쉽다(길에서 무언가를 전도하는 사람을 생각해보라). 또, 인간적으로 끈끈한 관계라고 해서 도덕적 견해 차이를 좁히기는 쉽지 않다. 제임스에게는 종교적, 정치적 견해가 천양지차인 친구들이 많은데, 제임스가 그 친구들을 아무리 인간적으로 아낀다 해도 그 효과는 제임스의 말을 끝까지 들어주는 정도다. 제임스의 생각이나 그리 생각하는 이유에 동의를 끌어내기까지는 어렵다.

그런데 앞의 속담이 도덕적 차원에서 어떻게 적용될 수 있는지 깨닫고 나자, 생각이 다른 사람들과 대화할 때 커다란 변화가 생겼다. 그 속담의 비밀을 푸는 열쇠는, '관심'을 가져야 할 '대상'을 올바로 인식하는 데 있다. 정녕 관심을 가져야 할 대상은 대화의 '주제'도 아니고, 대화를 나누는 '상대'도 아니다(물론 그것도 중요하지만). '상대가 보기에 옳은 것'에 관심을 가져야 한다. 다시 말해, 공동의 가치를 지향해야 한다.[23]

앞서 본 속담을 이렇게 해석해보자. "나와 도덕적 견해가 다른 상대의 신뢰를 얻으려면 상대에게 관심이 있다는 것을, 특히 상대가 관심을 둔 가치에 나도 관심이 있다는 것을 보여주어야 한다." 설령 상대방의 눈에 내가 도덕적 관점에서 아군으로 보이지 않는다고 해도, 적군에 속한 사람으로 보여서는 안 된다. 그래야 상대방의 신뢰를 얻을 수 있다. 그러지 못하면 내가 하려는 말에도, 내가 그런 말을 하는 이유에도 관심을 둘 사람은 없다. 도덕적 견해 차이를 극복하는 대화를 하려면 반드시 명심해야 할 점이다.

물론 신뢰를 얻기는 쉽지 않다. 시간을 들여야 하는 일이다. 이 책에 소개된 여러 도구와 전략을 통해, 도덕적 세계관이 나와 다른 사람에게 신뢰를 얻으려면 어떻게 해야 하는지 배워나갈 수 있을 것이다. 한편 신뢰를 잃는 방법은 아주 쉽다. 확실한 방법이 하나 있다. 주변에서 너무나 흔히 볼 수 있는 모습이다. 상대방이 가장 경계하는 무리의 사람들과 내가 같은 부류로 여겨지면 그렇게 된다. 나는 '다르다'는 것을 보이지 못하면 결코 상대방의 신뢰를 얻을 수 없다. 종교건 도덕이건 정치건 상대방이 중요하게 생각하는 주제에 관해 내가 아는 게 아무리 많아도 아무 소용이 없다.

| 도를 넘는 극단주의자 |
정치적, 도덕적 주제를 놓고 대화할 때는 상대와 도덕적 의견이 일치

하는 부분을 찾아내면 항상 도움이 된다. 무슨 대화를 할 때건 의견 일치를 쉽게 볼 수 있는 점이 하나 있다. 바로 '우리 편' 극단주의자들이 도를 넘는다는 점을 지적하는 것이다.

나와 정치적 견해가 엇갈리는 상대라면 우리 편 극단주의자들을 신뢰하지 않을 테니, 나도 같은 의견임을 밝히면 의견 일치를 쉽게 볼 수 있다. 또, 오늘날의 양극화된 언론 환경 때문에 상대방은 '우리 편' 중에서도 온건한 입장보다는 극단주의자들이 펼치는 주장에 익숙할 가능성이 크다. 그리고 우리 입장을 뒷받침하는 좋은 논거는 잘 모를 것이다(우리도 상대방에 대해 마찬가지다). 이는 언론이 광적인 인물일수록 더 확대해 보도하는 경향 때문이기도 하다. 언론계 격언 중에 "유혈 뉴스가 톱뉴스If it bleeds it leads"라는 말도 있지 않은가. 다시 말해, 나와 입장이 엇갈리는 상대방은 우리 편 극단주의자와 나를 한통속으로 생각하기 쉽다. 극단주의의 폐해는 심각하다. 극단주의는 부족주의部族主義, 양극화, 근거 없는 의심, 불신, 방어적 태도를 부추길 뿐 아니라, 안타깝게도 상대편의 견해를 부당하게 왜곡·과장하는 현상을 부추긴다.[24] 설상가상으로, 한쪽에서 극단주의를 취하면 다른 쪽에서도 극단주의로 응수하기 마련이다. 하지만 우리 편의 극단주의자와 분명히 선을 긋는다면, 내 약점을 강점으로 바꿀 수 있다.

극단주의자의 존재를 인정함으로써 도덕적 견해가 아무리 다른 상대와도 합의점을 금방 쉽게 찾을 수 있다. 상대방은 나를 보며 '다른 편 사람이긴 해도 그쪽의 터무니없는 문제를 인지하고 반대하는구나. 광신자는 아니구나!'라고 생각하게 될 것이다. 그러면 내가 나의 '도덕적 부족moral tribe'과 분리되는 동시에 상대방과 나의 중요한 공통점이 드러나면서 도덕적 거리를 좁히는 데 도움이 된다.[25]

예를 들어, 나와 같은 주장을 하는 시위자들이 폭력을 행사하고 기물을 파손했다면? 온건한 목소리를 틀어막으려고 했다면? 철없는 아이들처럼 떼를 쓰고 큰 목소리로 반대 의견을 제압했다면? 엄청난 사회적 혼란을 일으켜 선량한 시민들에게 불편을 초래했다면? 중상과 비방을 일삼는다면? 누가 그랬건 간에 그 모든 행위와 선을 긋자. 그런 행위를 두둔해가며 양다리를 걸칠 필요가 전혀 없다. 우리 편 극단주의자들에 반대한다는 뜻을 밝히면, 곧바로 상대방과 같은 편이 될 수 있다. 그렇게 안전한 합의점을 만들어놓고 나면, 이를 신뢰의 바탕으로 삼아 더 깊은 대화로 나아갈 수 있다.[26]

| 극단주의자와 선을 긋는 방법 |
항상 극단주의와는 선을 긋는 태도를 보이자. 간단한 요령 몇 가지를 소개한다.

1. 우리 편의 도를 넘는 행위를 명확히 지적한다.
아무리 생각해도 그러한 행위가 뭔지 모르겠으면 내가 그 부류일 가능성이 크다. 그럴 때는 내 견해를 더 온건하게 누그러뜨려야 한다. 우리 편이 벌이고 있는 잘못을 가장 쉽게 알아보는 방법은 바로 상대편 사람에게 물어보는 것이다. 내 자존심과 정체성을 잠깐 내려놓고 경청한 다음, 그 말을 믿자.

2. 상대편 극단주의자를 거론하지 않는다.
거론하든 하지 않든 그건 상대방이 알아서 할 일이다. 내가 우리 편 극단주의자의 존재를 인정했다고 해서 상대방도 그래야 한다는 생각은 버리자. 대화는 거래가 아니다.

3. 옹호할 여지가 없는 행동을 절대 옹호하지 않는다.

시민사회에서 정치적으로 어떤 파를 자처한다고 해서 폭동이나 폭력을 옹호해도 좋은 것은 아니다. 또 인종차별 행위나 나라를 부도 위기로 몰아가는 등 국익을 위협하는 방해 일변도의 정치 행위를 옹호할 수는 없다. 우리 편 말썽꾼들에 반대하는 태도를 확실히 보이자. 극단주의자들은 나와 견해와 가치가 다름을 명확히 밝히고, 필요하면 왜 그런지도 설명한다. 선택해야 할 때는 항상 '우리 편'보다 더 상위의 가치를 옹호하자. 시민사회, 생산적 대화, 그리고 극단주의가 아닌 타협을 지지하자.[27]

4. 극단주의자는 광신자, 과격파, 극렬 세력임을 분명히 밝힌다.

상대방도 아마 동의할 것이다. 속담 "안다고 알아주랴, 관심줘야 관심받지"의 정신을 실천할 기회다.

5. 상대편을 너그럽게 봐준다.

특히, 상대편 극단주의자를 상대편의 대표로 묘사하지 않는다. 앞서 설명한 '본보기 보이기'를 잊지 말자. 내가 상대방 또는 상대편을 극단주의자로 묘사한다면, 상대방도 질세라 나 또는 우리 편을 극단주의자로 묘사하기 쉽다. 상대편을 광적이거나 부도덕한 집단인 것처럼 이야기한다면, 상대방도 우리 편을 똑같이 생각할 가능성이 거의 100퍼센트다.

6. 나의 극단주의 성향을 경계하여 극단적인 관점이 대화에 끼어들지 못하게 한다.

과거에 극단적이거나 지나치게 단순한 견해를 가졌던 경험을 되돌아보고(이를테면 "보수주의자는 파시스트다", "진보주의자는 저 잘난 오지랖꾼이다"), 그런 생각을 아예 버리도록 노력한다. 내가 가진 우려를 더 사실적이면서 공정하게 표현할 다른 방법을 찾아본다.

#5 소셜미디어 신중하게 이용하기

우리 두 저자는 소셜미디어에서 실수를 숱하게 했다. 이를테면 이런 트윗을 작성한 적 있다.

- "게이여서 자랑스럽다는 말은 이해가 안 된다. 노력하여 이루지 않은 무언가가 어떻게 자랑스러울 수 있나?"_피터
- "교차 페미니스트(교차 페미니즘은 '상호교차성'을 강조하는 페미니즘의 한 갈래다-옮긴이) 남성은 거의 다 몸이 연약하고 체형이 엉망인 이유가 뭘까?"_피터
- "SJW('사회 정의 전사social justice warrior'의 약자로, 사회 정의와 정치적 올바름에 지나치게 경도된 사람을 부정적으로 이르는 말이다-옮긴이) 운동의 주동력이 여론 주도자들의 성격장애일 가능성은 얼마나 될까?"_제임스

소셜미디어에 도발적 질문을 올리고 예의 있는 논의를 기대하는 건 순진함을 넘어 아둔한 짓이다. 우리 둘도 그랬음을 고백한다. '도발'과 '예의'는 소셜미디어 세계에서 물과 기름처럼 섞이지 않는다. 위의 도발을 벌인 결과, 의도했던 목적(사람들에게 더 깊이 따져보고 당연하다고 생각했던 전제를 의심해보게 만드는 것)을 이루지 못한 것은 물론, 정반대의 역효과만 일어났다. 우리는 완전히 '꼴통'으로 취급받았다.

| 소셜미디어에서는 전투적 대화를 피하자 |

이 책에 소개된 근거 기반 대화 방법 및 전략이 대면 대화에 잘 적용될 수 있다는 사실은 다양한 문헌을 통해 입증되어 있다. 그러나 온라인 환경에도 적용될 수 있는지는 분명하지 않다. 현재로서는 소셜미디어에서 대화를 원활히 나눌 방법에 대해 확실한 근거가 나오지 않았다. 그러니 예민한 문제는 절대로 꼭 필요한 경우에만(그런 경우가 과연 있을지 잘 모르겠지만), 그리고 생산적으로 논의할 방법에 대해 확실한 근거가 밝혀진 다음에 비로소 논의할 것을 강력히 권한다.

소셜미디어상의 대화는 유익한 점도 있을 수 있고, 실시간으로 반응하지 않아도 되는 등 장점도 있을 수 있다.[28] 하지만 소셜미디어상에서는 안 그래도 까다로운 논의가 한층 더 까다로워진다. 소셜미디어에서 논쟁을 벌이거나 도발적인 글을 공유하면 어떻게 될까? 한 가지 결과만은 확실하다. 인간관계가 망가지고, 안 그래도 험악한 소셜미디어 환경을 더 험악하게 만드는 데 일조할 게 틀림없다.

우리 인간은 대면 대화를 하도록 진화했다. 상대를 직접 마주 보고 대화하면 어조라든지 몸짓이나 표정을 대개 쉽게 읽을 수 있다.[29]

무척 중요한 신호들이지만, 글로 의사소통할 때는 모두 사라져버린다. 물론 장점도 있겠지만, 내용의 깊이가 얕아지는 등 단점이 더 크다. 글로 쓴 주장은 상당히 다양하게 해석될 여지가 크다. 어조만 들었어도 오해의 소지가 해소되었을 만한 경우가 많다. 예컨대 비꼬는 화법(반어법)은 글로 구사했을 때 알아차리기가 특히 어렵다. 그래서 일각에서는 반어법을 표현하는 구두점을 도입하려는 시도까지 있었다.[30]

그런가 하면 말은 강세에 따라서도 의미가 달라진다. 가령 "나는 그게 불공평한 것 같은데"라고 할 때 "나는"에 강세를 넣어서 말하면 다른 사람은 모르겠지만 나는 개인적으로 그렇게 생각한다는 뜻이 되고, "그게"에 강세를 넣으면 다른 점은 모르겠지만 그 점이 불공평해 보인다는 뜻이 된다. 말로 들었을 때는 뉘앙스 차이가 명백하지만, 글로 읽었을 때는 짐작으로 판단할 수밖에 없다. 잘못 짐작하면 대화가 엉뚱하게 흘러가서 무의미한 논쟁이 불붙을 수 있다.

그래서 글을 통한 의사소통은 설령 사적인 대화라 해도 어려운 점이 있다. 그런데 소셜미디어는 기본적으로 공적인 매체다. 공개된 토론장에 올린 대화는 복잡하고 역동적인 관계를 유발하므로, 두 사람 간의 사려 깊은 대화로만 끝나는 경우가 드물다. 글로만 의사소통한다는 것 자체가 목소리의 '가락'과 '장단' 그리고 몸짓이 느껴지지 않는 한계가 있는데, 소셜미디어상의 대화는 웬만한 문자 소통보다 한층 더 어렵다.[31]

설상가상으로, 소셜미디어는 플랫폼마다 특유의 인프라로 인해 나름의 어려움이 따른다. 가령 트위터는 트윗당 140자(한국어 기준. 영어는 280자다-옮긴이) 제한이 있고 내용이 거의 완전한 공개 상태가 된다. 한마디로 정리하겠다. 트위터에서는 그냥 논쟁하지 않는 걸 원칙으로 하자. 트위터는 수많은 관객을 앞에 두고 무대에 서서 아주 짧은 문장으로만 말하는 것과 같다. 관객 속에 섞인 시비꾼들에게 일일이 반응할 필요가 없다. 꼭 논쟁에 끼어야겠으면 답글을 두 번까지만 달고 끝내자. 매체 특성상 섬세한 입장 표명이 어렵기 때문이다. 원한다면 세 번째 답글로 이 원칙을 설명하면서, 이메일이나 기타 사적인 매체로 토론을 이어가자고 제안하자.

페이스북은 트위터보다 더 개인적인 인맥 중심으로 짜인 구조다. 다시 말해, 아는 사람 누구든 불쑥 찾아올 수 있는 친척 모임과 비슷하다. 그런 자리에서 보통 어떻게 행동하는가? 아마 대학 친구와 어떤 성적 페티시즘이 도덕적으로 문제가 있느냐 없느냐를 놓고 머리 터지게 싸우는 모습을 할머니나 직장 동료에게 보이고 싶지는 않을 것이다. 소셜미디어는 플랫폼마다 인프라가 달라서 특정한 관객층에 어필하게 되어 있다. 내가 나를 어떻게 할 수가 없어서 진짜 꼭 감정을 분출해야겠다면, 관객의 성격을 잘 생각해보고 하자.

소셜미디어에 관해 두 가지만 유념하자. 첫째, 소셜미디어에 올리는 글은 보통 자기 생각을 바로잡아달라고 올리는 글이 아니다. 그런 곳에 글을 올리는 목적은 대개 자기 생각을 '확인받기' 위함이다. 뭔가를 보고 분개한 사람은 남들도 함께 분개해주기를 바라면서 공유한다. 어떤 견해를 자기 개인 페이지에 올릴 만큼 그 견해에 동조하는 사람이라면, 그 견해를 남들에게도 알리려는 것이지 비판을 청하는 건 아닐 것이다.

한편 페이스북에 어떤 글이 올라왔는데 내 생각과 맞지 않으면 우리는 인지부조화를 겪는다. 인지부조화란 어떤 정보가 자신의 세계관과 맞지 않을 때 일어나는 불편한 감정이다. 인지부조화를 느끼면 상대방의 생각을 바로잡아주고 싶은 마음이 든다. 더 나아가, 잘못된 추론을 고쳐주면 상대방에게도 좋을 것이라는 생각마저 들지 모른다. 하지만 그렇게 시작된 논쟁은 상대방과의 관계를 해치고 상대방의 생각을 더 고착시키는 결과를 낳을 가능성이 압도적으로 크다.[32]

둘째, 소셜미디어상의 대화는 보통 공개된 디지털 공간에서 벌어진다. 그로 인한 난관과 고충이 적지 않다. 원만한 대화를 하다가도 제삼자가 불쑥 도발이나 싸움을 걸어오면 흥이 단번에 깨진다. 한 명이 아니라 수십 명이 끼어들 수도 있다. 더 큰 문제는, 공개된 대화에는 자존심이 걸려 있다는 것이다. 그래서 사적인 대화를 할 때보다 자기 견해에 더 악착같이 매달리기 마련이다.[33] 구름 같은 군중 앞에서 잘 보이기를 바라며 뭔가를 주장한다고 생각해보라. 일대일로 사적인 대화를 할 때와 비교하면, 내 입장을 얼마나 더 맹렬히 주장하겠는가. 생각을 바꾸거나 논쟁에서 '패배'하면 수치라고 여겨지기에, 온라인상의 토론은 엉망으로 틀어져버리기 일쑤다.[34]

반면 소셜미디어에서 대화할 때의 이점도 있다. 우선 디지털화된 문자 소통은 그 모든 단점에도 불구하고 시간과 공간의 제약을 받지 않는다는 장점을 지닌다. 인터넷만 연결할 수 있으면 세계 어느 곳의 상대방과도 바로 실시간으로 손쉽게 대화를 나눌 수 있다. 또 상대방이 한 말을 곰곰이 생각해봐야 한다거나 감정을 가라앉히는 데 시간이 필요하다면 원하는 만큼 시간을 들인 다음 답변할 수 있다.[35] 또, 섣부른 감정적 반응으로 대면 대화가 엇나갈 수 있음을 생각하면 그런 반응을 미리 조절할 수 있다. 그런 실질적 이점도 있지만, 공개된 대화와 사적인 대화의 차이를 잘 인지하고 논란이 될 수 있는 주제는 사적인 대화로 풀어나가도록 하자.

| 소셜미디어에서 대화하는 방법 |
소셜미디어에서 대화를 풀어나가는 간단한 요령 몇 가지를 소개한다.

1. 소셜미디어 글은 사라지지 않음을 기억하자.
한번 올린 글은 삭제해도 서버에 남아 있다는 사실을 잊지 말자 (페이스북, 스냅챗, 심지어 문자 메시지도 그렇다).

2. 화가 났을 때는 절대 아무것도 올리지 않는다.
이메일 답장이나 온라인 대화 참여도 하지 않는다. 누가 올린 답글에 화가 벌컥 난다면, 감정이 완전히 가라앉을 때까지는 답글을 달지 않는다.

3. 소셜미디어에서 누가 말을 걸었다고 해서 꼭 답을 해주어야 할 의무는 없다.
소셜미디어상의 격앙된 댓글에 '정말로' 꼭 대응해야겠으면, 상대방에게 개인적으로 연락하라.[36] 대부분의 소셜미디어 플랫폼에는 비공개 쪽지 기능이 있다. 아니면 이메일이나 전화를 이용해 올린 글과 관련해 논의할 의향이 있는지 정중히 묻는다. 이때 중요한 점은 어디까지나 요구가 아니라 묻는 형식이어야 한다는 것이다.

4. 트위터에서는 절대 논쟁하지 않는다.

트위터는 글자 수 제한 탓에 섬세한 뉘앙스를 표현하기에 적합하지 않으며, 수많은 사용자가 마음에 들지 않는 사용자를 집단으로 공격하는 이른바 '조리돌림' 같은 문제에 특히 취약하다는 점을 명심하자.

5. 페이스북에서는 종교와 정치 그리고 대부분의 철학 관련 주제를 피한다.

페이스북은 특유의 사회적 연결 구조 때문에 종교와 정치 그리고 대부분의 철학 관련 주장을 펴기에 적합하지 않다.[37] 페이스북에 남이 올린 종교나 정치 관련 글에도 되도록 관여하지 않는 게 현명하다. 페이스북은 유감스럽게도 관여한 내용이 친구들에게 공개적으로 게시되는 구조이기에 내가 직접 글을 올리는 것과 크게 다르지 않다.

6. 정말 아무래도 자제를 못 하겠다면, 익명 트위터 계정을 만들어서 허공에 대고 열변을 토하자.

다른 사용자를 태깅하는 것은 공격적으로 여겨지기 쉬우므로 자제하자. 그냥 혼자 분노를 쏟아내자.

#6 기여 요인 논하기

부동산 재벌이자 리얼리티 쇼 스타이면서 정치 경험이 전혀 없던 도널드 트럼프가 어떻게 미국 대통령에 당선될 수 있었을까? 이에 관해서는 누구나 정답을 알고 있고 누구나 남의 탓을 하는 듯하다. 선거가 끝나자마자 정치 진영을 막론하고, 남을 손가락질하며 탓하는 목소리가 쏟아져 나왔다. 지목된 대상은 수없이 많았다. 힐러리 클린턴, 힐러리의 선거 전략, 민주당, 제임스 코미 FBI 국장, 러시아, 블라디미르 푸틴, 버니 샌더스, 공화당, 진보좌파, 폭스뉴스를 시청하는 우파, 주류 언론, 가짜뉴스 유포자들, 위키리크스와 창립자 줄리언 어산지….

지목된 당사자들은 어떤 반응을 보였을까? 책임을 통감하며 "내 잘못이 맞다"라고 했을까? 물론 아니다. 당연히 책임을 부인했고, 오히려 "아무개는 어떻고?!"라며 책임을 전가하기 일쑤였다. 비난받은 행동을 더 완강히 고수하는 이들도 많았다.[38] 예를 들면 진보좌파의 다수는 만연한 성차별 또는 인종차별이 결정적 원인이었다는 믿음을 여전히 고수하고 있다. 특정 인종이나 성별(남성 전체 또는 백인 여성)을 '싸잡아' 탓한 이들도 있었다.[39] 집단의 정체성 정치(종교, 인종, 성, 계급 등 집단 정체성을 바탕으로 해당 집단의 권리를 주장하는 데 주력하는 정치를 말한다-옮긴이)가 트럼프 당선에 기여했을 가능성을 되돌아보기는커녕[40] 미국 사회가 이례적으로 성차별적이고 인종차별적이라는 믿음을 한층 더 굳히고, 선거 결과는 특권 집단이 결탁한 탓이라고 주장했다.[41]

한 예로 《타임》은 대선 직후 게재한 한 칼럼에서 선거 결과가 "백인 남성의 복수"였다고 주장했다.[42] 여기서 분명히 지적해야 할 점은, 바로 그런 식의 극렬한 정체성 정치야말로 트럼프 당선에 기여했을 가능성이 크다는 사실이다. 더 큰 문제는, 이렇게 서로서로 손가락질하는 행위가 미국의 반목하는 정파들 사이에 더 바람직하고 생산적이며 예의 있는 대화를 끌어내는 데는 전혀 도움이 되지 않았다는 데 있다.

비난은 선의를 사라지게 하고, 비난받은 자를 즉각 방어 태세로 무장시킨다. 또 문제 해결을 가로막고, 라포르를 허물어뜨린다.[43] 나쁜 일이 벌어졌을 때 비난받기 좋아하는 사람은 없다. 하물며 '자기만' 잘못한 게 아니라면 말할 것도 없다. 그러니 비난받은 자는 문제를 터놓고 논의하기보다는 논점을 다른 곳으로 돌리려 하기 마련이다. 책임을 부인하거나 일축하기도 하고, 질세라 상대편에 비난을 퍼붓기도 한다. 한 예로, 요즘 뉴스 채널에 나오는 논평가들은 '피장파장론whataboutery'으로 일관하다시피 하는 듯하다. 즉, 자기편이 비난을 받았을 때 상대편의 대략 비슷한 행태를 들면서 "그러는 너는 어떻고?" 하는 식으로 되받아치는 것이다. 가령 과격 이슬람 종파를 논하다 보면 "십자군은 어떻고!"라는 반응이 나오기 일쑤다.

'하버드 협상 프로젝트'라는 하버드대학의 협상 기술 연구 프로젝트가 있다. 이 프로젝트에서 밝혀진 바에 따르면, '탓하기'보다 훨씬 효과적인 대화 방법이 있다. 상대방을 탓하는 대신 '기여 요인'을 함께 찾아보자고 독려하는 것이다.[44] 다시 말해, 서로 협력하여 사태를 더 종합적으로 파악하고자 노력함으로써, 문제의 모든 측면을 두루 다루는 해결책이 나올 수 있게끔 하는 것이다. 누구나 문제 발생에 기여한 면이 있고, 무슨 문제든 대개 한둘이 아닌 여러 사람의 기여로 발생한다.

탓하는 행동은 일방적이고 단정적이다.[45] "네가 어떤 식으로 잘못했다!"라고 못 박는 것이기 때문이다. 시제 자체가 과거형이다. 반면, 기여 요인을 밝히는 행동은 상호 간에 공동으로 진행되는 노력이다. 사태가 일어난 경위를 더 폭넓게 파악하는 게 목표다. 상황을 이해하고, 미래를 내다보며 사고하자는 얘기다. 현 상황의 수많은 기여 요인을 이해하고 나면, 문제를 진취적으로 풀어나갈 출발점에 제대로 설 수 있다.[46]

그럼 트럼프의 대통령 당선으로 돌아가, 탓하기 대신 '기여 체계' 분석의 관점에서 문제를 살펴보자. 가령 이런 질문을 해볼 수 있다. "트럼프가 일부 유권자의 표를 가져가는 데 진보좌파의 행동이 기여한 면이 있다면 무엇일까?" 이에 대한 우파 사람들의 의견은 어디까지나 외부자의 시각일 수밖에 없다. 진보좌파 내에서 이 질문을 자성적으로 고찰해보면 좋을 것이다(그럼으로써 정치적 긴장도 완화할 수 있다). 그런다고 해서 진보좌파가 트럼프를 당선시켰다고 탓하는 것도 아니고, 진보좌파에게 책임이 어느 정도 있음을 부인하는 것도 아니다. 다수의 참여자로 이루어진 시스템에서는 각자의 기여가 일어나기 마련이다. 탓하기 관점에서 벗어나 기여 관점으로 접근하면 '누구 탓이냐'를 놓고 논쟁하는 일을 피할 수 있다. 다른 기여 요인에 대해서도 마찬가지 질문을 해볼 수 있다. 그럼으로써 누구의 탓도 하지 않고 상황의 전모에 한 발 더 다가갈 수 있다.

예컨대 트럼프 당선의 기여 체계를 분석해보기로 하면, 곧바로 흥미로운 브레인스토밍식의 대화가 펼쳐질 것이다. 정치적 입장과 관계없이 누구나 참여해 다양한 기여 요인을 모색할 수 있다. 폭스뉴스와 라디오 대담 프로그램 같은 우파 언론은 어떻게 기여했는가? 러시아가 만약 개입했다면, 어떤 역할을 했는가? 민주당과 공화당은 각기 어떤 점에서 잘하고 못했는가? 자유당과 녹색당은 무슨 역할을 얼마나 했는가? 이런 열린 질문을 통해 지금의 정치 현황을 낳은 복잡한 기여 체계를 분석해볼 수 있다. 무엇보다 대화를 유도할 수 있다. 탓하는 행위는 방어와 적개심, 무례한 태도를 유도할 뿐이다.

'본보기 보이기'의 힘을 잊지 말자. 스스로 문제에 기여한 면을 밝히려고 노력하면 남들에게도 같은 행동을 자연스럽게 유도할 수 있다. 파리는 식초보다 꿀로 잡으라고 했다. 격앙된 논쟁이나 책임 전가라는 '식초'보다는 이렇게 '꿀'을 쓰는 편이 훨씬 효과적이다.

우리 사회에서 도덕적 견해 차이가 벌어지는 요인 하나는 당파성이다. 우리는 우리 편 내부에서조차 당파적 태도를 공공연하게 드러낸다.[47] 보수가 진보를 탓하거나 진보가 보수를 탓하는 행위는 외부 집단을 희생양으로 삼음으로써 내부 구성원들에게 우리 편의 가치관, 그리고 상대편에 대한 불신을 정당화하는 행위다.[48] 이로 인해 당파성은 더 커지고 진영 간의 예의는 점점 무너진다. 기여 관점으로 전환해 이 같은 폐단을 막자. 어떤 상황을 들여다봐도, 문제를 초래한 기여 체계는 알고 보면 복잡할 것이다.

| 기여 관점으로 전환하는 방법 |

남 탓하기보다 기여 요인을 찾는 쪽으로 태도를 바꾸는 몇 가지 간단한 방법을 소개한다.

1. '기여'라는 단어를 사용한다.

"[X]에 기여한 요인은 뭔가요?"라거나 "거기에 기여한 요인은 어떤 게 있다고 생각하세요?"라고 묻는다. 교정 질문임에 유의하자.

2. "[X]가 [Y]의 원인이다", "[X] 때문에 [Y]가 일어났다"처럼 인과관계를 단언하는 표현을 피한다.

가령 "우파 언론 때문에 공화당 지지자들이 트럼프에게 투표했다"라고 말하지 않는다. 그런 식의 주장은 입증하기 무척 어려울 뿐더러, 책임을 교묘하게 전가하는 표현이다. 특히 정치나 사회처럼 복잡한 시스템의 경우, 결과에 '기여한' 요인은 많아도 어느 하나가 '유일한' 원인은 될 수 없다.

3. 우리 편의 나쁜 행동을 지적받았을 때 "그건 양쪽 다 마찬가지"라고 응수하지 않는다.

양쪽 다 마찬가지라는 말은 기여 분석에서 남 탓하기로 되돌아가는, 방어적 행동이다. 내가 보수주의자인데 진보주의자가 "보수주의자는 목적을 관철하려고 사실을 무시하는 경향이 있다"라고 하면, "그건 양쪽 다 마찬가지"라고 응수하지 않는다. 비판을 인정하기만 하고 되받아치지 말자. "맞다, 그럴 때가 있다"라고만 하자.

4. 상대가 먼저 해명하게 한다.

만약 상대방 본인이든, 상대방이 동일시하는 정치 집단이든 도저히 누군가를 탓하지 않을 수 없는 지점에 이르렀다면, 이렇게 묻는다. "이 문제는 민주당을 탓하고 싶은 마음이 강하게 드는데요, 민주당 쪽에서는 자기들 행동을 어떤 논리로 정당화하는지 설명해주실 수 있나요?"[49]

한 걸음 더 나아갈 용기가 있다면, 상대방에게 '우리 편'이 문제에 어떻게 기여했다고 보는지 의견을 말해달라고 청한다. 우리 편이 기여한 면을 있는 그대로 인정할 수 있다면, 남을 탓하고 싶은 마음이 가라앉을 것이다.[50]

#7 인식 원리에 주목하기

인식론epistemology('인식론' 또는 맥락에 따라 '인식 원리'로 옮겼다-옮긴이)이란 앎에 관한 이론으로, 지식의 획득 방법, 타당성, 범위 등을 다루며, 단순한 의견과 타당한 믿음은 어떻게 다른지 탐구하는 학문을 뜻한다.

이를 제대로 이해하기 위해 다음에 소개하는 예시를 살펴보자. 이 대화는 미국 오리건주 포틀랜드의 한 교도소에서 있었던 대화를 옮긴 것이다.[51] 이 교도소는 출소 전 교정시설로서, 수감자가 사회에 복귀하기 전 마지막으로 일정 기간을 복역하는 곳이다.

피터는 그곳에서 수감자의 비판적 사고와 도덕적 추론 능력을 키워 향후 범법 행위를 막기 위해 기획된 10주짜리 강좌를 맡고 있었다. 대화의 주제는 소크라테스가 『국가』에서 제시한 "정의란 무엇인가?"라는 질문이었다.

> **피터:** 정의란 뭘까요?
> **수감자 6:** 자기 믿음을 지키는 행동이요.
> **피터:** 이상한 믿음이어도 괜찮나요? 사람들을 다 죽이려고 하는 미치광

이도 있는데요? 소아성애자여도 상관없나요?

[20초간 정적]

수감자 6: 남이 뭐라고 생각하든 당당히 맞서서, 목숨이 걸려 있든 뭐가 걸려 있든 싸우겠다, 뭐 그런 의지가 있어야 남자 아니겠어요. 옳건 옳지 않건 말이죠.

피터: 어떤 경우에도 자기 믿음을 철석같이 지켜야 남자라는 거죠? 어떤 군인이 있다고 합시다. 예를 들면 르완다 군인이에요. 그런데 민간인을 학살하라는 명령을 받은 거예요. 그리고 이 사람이 집단에 충성해야 한다는 생각이 꽉 박혀 있어서, 자기 믿음을 지키는 거예요. 국가를 위해서건 부족을 위해서건 말이죠. 그럼 민간인을 막 학살하면 되나요? 후투족이든 투치족이든? 그게 정의인가요? 그러면 남자인 건가요?

수감자 5: 좋은 지적이네요. 베트남에서도 그랬어요.

수감자 4: 그래서 하시려는 말이 뭔가요? 자기 믿음을 지키는 게 정의가 아니라고요?

피터: 그렇다는 게 아니고, 물어보는 겁니다. 정의란 뭘까요? 수감자 6님은 정의란 자기 믿음을 지키는 거라고 하셨어요. 그런데 정말 자기 믿음을 지키면 그게 정의일까요? 우선 옳은 것을 믿은 다음에 그걸 지켜야 하지 않을까요? 어떤가요?

수감자 6: 네, 그렇겠네요. 그렇죠.

피터의 연구가 끝나갈 무렵에 이루어진 이 대화에서, 수감자들은 서로의 인식 원리에 의문을 제기하는 활동을 했다. 다시 말해, 서로가 안다고 생각하는 것을 어떻게 알았는지 서로에게 물었다.

이 책에는 어려운 단어가 좀처럼 나오지 않지만, '인식론'이란 말은 좀 낯설 수도 있다. 인식론이란 한 마디로 지식에 관한 연구로, 사람이 무언가를 '어떻게' 알게 되는지 그 과정을 이해하려는 노력이다. 우리가 대화할 때 굉장히 흔히 하는 실수가 있는데, 알게 된 과정보다 결과에 주목하는 것이다. 다시 말해 상대방이 '무엇을' 안다고 주장하는지(믿음이나 결론)에 주목하기 쉬운데, 그보다는 '어떻게' 알게 되었는지(추론 방식)에 주목해야 한다.

인식론의 적용 사례를 구체적으로 살펴보자. 예를 들어 찰스는 낙태가 살인이라고 주장한다. 다시 말해 '낙태는 살인'이라는 게 찰스의 결론이다. 우리는 찰스의 그런 믿음 자체를 놓고 논쟁하거나 동의하거나 하기 쉽다. 그러고 싶은 유혹을 떨치자. 그 대신 이렇게 자문해보자. '찰스는 어떻게 해서 그리 믿게 됐을까?' 찰스가 어떻게 그리 믿게 되었는지를 찰스의 '인식 원리'라고 할 수 있다. 이를 알아보기 위한 가장 좋은 방법은 직접 물어보는 것이다. 찰스에게 본인이 안다고 생각하는 것을 어떻게 알게 됐느냐고 교정 질문 형태로 묻는다. "낙태가 살인이라는 걸 어떻게 알게 됐어?" 하고 물으면 된다.[52] 그리고 대답을 들어본다. 이보다 쉬울 수가 없다.

다양한 대답이 나올 수 있겠지만, 몇 가지 범주에서 거의 벗어나지 않을 것이다.

- **개인적 경험과 느낌**: 마음속으로 참이라고 느낀다.
- **문화**: 주변 사람이 모두 그리 믿으므로 참이다.
- **정의**: 정의상 참이거나 좋거나 나쁜 경우. 가령 브로콜리를 과

식하는 행동은, 뭐든 과식하면 나쁘므로 정의상 나쁘다.

- **종교**: 설교나 경전을 통해 배웠으므로 참이다.
- **이성**: 이성적으로 추론할 수 있으므로 참이다.
- **근거**: 충분한 근거가 있으므로 참이다.

상대방이 무언가를 어떻게 알게 되었는지, 즉 상대방의 인식 원리를 파악하려면 이렇게 하자. 우선, 상대방의 인식 원리가 크게 어느 범주에 속하는지 알아본다. 그런 다음, 더 자세히 물어 구체적으로 알아본다. 우선 거기까지만 하면 충분하다. 상대방이 어떻게 해서 안다는 것인지를 파악하고 난 다음에 할 일은 이어지는 장들에서 논하도록 하겠다.

가령 찰스가 낙태는 살인이라고 믿는 이유가 「마태복음」 1장 23절의 "보라 처녀가 잉태하여 아들을 낳을 것이요"라는 글귀 때문이라고 해보자. 그렇다면 찰스는 종교적인 이유로 그리 믿는 게 된다. 아니면 "낙태가 살인이라는 걸 어떻게 알게 됐어?"라고 물었을 때 "우리 어머니가 나를 낙태할 뻔했어. 그럼 나는 세상에 없었겠지"라고 하면 개인적 경험으로 그리 믿는 게 된다. 또 "누군가의 심장을 멈추게 하는 행위는 '살인'"이라고 하면 정의상 그리 믿는 것이 된다.

하지만 찰스가 그리 믿는 이유가 위의 범주 몇 가지에 함께 해당할 가능성도 크다. 그럴 때는 추가 질문으로 더 깊이 파고들어보자. 항상 그런 것은 아니지만, 한 범주가 믿음을 주로 지탱하고 다른 하나 이상의 범주가 보조적으로 받쳐주는 경우가 보통이다. 예컨대 종교적 이유는, 만약 있다면 거의 항상 주된 이유를 차지한다. 다시 말해, 종교적 믿음에 따라 어떤 결론에 이른 사람은 그리 믿는 근본적

이유가 종교다(다만 신중한 사람들은 종교, 심지어는 근거마저 자신의 믿음을 크게 정당화할 수 없다고 보고, 이성에 의지한다).

상대방의 결론보다 인식 원리에 주목하면 큰 이점이 있다. 사람마다 남에게 이의를 제기받으면 습관적으로 나오는 반응이 있다. 자주 듣는 반론에 대해 늘 반복하는 주장이나 메시지가 있는 것이다. 그런 사람의 인식 원리에 주목하면, 자기가 결론에 '어떻게' 이르렀는지를 설명하게 된다. 입이 아프게 반복했던 메시지를 거두고 대화의 새로운 길로 접어들게 된다.

그뿐이 아니다. 상대방의 믿음에 이의를 제기하면 믿음에 도달한 추론에 질문을 제기할 때보다 상대방이 방어적 자세로 나올 가능성이 훨씬 크다. 방어벽을 쌓고 입장을 더 강하게 고수할 위험이 있다.[53] 인식 원리에 주목하면 그런 문제가 많이 사라진다. 믿음 자체보다는 인식 원리를 캐물을 때 상대방이 위협을 덜 느끼기 때문이다.[54]

| '어떻게' 알게 되었는지 논하는 법 |

상대방이 '무엇을' 안다고 하는지 대신, '어떻게' 알게 되었는지 위주로 논하기 위한 요령 몇 가지를 소개한다.

1. 상대방의 인식 원리를 캐묻기 전에 짤막하게 긍정적 언급을 한다.

"흥미로운 시각이네요. 어떻게 해서 그런 결론을 내리셨어요?"라거나 "그렇군요. 알 것 같으면서 정확히 모르겠네요. 구체적으로 어떤 식으로 되는 건가요?"라고 말한다. 이 질문들은 모두 대화를 유도하는 교정 질문임에 유의하자. "설명해주세요"라는 지시도 아니고, "…라고 생각하세요?"라는 닫힌 질문도 아니다. 이렇게 아주 짤막하게만 긍정적 언급을 해주어도 일종의 미세한 라포르가 형성된다. 따라서 상대방이 마음이 편해져 생각을 터놓기 쉬워지는 효과가 있다.

2. '외부자 질문'을 한다.

외부자 관점의 질문을 받으면 잘 모르는 사람의 시각으로 자기 믿음을 돌아보는 기회가 된다.[55] 이를테면, 이슬람교 신자는 오순절교회 신자의 방언에 대한 믿음을 기이하게 생각한다. 오순절교회 신자는 무함마드가 부라크라는 날개 달린 말을 타고 하늘로 올라갔다는 이슬람교의 일반적인 믿음을 기이하게 생각한다. 사이언톨로지교 신자는 두 믿음을 다 기이하게 생각한다. 오순절교회 신자와 이슬람교 신자는 사람의 기억이 수조 년을 거슬러 올라간다는 사이언톨로지교의 믿음을 마찬가지로 기이하게 생각한다.[56] 외부자 관점에서 질문하면, 상대방으로 하여금 외부 시각으로 자기 믿음을 돌아보게 할 수 있다.[57] 예컨대 이렇게 묻는다. "합리적인 사람이라면 누구나 같은 결론을 내릴까요?"[58] 그렇다고 하면, 이렇게 다시 묻는다. "저는 진지하고 합리적인 사람인데 같은 결론을 내리기가 쉽지 않네요. 어떻게 하면 제가 설득될까요?" 혹은 이렇게 묻는다. "사람들 의견이 왜 다 그렇게 다를까요? 왜 똑같은 근거를 보고도 사람마다 내리는 결론이 다를까요? 그럼 누가 옳고 누가 그른지 어떻게 알 수 있죠?"

외부자 질문의 예를 몇 가지 더 들어보자. "(어떤 그룹의) 사람들은 보통 (뭔가 다르게) 믿는데요, 그런 사람들은 그 믿음을 어떻게 생각할까요?(여기서 '그 믿음'이라 한 것에 유의하자. '선생님 믿음'

이나 '네 믿음'처럼 상대방을 가리키는 표현을 쓰면 방어적 태도를 유발하기 쉽다)" 예를 들어 "멕시코시티의 가톨릭 신자들은 천국에 가려면 교회에 성실하게 다녀야 한다고 보통 믿는데요, 그런 사람들은 신앙만으로 구원받을 수 있다는 믿음을 어떻게 생각할까요?"라고 묻는다. 혹은 "지금 그렇게 믿는 사람이 만약 세계 다른 지역에서 태어나 죽 살았다면, 어떤 믿음을 갖게 됐을까요?"라는 질문도 좋다. 모두 자신의 견해를 다른 각도에서 바라보게 해주는 질문이다. 자신의 인식 원리를 성찰해보도록 넌지시 유도하는 방법이기도 하다.

3. 경이감으로 대화에 임한다.

이런 의문을 품어보자. "이 사람은 어떻게 그 결론에 이르렀을까? 어떤 방식으로 추론했을까? 어떻게 그런 걸 믿을 수 있을까? 그게 옳다고 생각할 만한 이유가 과연 뭘까? 아무 의견이 없는 외부 관찰자가 보면 어떤 생각이 들까? 뭔가 자기 나름의 이유가 있어서 믿는 걸까?" 이처럼 그 사람이 그런 믿음을 가지게 된 데 진심으로 궁금해하면, 배우는 자세로 대화하게 되고 답답해할 일도 줄어들 것이다.[59]

4. 상대방의 추론이 이치에 맞지 않는다면, 딱히 정당화할 방법이 없는 (도덕적) 믿음을 정당화하기 위해 그런 식으로 생각하고 있을 가능성이 크다.

그럴 때는 "그런 추론 방식을 다른 경우에도 적용하세요, 아니면 [X]에만 적용하세요?"라거나 "그런 추론 방식을 다른 문제에도 적용하시면 그 예를 하나만 들어주실 수 있을까요?"라고 묻는다.

한 예로, 제임스는 최근에 이런 주장을 접했다. "성폭력 예방을 위해 여성에게 공공장소에서 음주를 줄이는 등 행동을 바꾸라고 하는 것은, '강간범이 너 말고 다른 여자를 강간하게 하라'는 말과 마찬가지다." 이때는 상대방에게 그런 식의 추론을 다른 경우에도 적용하는지, 그렇다면 가장 좋은 예를 들어줄 수 있는지 정중히 묻는다(본인이 생각하는 최선의 예를 들게 하는 것이 빠르다). 필요하면 같은 식의 추론을 다른 상황에 적용하는 예를 직접 들어 보인다. 이를테면 이렇게 말한다. "다른 예방 행동에 대해서도 그렇게 생각하세요? 예를 들어, 강도 피해를 예방하기 위해 지갑을 앞주머니에 넣거나 핸드백을 겨드랑이에 끼는 식으로 행동을 바꾸는 사람은 '강도가 나 말고 다른 사람 물건을 훔치라지' 하는 것과 마찬가지라고 할 수 있나요?" 아니면 질문 형식으로, 같은 추론이 다른 문제에 적용되었을 때 말이 되는지 물어볼 수도 있다. "그 추론은 이런 추론과 어떻게 다른가요? '난 네게 낙하산 안전 수칙을 교육하지 않겠다. 다른 사람 중에도 낙하산 안전 수칙을 모르는 사람들이 있으니까.'" 혹은 "이런 추론과는 어떻게 다른가요? '우리는 안전띠 착용을 아무에게도 권고하지 않겠다. 안전띠를 착용하지 않는 사람은 늘 있기 마련이고, 착용해도 어차피 죽는 사람은 있으니까.'" 그리고 이렇게 이어서 묻는다. "전혀 다른 추론이라면, 어떻게 다른가요?" 관건은 상대방이 추론에 주목하게 하는 것이다.

5. 상대방의 추론 방식을 그대로 적용해 다른 결론을 끌어내본다.
예를 들어 제니퍼가 이런 식으로 추론한다고 하자.

"적군이 민간인 거주 지역에 대공포를 배치해놓았다. 대공포를 폭파하면 민간인이 사망할 것이다. 따라서 대공포를 폭파해선 안 된다."

제니퍼의 결론은 '따라서 대공포를 폭파해선 안 된다'이다. 같은 전제에서 다른 결론을 끌어내는 예는 다음과 같다.

"적군이 민간인 거주 지역에 대공포를 배치해놓았다. 대공포를 폭파하면 민간인이 사망할 것이다. 따라서 적의 세력이 확대되어 더 많은 민간인 지역에 대공포가 배치되고 이도 저도 못 하는 곤란한 상황이 되기 전에 더더욱 긴급히 대공포를 제거해야 한다."

#8 배우기

피터는 자기 믿음에 경도되어 판단이 흐려졌던 때가 있다. 호주에서 순회 강연을 할 때였다. 한 기독교 단체에서 싱가포르의 신앙 변증가를 파견해 피터와 토론 대결을 벌이게 했다. 주제는 우주의 기원이었다. 변증가는 점잖고 친절한 남성이었는데, 피터와 하나부터 열까지 생각이 달랐다.

피터는 우주가 어떻게 생겨났는지 알 방법은 오로지 과학뿐이라고 주장했다. 그리고 자기도 상대방도 물리학자가 아니니 뭐라고 판단을 내릴 자격이 되지 않는다고 했다. 그러나 변증가는 이성적 추론으로 우주가 초자연적 존재에 의해 창조되었다는 사실을 알 수 있다고 주장했다. 다시 말해 하느님이 우주를 창조했음을 연역적으로 추론할 수 있다고 했다.

피터는 상대방의 주장을 진지하게 고려할 의향이 없었고 자기 입장이 옳다고 확신했다. 그래서 상대방의 말을 끝까지 들어주지 않았다. 들어보고 배울 생각은 없이 자기 입장을 더 강하게 고수하며 자신의 무지를 마치 미덕인 양 내세웠다. "나는 모른다고 말하고 있으니 얼마나 겸손하냐. 너도 모르는 건 마찬가지잖아!"라는 자세였다. 피터는 겸손함의 탈을 쓴 이념가였다.

"우주의 기원은 아무도 알 수 없다"라는 주장은 토론 전략으로는 나쁘지 않았을지 몰라도, 피터는 그렇게 주장함으로써 자기 믿음이 옳지 않을 여지를 봉쇄해버린 셈이 됐다. 다시 말해, 우주의 기원을 추론으로 알아낼 가능성을 진지하게 생각해볼 여지조차 막아버린 것이다. 피터는 기회를 스스로 걷어차고 말았다.

누구나 이념가가 될 때가 있다. 배움을 거부할 때가 있다. 누구나 그런 실수를 저지른다. 그러나 '어떤 대화에서든 배울 수 있다'는 점은 우리가 가진 비장의 카드다. 그 카드를 활용하면 거의 실패 없이, 주제가 무엇이건 훈훈하고 유익한 대화를 나눌 수 있다. 상대방과 함께 진실을 모색하는 작업이 여의치 않고 상대방의 사고에 개입할 방법이 없으며 예의를 지키기가 쉽지 않다면, 배우는 마음가짐으로 전환하면 된다. 정말 극단적인 상황이 아닌 한, 그럼으로써 상대방의 사고를 좀 더 이해할 수 있다. 배우는 모드를 활용하면 거의 모든 대화를 '연착륙'시킬 수 있다. 무언가 유익한 결과를 얻을 수도 있고, 그렇지 않더라도 대화를 좋게 끝낼 수 있다.

| 배우는 마음가짐으로 대화하는 법 |

견해가 다른 사람을 만났을 때 배우는 자세를 취하면 상대방은 '내

말을 들어주는구나!' 하며 만족감을 느낀다. 고집불통인 사람일수록 남들이 자기 말을 들어주길 원한다. 남이 자기 말을 들어주고 이해한다는 기분이 들면, 마음을 열고 더 생산적인 양방향 대화에 참여할 가능성이 커진다.[60] 혹여 마음을 열지 않더라도, '내가' 배우는 게 있으니 시간 낭비는 아닌 셈이니 좋게 생각하자.

특히 자기가 믿는 원리를 이론의 여지 없이 옳다는 식으로 내세우는 독단가를 만났다면 더욱더 배우는 자세를 취해야 한다. 상대방이 '어떤 식으로' 사고하는지 배우자. 다시 말해, 인식 원리에 중점을 두고 대화하자. 상대방이 안다고 하는 것을 어떻게 알게 되었는지 알아보자. 상대방이 어떤 과정을 통해 그런 믿음을 갖게 되었는지 알아낼 수 있다면, 다음에 다른 대화를 할 때도 도움이 되고, 내 인식 원리 탐문 기술을 연마할 수도 있다.[61] 또 잘하면 상대방의 '읽지 않은 장서 효과'를 드러내어, 상대방의 인식 원리에 살짝 의심을 불어넣을 수 있을지도 모른다.

배우는 마음가짐을 취하면 비단 독단가와 대화할 때만 이점이 있는 게 아니다. 어떤 대화를 할 때든 효과가 있다. 상대방은 내가 아니다. 그러니 나와 관점이 다른 건 당연하다. 가진 전제도 다르고, 경험도 다르고, 내가 모르는 정보를 알고 있을 수도 있다. 상대방이 무엇을 알고 있으며 어떻게 알고 있느냐 하는 것은 늘 뭔가 더 알아낼 여지가 있다. 그런 자세로 임하다 보면 대화가 더 원만하고 생산적으로 흘러갈 것이다.

쉽게 활용할 수 있는 기법을 몇 가지 소개한다.

1. 상대방의 인식 원리를 알아낸다.

적절한 질문을 던져서 상대방이 안다고 하는 것을 어떻게 알게 되었는지 밝혀낸다. "그걸 어떻게 아세요?"라거나 "어떻게 그 결론에 도달하셨어요?"라고 묻는다.

2. 알고 싶다는 의사를 명확히 표현한다.

"알고 싶다"라거나 "[X]에 관해서 어떤 이유로 그렇게 생각하시는지 알고 싶은데, 좀 더 자세히 말해주실래요?"라고 한다. 단, 질문에 진심이 담겨 있어야 한다. 자칫하면 잘난 체하는 것처럼 들릴 수 있다.

3. 답답한 대화는 배우는 자세로 임한다.

상황상 예의를 지키는 게 주목적이거나 생산적 대화가 불가능하다면, 배우기를 기본 원칙으로 삼는다. 만약 친척 모임을 원만히 치르는 게 목표라면, 배움이야말로 유용한 비상 탈출구다. 배우는 자세로 임하면 거의 무슨 대화든 예의 있게 나눌 수 있다.[62] 생각이 나와 전혀 다른 사람을 연구한다는 마음가짐으로, 상대방의 믿음 형성 원리를 최대한 파악해보자.

#9 하지 말아야 할 행동

원활하고 예의 있는 대화를 막는 행동은 여러 가지가 있다. 다음은 하지 말아야 할 행동의 예다. 이런 행동을 하면 대화가 틀어지기 쉬우니, 반드시 피하자.

- 예의에 어긋나는 행동
- 화내기[63]
- 상대의 말 끊기
- 고의로 무례하게 굴기
- 조롱하거나 탓하기
- 비웃기
- 상대방의 견해를 제대로 이해하지 못하고 비판하기
- 상대방의 주장을 듣고 싶지 않다는 의사 표현
- 상대방의 발언을 최대한 인색하게 해석하기
- 상대방이 질문하거나 이해하지 못할 때 머리가 나쁘다고 공격하기
- 실수하거나 도움·정보·의견을 청하는 사람을 나무라기[64]
- 상대방의 억측에 대한 비난
- 믿음에 대한 비판이 아닌 인신공격(예: "그런 걸 믿는 멍청이가 어디 있어?")
- 타인을 '무지하다, 무능하다, 부정적이다, 말썽꾼이다'라고 간주하기[65]
- 자신의 진짜 생각을 속이기
- 모르는 것을 아는 척하기
- 모르는데 '모른다'고 말하지 않기
- 믿음의 이유보다 믿음 자체에 주목하기(즉, 인식 원리보다 결론에 주목하기. 예를 들면 "사형제도가 정당하다고 생각할 만한 이유는 뭐가 있을까?"라고 묻는 대신 "사형은 정당한 처벌이니 살인과 달라"라고 말하는 것이다.)

- 피부색이나 기타 타고난 특성을 이유로 그 사람의 생각을 깎아내리는 발언
- 설득력 있는 근거를 새로 접해도 생각을 바꾸지 않기
- 대답을 얼버무리기(특히 상대방이 단도직입적으로 물었을 때)
- 메시지 전달하기
- 자신의 취약점을 인정하지 않기[66]
- 우리 편 극단주의자들이 합리적으로 행동하고 있다고 주장하는 행동
- 상대방의 문법 실수 지적하기(짜증을 유발하는 행동이다.)
- 상대방의 도덕적 잘못을 질책해 상대방의 논점을 이탈하거나 흐리는 행동
- 말 끊기
- 상대의 말을 가로채어 마무리 짓기
- 대화를 강압적으로 요구하기
- 강압에 못 이겨 대화하기
- 대화 중에 휴대전화 보기[67]
- 유명인 이름 팔기[68]
- 투덜대고 불평하기[69]
- 자랑하기[70]
- 대화 중단을 거부함으로써 관계 악화를 초래하는 행동

이 장에서 가장 중요한 기술은 상대방이 안다고 하는 것을 어떻게 아는지 알아내는 방법이다. 나머지 기법들은 그걸 더 잘하기 위한 보조 기법이라고 생각하면 된다. 모두 여의치 않으면 배우는 모드로

전환하자. 그리고 의도를 명확히 표현하자. 상대방이 [X]를 어떻게 아는지 이해하고 싶다고 말하고, 교정 질문을 던져 상대방의 설명을 청한다. 최소한 타인이 '어떤 식으로' 사고하고 추론하는지에 대한 통찰을 얻을 수 있다. 그러면 상급 및 전문가 수준의 개입 기법을 사용할 때 크게 도움이 될 것이다.

마지막으로, 이 책에서 소개하는 기법들은 모두 벽돌처럼 차곡차곡 쌓아 올려야 한다는 사실을 다시 한번 말하고 싶다. 먼저 배운 내용에 숙달된 다음에 뒤에 나오는 기법들을 시도해야 효과적이다. 개입 기법의 경우는 특히 그렇다. 남의 믿음에 의심을 불어넣는다는 것은 복잡한 작업이기 때문이다. 연습하고 또 연습하자.

우리 시대에 나타나는
가장 한심하면서도 위험한 징후의 하나는,
그 누구도 자신의 생각에 반대할 수는 없다고 믿는
개인과 집단이 점점 늘고 있다는 것이다.

_토머스 소웰Thomas Sowell (2018. 7. 30.)

상대의 마음을 읽는
일곱 가지 방법

#1 친구가 잘못 알고 있게 놔두기
친구가 나와 믿음이 달라도 괜찮다

#2 퇴로 만들어주기
창피하지 않게 생각을 바꿀 길을 터준다

#3 표현 익히기
2인칭(너)보다는 3인칭(그것, 그 사람)이나
협력적 표현(우리)을 쓴다

#4 프레임 바꾸기
대화가 제자리를 맴돌거나 엇나가면, 관점을 바꿔본다

#5 내 생각 바꾸기
그 자리에서 내 생각을 바꾼다

#6 척도 도입하기
척도를 활용해 개입의 효과를 판단하고,
상대방의 확신이 얼마나 강한지 알아본다

#7 아웃소싱
'그걸 어떻게 알 수 있지?'라는 질문에 답하기 위해
외부 정보에 관심을 돌린다

타인의 믿음에 개입하려면 기본 기술을 사용할 때보다 더 많은 훈련과 기교가 필요하다. 그렇지만 어렵게 생각할 필요는 없다.

이 장에서 배울 기술을 활용하면 상대방의 생각을 더 효과적으로 변화시킬 수 있지만, 그러려면 앞에서 다룬 내용을 얼마나 확실히 체득했느냐가 중요하다. 다시 말해, 지금까지 배운 모든 기술을 이 장에서 배울 중급 기술과 하나로 융합해야 한다.

이 장에서 소개할 기법들 가운데 일부는 감정의 영역에 속해서, 따지고 옹호하고 바로잡아주고 싶은 본능적 충동을 이겨낼 필요가 있다. 그런가 하면 어떤 기법은 감정의 영역 밖에서 지적인 판단을 해야 한다. 상황을 판단해 적절히 대응할 필요가 있다.

이 장에서 배울 것은 개입 기법이다. 상대방의 인지에 개입해 믿음을 수정하도록 이끄는 전략을 배운다. 이미 언급했듯이 그중엔 내 감정을 절제해야 하는 상황도 있다. 상대방이 설령 혐오스러운 믿음을 갖고 있다 해도 비난하고 싶은 마음을 참아야 한다. 또 상대방이 부담 없이 생각을 바꿀 수 있도록 '퇴로'를 마련해주려면, 나만이 옳다는 생각이나 으스대고 싶은 충동을 꾹 눌러야 한다. 상대방이 옳을 때 내 생각을 기꺼이 바꿀 수 있으려면, 자존심도 잠깐 내려놓아야 한다.

이 장에서 소개하는 기법 가운데는 지적인 기교가 필요한 것도 있다. 그중 가장 간단한 기법은 숫자 척도를 이용해 개입 성과를 수치로 나타내보는 것이다. 숫자는 쟁점을 명확히 하고 더 나아가 상대방의 믿음을 바꾸는 데 도움이 된다. 그러나 인위적이거나 조작적인 느낌을 줄 수도 있기 때문에 이 기법을 잘 활용하려면 초급 기법보다 더 세련된 기교가 필요하다.

대화의 프레임을 그 자리에서 바꾸어 대화를 원활히 끌고 가는 기법은 듣기와 배우기 기법을 잘 융합해야 하며, 요령도 좀 필요하다. 또 어떤 사실이 내 전문 분야 밖임을 인정하는 태도도 중요하다. 그러려면 무지를 감추려는 허세를 버려야 한다. 모르는 것을 모른다고 당당히 인정할 수 있어야 한다.

#1 친구가 잘못 알고 있게 놔두기

피터: 내가 그거(예수의 부활) 어이없다고 생각하는 거 알지?
필: [소리 내어 웃으며] 응.

애니메이션 시리즈 〈야채극장 베지테일Veggie Tales〉을 만든 필 비셔는 피터의 절친한 친구다. 그는 기독교 신자이며, 아이들에게 기독교 신앙을 심어주기 위해 애니메이션을 만드는 사람이다. 반면 피터는 사람들이 신앙에 기반한 신념 체계에서 벗어나도록 돕는 일에 경력의 상당 부분을 할애한 사람이다. 하지만 두 사람은 친구다.

| 친구라고 생각이 같을 필요는 없다 |

좋은 인간관계야말로 건강과 행복에 가장 중요한 요소다. 우리가 유의해야 할 점은 논쟁에서 이긴다고 그만큼 건강하고 행복해지지 않는다는 것이다.[1] 임종을 앞둔 사람들이 좋은 삶의 가장 중요한 요건으로 입을 모아 꼽는 것도 좋은 인간관계다.[2] 건강한 인간관계의 기틀은 자기가 옳음을 인정받는 것도 아니요, 생각이 일치하는 것도 아니다.

뜻깊은 인간관계를 만드는 요소는 신뢰성, 친근함, 공감, 즐거운 대화, 배려와 호의, 진정성, 공통의 관심사, 관계를 소중히 여기는 태도 등이다. 이는 대부분 정치적, 종교적 견해와는 관련이 거의 없다. 사실 친구나 가족 사이는 그런 견해 차이는 접어두어도 별문제 될 일이 없다.[3] 종교나 정치 문제에 생각이 같으면 처음에 친분을 트는 데는 도움이 될지 몰라도, 그것만으로는 깊은 관계를 키워나가기 어렵다. 종교관이나 정치관이 같다는 이유로만 맺어진 친분은 관계가 더 두터워지지 않는 한 오래가지 못할 때가 많다. 사실 그렇게 맺어진 친분은 오래가기는커녕 그 반대이기 쉬운데, 끈끈한 유대가 없는 경우 의견 차이가 조금만 드러나도 서로 경계하고 벽을 쌓기 쉽기 때문이다. 종교적 소속이나 정치적 지향처럼 피상적인 도덕적 지표에만 의존해 맺어진 관계는, 서로 간에 차이가 조금만 생겨도 관계의 유일한 축이 흔들릴 수 있다. 많은 교회 공동체가 배타성이 강한 사실만 봐도 인간관계에는 이러한 원리가 있음을 알 수 있다.

생각해보자. 생각이 다르다고 해서 우정을 버릴 이유가 뭐가 있겠는가? 고작 정치적 견해 차이 때문에?[4] 내가 만약 다치거나 병이라도 나서 죽어간다면, 나를 돌봐주고 내 손을 잡아주는 사람이 나와 지지하는 정당이 다른 게 무슨 상관이 있겠는가?[5]

그럼 누군가와 의견이 맞지 않을 때 어떻게 대처해야 할까? 간단하다. 상대방이 잘못 알고 있게 놔두자.[6] 특히 친구 사이면 더더욱 그렇게 하자. 고쳐주거나 따지고 싶어도 그냥 가만 놔두자. 사실 나와 친구가 둘 다 조금씩 잘못 알고 있을 수도 있으니, '상대방이 잘못 알고 있게 놔둔다'라는 정신은 언뜻 보이는 것보다 심오한 의미가 있기도 하다. 상대방이 현실을 잘못 이해하고 있다는 건 기껏해야 내 '생각'일 뿐이지, 확증된 '사실'도 아니다. 고작 내 생각 때문에 관계에 금이 가게 할 이유가 없다.[7]

남의 믿음을 고쳐주려는 시도는 결과가 좋지 않을 때가 많다.[8] 우정이 손상되고 관계가 허물어질 수 있다. 남의 믿음을 비판하는 일은 믿음에 그저 관여하는 것과 다르다. 더군다나 남의 도덕적 믿음을 비판하려면 어떤 대가가 따를 수 있는지 잘 알아야 한다. 설령 상대가 도덕적 견해가 다르다고 해도, 꼭 도덕적으로 흠결이 있는 사람은 아니다. 사람들이 어떠한 도덕적 믿음을 갖는 이유는 다양하다. 문화나 개인적 경험 때문일 수도 있고, 무지해서일 수도 있다. 추론을 통해 그릇된 도덕적 견해에 도달했다고 해서 악한 사람은 아니다. 추론이 잘못되었을 뿐이다.[9]

하지만 의견 차이가 큰 사안에 대해 친구와 대화를 나눠보기로 마음먹었다면, 관계를 더 두텁게 할 기회로 삼자. 이때 바람직한 방법이 있고 바람직하지 못한 방법이 있다. 가장 좋은 방법은 일단 듣는 것이다. 친구가 어떤 견해를 가졌으며 어떻게 그런 결론에 도달했는지를 '정말로' 이해해보자. 그런 다음엔 내가 이해한 친구의 생각을 말해주며 맞게 이해했는지 물어보자. 상대의 믿음의 바탕에 깔린 가치를 나도 중요하게 생각한다는 것을 보여주자. 논쟁에서 이기는 데 몰두하여 귀중한 관계를 저버리는 실수를 저지르지 말자.[10] 그래도 왜 꼭 그래야 하는지 잘 모르겠다면, 하나만 기억하자. 나와 도덕적 견해가 다른 사람의 생각을 움직이고자 할 때, 가장 성공률이 높은 수단은 우정이다.[11] 아리스토텔레스가 말했듯이, 우정은 좋은 삶에 필수 불가결한 요소다.

친구의 잘못된 생각을 놔두는 방법을 알아보자.

1-1. "그렇구나"라고 하면서 친구가 하고 싶은 말을 끝까지 하게 놔둔다.[12]

논쟁적인 주제가 나오면(특히 누군가에 대한 비판인 경우), 비난도 옹호도 하지 말고, 반박도 부인도 지적도 하지 말자. 그냥 우려를 표명하게 놔둔다. 친구의 말을 귀 기울여 들어주면 분위기가 누그러질 것이고, 친구는 감정을 털어놓을 수 있게 된다. 두 사람 사이에 신뢰도 커질 것이다.[13] 이때 "그렇구나"라고 하면 내가 상대방의 말을 듣고 있다는 걸 쉽고 확실하게 알릴 수 있다. 뭐라고 해야 할지 잘 모르겠을 때도 유용하다.

1-2. 이해가 잘 안 되면 내가 이해를 못 한 탓으로 돌린다.

이해가 잘 안 되면 솔직하게 "이해가 잘 안 된다"고 하자. "그렇게 생각하지 마"라거나, "그건 네 오해야"라거나, "말이 되는 소리를 해야지"라고 말하지 않는다. 나와 의견이 다르다고 의견 자체를 인정하지 못할 이유는 없다.[14]

2. 진심으로 부딪혀본다.

친구가 가진 믿음이 친구 관계를 재고해야 할 만큼 심각하다면, 그것이야말로 대화를 열심히 시도해봐야 할 주제다. 이럴 때는 진심 어린 마음으로 '사적인' 대화를 청해보자. 네가 그런 믿음을 가져서 마음이 편치 않다고 솔직하게 말하자. 어쩌면 그 믿음으로 인해 두 사람 간에 골이 너무 크게 벌어져 친구 관계를 끊어야 할 수도 있다. 그렇다면 헤어질 때 헤어지더라도, 분노와 원망을 품는 것보다 한번 제대로 논의해보고 헤어지는 게 낫다.[15] 친구의 믿음에 이의를 제기하려거든, 내 동기가 친구의 행복과 안녕을 진심으로 걱정해서인지 살펴보자. 내가 옳음을 확인받기 위해서라면 그만두자. 무엇보다, 선의를 잃지 말자.

3. "혼자 옳으려면 혼자 살라You can be right or you can be married."

부부 상담에서 흔히 하는 말이다. 자기가 옳다는 걸 인정받으려고, 상대방의 행동을 고쳐주려고, 혹은 논쟁에서 이기려고 고집을 피우다가 좋은 관계가 파탄에 이르는 예가 많다. 그냥 친구가 잘못 알고 있게 놔두자.

#2 퇴로 만들어주기

'퇴로Golden Bridge'란 상대방이 생각을 기꺼이 바꾸고 창피를 면할 수 있게 해줄 방법을 가리킨다.[16] 퇴로는 성공적인 대화의 필수 요건이다.[17] 퇴로를 만들어주는 말들은 다음과 같다. "실수 안 하는 사람이 어디 있어", "틀리고 깨닫는 사람이 전문가지", "누구나 더 행복해지고 좋은 사회 만들려고 자기 아는 한에서 최선을 다하는 거지 뭐", "이게 굉장히 복잡한 문제여서 모든 게 분명하지 않아." 아니면 간단히 "괜찮아", "아무렴 어때" 같은 말도 좋다. 이런 말들은 상대방에게 무안이나 망신을 피할 탈출구를 마련해준다.[18] 더 나아가, 내 과거 행동에 비추어 이번에도 퇴로를 열어줄 것 같다 싶으면 상대방은 생각을 더 쉽게 바꿀 수 있다. 가령 열띤 논의 끝에 내 말이 맞는 것으로 드러났다고 하자. 이럴 때 상대방의 퇴로를 열어주는 게 아니라 막아버리는 말은 "거봐 내가 뭐랬어", "인제야 알겠어?" 등이다. 그렇게 말하지 말고 "네가 그렇게 생각한 것도 이해는 돼"라고 하자.

망신을 무릅쓰고 자기가 착각했다는 사실을 (자신에게든 남에게든) 인정할 사람은 많지 않다.[19] 특히 도덕적 사안을 자기가 오판했다고 시인해야 하거나 자신의 도덕적 정체감, 즉 자신이 선한 사람이라는 느낌이 위협받을 때는 더욱 그러기 어렵다.[20] 예컨대 백신은 위험하므로 자녀에게 맞혀서는 안 된다고 믿는 사람이라면, 자기 자녀를 무책임하고 위험하게 키웠음을 시인해야 한다. 쉽지 않은 일이다. 그러나 퇴로를 만들어주면 상대방이 부담을 덜 수 있다. 그러면 자신의 무지를 인정하거나 믿음을 수정하기 더 쉬워진다. 이렇게 말하자. "그래, 예전에 백신이 자폐증을 유발한다는 연구가 있었으니 당연히 불신할 만도 했지."

퇴로 만들어주기가 특히 중요할 때가 있다. 상대방이 어떤 사안에 스스로 해박하다고 믿거나, 투철한 도덕관을 가졌거나, 개인적·도덕적 정체감을 위협받을 때다. 그런 사람은 잘못을 인정하고 믿음을 수정하기보다 창피당할 일이 걱정되어 잘못된 결론을 계속 옹호

하기 쉽다.[21]

| 퇴로 만드는 법 |

상대방에게 퇴로를 만들어주는 방법은 다음과 같다.

1. 나라면 어떤 탈출구를 원할지 생각해보고, 상대방에게도 그런 탈출구를 만들어준다.

나 자신이 바보 멍청이 같고 당황스러울 때, 뭔가 잘못 판단했다고 시인해야 할 때, 어떤 식으로 곤혹을 면하고 싶은가? 그럴 때 듣고 싶은 말이 있다면 상대방에게도 통할지 생각해본 뒤 똑같이 말해주자.[22] 때에 따라서는 간단히 "그래, 좋아"라고만 해도 충분하다.

2-1. 퇴로에서 통행세를 걷지 않는다.

퇴로를 열어주는 척하고는 상대방이 물러나면(생각을 바꾸면) 벌주지 말자. "이제야 알겠어?", "내가 그렇다고 했잖아!" 하는 식으로 상대방의 이해가 느리다고 탓하지 말자. 그냥 퇴로를 유유히 가게 놔둔다.[23]

2-2. 상대방에게 창피를 주지 않는다.

"그 정도는 알았어야지", "이제야 알겠어?", "그 생각을 지금까지 한 번도 안 해봤어?" 같은 말을 하지 않는다. 특히, 내 마음에 들지 않는 의견을 '조금 전까지' 갖고 있었다는 이유로 상대방을 홀대하지 않는다. 창피 주기는 퇴로에 폭탄을 던지는 행위다. 하버드 협상 프로젝트에서도 이런 말이 나온 적 있다. "외교적인 폭탄이란 존재하지 않는다."[24] 폭탄은 퇴로를 망가뜨리거나 날려버릴 뿐이다.

3. 상대방이 나를 공격한다 싶을 때도 퇴로를 만들어준다.

상대방이 나를 인신공격하면, 인신공격이 아닌 사안에 대한 공격으로 재정리해 표현한다. 다시 말해, 상대방의 말을 들어준 다음, 되받아치지 말고 다른 말로 바꾸어 표현한다. 예를 들어 상대방이 "아니, 얼마나 뭘 모르면 총기 사고로 아이들이 엄청나게 죽는다는 것도 몰라?"라고 하면, 이렇게 대답하자. "내가 총기 규제에 관해서 한 얘기가 자칫 아이들은 어떻게 되든 상관없다는 말처럼 오해될 수도 있을 것 같아. 나도 아이들 안전에 우려가 있다는 것 알아. 정말이야. 나도 걱정돼. 나도 아이들 안전을 보장하는 해결책이 있으면 좋겠어. 어떤 해결책이 있을까?"[25] (앞서 설명한 교정 질문임을 유념하자.) 그러면 대화의 프레임이 바뀌면서 화를 내거나 인신공격을 한 다음에 찾아오는 부끄러움이나 민망함 또는 죄책감을 피할 퇴로가 만들어진다.

4. 분노에서 벗어날 퇴로를 만든다.

대화가 후끈 달아오르면 잠깐 숨 돌릴 기회를 만들자. 이렇게 말하자. "이 문제 진짜 답답하지? 나도 짜증 나." 상황에 따라서는 이렇게 이어서 말해도 좋다. "이 문제는 진부한 것 같아. 우리 다른 얘기 하자." 이는 모두 일종의 탈출구 역할을 해주는 말들이다. 그러면 나중에 각자 새로 얻은 정보를 천천히 돌아보며 혼자

생각을 정리해볼 수 있다.[26]

5. 동의한다는 뜻을 명확히 밝혀서 퇴로를 만든다.

상대방이 "누구나 자기 몫의 세금을 내고 법을 똑같이 적용받아야 한다고 생각해"라고 말했다고 해보자. 이때 "나도 그렇게 생각해. 우리는 생각보다 공통점이 많네"라고 하는 것도 일종의 퇴로 만들기다. 그렇게 하면 대화를 협력 프레임으로 전환할 수 있으므로, 문제에 대한 해결책을 함께 찾는 데 도움이 된다.[27]

6. 모든 걸 옳게 알고 있어야 한다거나, 사안에 관해 모르는 게 없어야 한다는 압박감을 덜어준다.

이렇게 말한다. "모든 걸 다 아는 사람은 없잖아. 그래서 전문가라는 게 있는 거고." 이는 2장에서 설명한 '본보기 보이기'의 한 예이기도 하다. 그리고 뒤에 설명할 '아웃소싱'으로 들어가는 출발점 역할도 할 수 있다. 이 퇴로는 상대방이 자기가 틀린 것 같다고 생각할 때 특히 유용하다.

7. 나 자신의 무지가 의심으로 바뀌었던 계기를 언급한다.

이렇게 말한다. "나는 전에 [X], [Y], [Z]가 옳다고 믿었는데 알고 보니 아니더라고. [A], [B], [C]를 알게 되고는 생각을 바꿨어. 그게 내가 보기엔 설득력이 충분히 있더라고." 내가 어떤 정보를 알고 나서 생각이 바뀌었고, 상대방도 그렇게 될 수 있다는 얘기다. 그렇다면 상대에게는 체면을 지킬 기회가 될 수 있다.[28] 다시 말해, 상대방은 바보도 악한 사람도 아니며, 그저 사안의 전모를 파악하지 못했을 뿐이다. 앞서 소개한 소크라테스의 격언을 기억하자. 나쁜 것을 나쁜 줄 알면서도 원하는 사람은 없다.

예를 들면, 기독교를 믿다가 성경이 노예 소유를 묵인한다는 사실을 알고 기독교 신앙을 버린 사람들이 있다. 성경은 도덕적으로 완벽하다고 믿다가, 꼭 그렇지는 않다고 볼 만한 이유를 발견한 것이다. 「출애굽기」에서 아버지가 딸을 종으로 팔 때의 법규를 설명하는 구절이 한 예다.[29] 그런 사람은 친구에게 이렇게 설명할 수 있을 것이다. "나는 전에 성경이 도덕적으로 완벽하다고 믿었는데 알고 보니 꼭 그렇지는 않다는 의심이 들었어. 「출애굽기」 21장에서 아버지가 딸을 종으로 팔 때의 법규를 설명하는 구절이 그런 예였어. 조사해보니 그런 식으로 성경의 도덕적 완벽성을 의심할 만한 이유가 많이 있었어."[30]

여기서 주의할 점이 있다. "나는 전에 [X], [Y], [Z]가 옳다고 믿었는데 알고 보니 아니더라고. [A], [B], [C]를 알게 되고는 생각을 바꿨어"라는 말은 사람에 따라 자기를 낮잡아 보는 듯한 느낌으로 들을 수도 있다. 맥락이나 어조라든지 화자와 청자의 특성에 따라 비난조로 들릴 수도 있다. 그러므로 이 기법은 신중히 사용하자.

#3 표현 익히기

다음은 저스틴 P. 보로스키Justin P. Borowsky가 쓴 글에서 발췌한 대목인데, 인질의 무사 귀환을 도모하는 인질 협상가들이 목적 달성을 위해 어떤 표현을 쓰는지 잘 보여준다. 보로스키는 인질범과 협상가 사이에 협력 모드를 조성하기 위한 특별한 기술과 더불어 적절한 관점이 필요하다는 점을 강조하고 있다. 인질범에게 협업 중이라는 인식을 심어주면 협상을 깨려는 충동을 누그러뜨릴 수 있다. 특히 '저쪽 them'이라는 단어를 써서 협업을 암시하고 있음에 유의해 읽어보자.

> 다음 대화에서 인질범은 탈출할 차량을 내놓으라며 그렇게 하지 않으면 인질을 죽이겠다고 협박하고 있다. 이에 대해 협상가는 인질범도 인질이 다치는 건 원하지 않을 것이라면서, 함께 궁리해서 '저쪽'(협상가의 상관)에 내놓을 만한 아이디어를 더 내보자고 제안한다.

> **인질범:** 그렇게 안 해주면 여자를 죽일 거요.
> **협상가:** 여자를 다치게 하고 싶진 않다면서요. 벌써 여러 번 그랬잖아요.
>   그럴 마음 없는 거 알아요.
> **인질범:** 죽인다니까.
> **협상가:** 다른 대안을 좀 줘보세요. 저쪽에 내놓을 만한 대안을 좀 주세요.[31]

여기서 협상가는 인질범과 '공동 운명체' 관계를 조성했다고 보로스키는 설명한다. 두 사람이 '저쪽(협상가의 상관)을 상대로 공동 대응하고 있다'는 인식을 심어준 것이다.[32] 협상가는 특정 표현을 사용함으로써 인질범의 인식을 바람직한 쪽으로 유도했고, 이는 결국 좋은 결과로 이어졌다.[33] 보로스키는 설명한다.

> "'그들'이라는 표현을 도입함으로써 협상가와 인질범이 제삼자를 상대

로 협력하고 있다는 틀이 만들어진다. 협상가는 이렇게 두 사람이 연합하고 있다는 인식을 조성함으로써, 인질범에게 투항을 설득할 위치에설 수 있다."[34]

| 표현 개선 방법 |
표현을 개선하는 요령을 알아보자. 사소하지만 아주 효과적인 방법들이다.

1. 협력적 표현을 쓴다.

'우리'라는 말은 협력 분위기를 조성하는 신기한 효과가 있다. 1963년 사회학자 유진 와인스틴Eugene A. weinstein과 폴 도이치버거Paul Deutschberger가 펴낸 책에서 인용하면, "영어에서 '우리we'는 가장 유혹적인 단어로 꼽을 만하다. '우리'라는 말을 쓰기만해도 거의 자동으로 호혜성과 상호의존성에 기반한 관계를 암시할 수 있다."

'너'라고 할 자리에 '우리'라고 하면 좋을 때도 많다. 이를테면 "넌 그걸 어떻게 알아?"보다는 "그걸 우리가 어떻게 알 수 있지?", "너 그 이야기 좀 더 해봐"보다는 "우리 그 이야기 좀 더 해볼까?"라고 하는 것이다. 또 '우리'와 '…하자'라는 청유형을 결합해도효과적이다. 예를 들면 "공평한 해결 방법을 우리 한번 찾아보자"라고 하는 것이다. 비슷한 예로 "우리 그걸 어떻게 검증하지?"도가능하다.[35] 잘 모르겠으면 일단 '우리'를 기본으로 하자.[36] 그렇게 말하기가 어렵거나 어색하면 주어를 굳이 밝히지 말고 "그걸어떻게 알 수 있지?"처럼 중립적으로 말하면 된다. 아래 항목과 이어지는 내용이다.

2. 중립적 표현을 쓴다.

상대방을 직접 가리키는 표현을 쓰면 사람에 초점이 맞춰지면서 상대방을 방어 태세로 내몰 위험이 있다.[37] 비인격화된 중립적 표현을 쓰자. '네 생각'이나 '네 말' 대신 '그 생각'이나 '그 말'이라고 하자.

3. 사람보다는 그 사람의 생각과 믿음을 놓고 이야기한다.

어떤 사람이 가진 믿음 중 일부 또는 하나만을 가지고 그 사람에게 어떤 딱지를 붙이지 않도록 특히 주의한다. "찰스는 사회주의자"라고 하는 것보다는 "찰스는 세금으로 전 국민 무상 의료를 실현하는 게 옳다고 믿는다"라고 하는 게 훨씬 더 정확하고 공정하며 구체적이다. 또 "제니퍼는 사람이 병원 갈 돈이 없어서 죽건 말건 신경 안 쓴다"라고 하는 것보다 "제니퍼는 찰스와 생각이 다르다"라고 하는 게 좋다.[38]

4. "난 생각이 달라"보다는 "난 수긍이 잘 안 되네"라고 한다.

상대방의 견해에 대놓고 반대하면 상대방이 적대적으로 나올 위험이 있다. 상대방의 견해에 마음은 열려 있지만, 아직 동의하지는 못한다는 식의 표현이 바람직하다.

#4 프레임 바꾸기

'프레임(틀)을 바꾼다'는 말은 표현 방식을 바꾸어 대상을 바라보는 관점을 바꿔주는 것을 뜻한다. 그러면 사안에 뭔가 다른 방식으로(이를테면 거부감이 덜 드는 방식으로) 접근해볼 수 있다. 어떤 대화건 프레임을 바꾸어 새롭게 제시할 수 있다.[39]

예를 하나 들어보자. 피터와 아내는 일과 살림에 시달리고 있었다. 그런데 딸이 갑자기 학교를 하루 쉬게 됐다. 부부는 스트레스와 피로에 찌든 채로 다음과 같은 대화를 나눴다.

> **피터:** 내가 애 데리고 볼일 보고 오지 뭐.
> **아내:** 그 말은 듣기가 좀 안 좋네. 애랑 같이 있는 게 무슨 숙제나 의무 같잖아.
> **피터:** 그러네.
> [정적]
> **피터:** 맞네.
> [정적]
> **피터:** 그럼 어떻게 말해야 하지?
> **아내:** "내가 애랑 같이 있어도 될까?"라고 하는 건 어때?

아내 말이 맞았다. '숙제'나 '의무'가 아니라 '좋은 기회'로 프레임을 바꾸면 딸도 아빠와 함께 시간을 보내자는 제안을 더 반길 게 틀림없었다. 무엇보다, 그렇게 함으로써 피터 자신도 생각의 프레임을 바꿀 수 있었다.

프레임을 바꾸는 방법은 여러 가지가 있다. 한 가지 간단한 방법은 상황을 부정적으로 보는 상대방이 긍정적으로 볼 수 있게끔 방향을 바꾸어주는 것이다. 바로 피터의 아내가 썼던 방법이다. 또 한 가지 방법은 어떤 사안이 있을 때 그 사안 자체보다 밑바탕에 깔린 이해관계, 감정, 전제 쪽으로 초점을 옮기는 것이다.[40] 가령 총기 규제 등의 정치적 주제를 본격적으로 논하고 싶으면, 대화의 프레임을 바꾸어 밑바탕에 깔린 이해관계를 놓고 이야기한다. 이를테면 안전과 보안, 개인의 권리 등 상충하는 이해관계를 어떻게 잘 절충할 수 있을지 논의한다. 그러면 정치적인 문제에서 안전 문제로 프레임이 바뀌게 된다.

도덕성과 정체성에 기반한 프레임 바꾸기에 관해서는 뒤에서 다시 논하겠지만, 프레임을 바꾸는 데 유용한 방법 하나는 공통의 정체성에 호소하는 것이다. 공통의 정체성은 이를테면 '국민', 더 나아가면 '인간' 같은 것으로, '상위 정체성'이라고도 한다.[41] 그런 단어를 언급하기만 해도 대화의 프레임을 공통점 구도로 바꿀 수 있다. 이렇게 말하면 된다. "난 아무래도 총기 문제가 부모로서 걱정돼. 너도 좋은 엄마잖아. 그런데 집에 총을 두고 있고. 그런 점에서 고민은 없어?" 부모라는 신분을 들어 두 사람의 공통점, 즉 상위 정체성에 호소하는 예다. 이렇게 두 사람의 공통된 정체감(좋은 부모라는 자의식을 깨워주는 긍정적 표현에 주목하자)에 초점을 맞춤으로써 대화의 프레임을 바꿀 수 있다. 이제 논쟁의 소지가 적은 맥락에서 대화가 진행될 수 있다.

마지막으로, 프레임 바꾸기는 '한쪽으로 생각을 몰아가기'가 아니라는 점을 명심하자. 질문이나 쟁점을 새로운 시각에서 제시하려는 시도일 뿐이다. 또 사안을 새로운 관점에서 바라봄으로써 부정적 태도를 줄이고 더 솔직하게 대화를 풀어나가는 방법이기도 하다.

| 프레임 바꾸는 법 |
대화가 벽에 부딪혔을 때는 프레임을 바꿔보자. 그러면 사안을 뭔가 다른 방식으로 새롭게 접근해볼 수 있다. 간단한 요령 몇 가지를 소개한다.

1. 공통점을 중심으로 대화의 프레임을 바꾼다.
이를테면 총기 소유권 문제를 토론한다고 하자. 두 사람 다 결국은 안전과 자유의 균형 문제를 우려하고 있을 공산이 크다. '어떻게 하면 최선의 균형을 달성할 수 있을까?'로 질문의 프레임을 바꾸자. 아니면 '최선의 균형을 달성하려면 어떤 요인들을 고려해야 하는지'로 바꾸어도 좋다. 이렇게 말하면 된다. "우리 둘 다 결국 국민의 안전과 자유를 보장하고 싶은 건 마찬가지인데, 그 방법에 대해 의견이 다른 거잖아? 그 균형을 달성할 방법을 놓고 이야기해보면 어때?" 그렇게 해서 일단 서로 간의 공통점과 합의점이 확실히 정립되고 나면, 원래 질문으로 되돌아가도 좋다. 처음에는 단순히 안전과 자유를 놓고 토론했다면, 대화의 프레임을 바꿈으로써 두 가치의 대립을 어떻게 절충할 것이냐를 더 협력적으로 논의하는 대화를 할 수 있다.

2. 논쟁의 소지를 줄이는 쪽으로 질문의 프레임을 바꾼다.[42]
이렇게 말한다. "그렇구나. 지금 우리가 의견이 다른데, 이렇게 보면 어떨까 싶네. 결국 우리 둘 다 시민들에게 최선의 기회를 줄 방법을 고민하는 것 아닌가? 어떻게 생각해?" 대화가 답답해질 때 프레임 바꾸기는 특히 큰 도움이 된다.[43] 요컨대, 내가 하려는 말을 더 바람직한 표현으로 바꿔 말하고, 공통점과 밑바탕에 깔린 이해관계에 주목하여 상위 정체성에 호소하자.

3. 내가 무슨 말을 해야 상대방이 "맞아"라고 반응할지 생각해보자.[44]
그리고 그에 따라 프레임을 바꾼다. "그래"는 맥락에 따라 여러 의미를 가질 수 있지만, "맞아"는 상대방의 견해를 이해했다거나 받아들인다는 의미다.[45] "맞아"라는 반응을 끌어내려면 부정적으로 보이는 사안이 긍정적으로 보이게끔 프레임을 바꾸어야 할 때가 많다.

#5 내 생각 바꾸기

피터가 호주에서 순회 강연 중에 어떤 문제를 놓고 치열한 대화를 나눈 일이 있었다. 국영 라디오 방송국이 종교 관련 주제를 다룰 때(가령 BBC가 성공회 관련 사안을 다룰 때) 어떤 윤리를 지켜야 하느냐 하는 것이었다. 한 젊은 남성이 다소 평범한 주장을 내놓았다. 보도가 어느 한쪽으로 편향될 가능성이 있지만, 그에 대한 안전장치가 있는지 의심스럽다고 했다. 그러자 놀랍게도, 남성과 반대되는 의견을 갖고 토론하던 여성이 이런 말을 했다. "그런 생각은 못 했네요. 그 말이 맞는 것 같아요. 네, 맞아요." 피터도, 그 남성도, 깜짝 놀랐다. 긴 정적이 이어졌다. 긴 정적은 대개 곰곰이 생각하고 있다는 의미이고, 생각이 바뀔 가능성을 암시한다. 그렇다면 대화는 성공이다.

대화 중에 언제든지 내 생각이 틀렸음을 깨달으면 "지금 생각하니 제 생각이 틀렸을 수도 있겠네요. 생각이 바뀌었습니다"라고 말해보자. 그런 일은 좀처럼 일어나지 않기에, 상대방은 아마 깜짝 놀랄 것이다.

여기엔 물론 주의할 점이 있다. 그런 말은 반드시 진심을 담아서 해야 한다. 그러므로 "생각이 바뀌었다"는 말은 일종의 초대인 셈이다. 먼저 믿음을 수정하는 본보기를 보인 것이니, 상대방도 그렇게 하기를 권유하는 초대다. 이는 라포르를 형성하는 최강의 방법이기도 하다. 그런 말을 하는 사람을 싫어할 사람은 없다고 봐도 좋을 것이다.

예를 들어, 오토바이 운전자가 헬멧을 쓰건 말건 그건 정부가 간섭할 일이 아니라는 게 여러분의 생각이라고 하자. 사고가 나면 헬멧을 쓰지 않아 피해를 볼 사람은 본인뿐이므로 그건 본인이 알아서 할 일이라는 논리다. 그런데 상대방이 이런 얘기를 한다. 헬멧 의무 착용법을 폐지하면 세금으로 운영되는 국가 의료보험 지출액이 큰 폭으로 늘어날 것이다. 다시 말해 오토바이 운전자가 헬멧을 쓰지 않기로 하는 선택은 본인뿐 아니라 타인에게도 피해를 준다(즉 납세자 전체, 그리고 가족, 친구, 동료, 고용주 등 그 사람과 직간접적으로 연결된 모든 사람이 피해를 본다).[46] 여러분이 그 말을 듣고 설득되어, 헬멧 의무 착용법에 대해 다시 생각해보고 싶어졌다고 하자. 그럼 이렇게 말하자. "와, 그 말이 맞을 수도 있겠네요. 다시 생각해봐야겠어요."

#6 척도 도입하기

대화에 척도(점수)를 도입하면 여러 장점이 있다. 대화의 교착점을 해소할 수 있고, 새로운 사고와 생각 변화를 유도할 수 있고, 개입의 성공 정도를 가늠할 수단이 될 수도 있다.

| 10점 만점에 몇 점? |

이렇게 물어보자. "[X]가 옳다고 얼마나 확신하세요? 1에서 10까지 점수를 매기면 몇 점인가요?" 이런 식으로 척도를 도입하면 상대방이 어떤 믿음을 확신하는 정도를 알 수 있을 뿐 아니라, 내 개입의 효과를 가늠하고 사안을 넓게 바라볼 수 있다. 먼저 첫 번째 장점인 개입 효과 판단부터 차례대로 자세히 알아보자.

　　일단 논제를 결정하고 나면(2장의 '질문하기' 참고) 이렇게 묻자. "[X]가 옳다고 얼마나 확신하세요? 1에서 10까지 점수를 매기면 몇 점인가요?" 상대방이 10점 척도를 달가워하지 않으면 100점 척도를 제안해보자. 확신 정도를 숫자로 표현할 수 없다면서 거부하면, 이 기법은 포기하자. 상대방이 점수를 말해줬다면, 대화를 마친 뒤에 바로 똑같은 질문을 다시 해서 대화 전후의 숫자를 비교해본다. 예를 들어 상대방이 "대마초를 합법화해서는 안 된다"라는 믿음에 대한 확신도를 처음에는 10점이라고 했다가 대화 후에는 9점이라고 답했다면, 확신도가 10퍼센트 떨어진 것이다. 이런 식으로 하면 내가 타인의 인지에 개입해 의심을 불어넣는 작업을 얼마나 잘하는지 가늠할 지표가 생기게 되는 셈이다.

　　다음으로 알아볼 장점은 '넓게 바라보기'다. "미국 사회는 가부장제 사회다!"라고 주장하는 사람을 만났다고 해보자. 이 의견에 동의하지 않는 사람이라면 다소 납득이 가지 않을 수 있는 주장이다. 하지만 그런 생각을 그대로 말하면, 상대방이 "응, 맞아. 과장된 표현이야. 말하자면 그렇다는 거지. 하지만 그렇게 표현하지 않는 게 좋겠지? 고마워"라고 하지는 않을 것이다. 아마 "가부장제 사회가 맞다!", "아니다!"의 논쟁이 불붙을 것이다.

어떤 사회의 가부장성은 정도의 문제인데, 앞의 주장은 그 사실을 무시하고 있는 게 아닐까? 그러니 그 대신 척도로 말해달라고 요청해보자. 이렇게 묻자. "얼마나 그런지 궁금해서 그런데, 만약 사우디아라비아의 가부장성을 10점 척도로 9점이라고 한다면, 미국은 몇 점 정도지?" 미국이 10점 척도로 단 2점이라고 해도 "미국 사회가 가부장제 사회"라는 주장이 완전히 틀렸다고는 할 수 없겠지만, 그렇다고 완전히 맞는 말이라고도 할 수 없다. 이처럼 척도로 말해달라고 요청하면 '맞다/아니다' 식의 흑백논리를 벗어나게 하는 데 도움이 된다.[47]

다른 예를 들어보자. 만약 어떤 사람이 "미국 정부는 전제 정부다!"라고 주장한다면 이렇게 물어보자. "얼마나? 중국 마오쩌둥 정권의 전제성이 10점 척도로 9점이었다면, 현대 미국은 몇 점 정도야?" 물론 미국 정부가 일부 전제적으로 보이는 행동을 하거나 때로는 실제로 전제적인 행동을 하는 것은 사실이지만, '맞다/아니다' 식의 이분법적 사고는 미묘한 실상을 제대로 반영하지 못한다.

개입 시도에 숫자 척도를 도입하는 구체적인 방법을 알아보자.

1. "[X]가 옳다고 얼마나 확신해? 1에서 10까지로 점수를 매긴다면?"

대화 전후 점수를 비교해 개입의 효과를 판단해보자. 상대방이 어떤 믿음에 대한 확신도가 9점 또는 10점이라고 답하면, 이어지는 5장과 6장에서 설명할 기법을 사용할 필요가 있다. 도덕적 믿음을 대단히 크게 확신하는 경우는 흔히 정체성 관련 우려와 관계가 있다. 확신도가 9점이나 10점이라고 하는 사람은 더더욱 그런 결론에 이른 인식 원리를 잘 알아볼 필요가 있다(2장의 '인식 원리에 주목하기' 참고).[48] 반대로 드문 경우지만 확신도가 2점이나 3점이라고 하는 사람은, 확신도가 왜 그리 낮은지 알아볼 수 있다.

2. 상대적 척도로 표현해본다.

상대방과 '맞다/아니다' 식의 논쟁에 빠졌다면(가령 '미국은 인종차별 사회다/아니다'), 이런 식으로 질문하자. "1950년대와 비교하면 지금 미국 사회는 어느 정도 인종차별적일까?" 척도를 도입하면 더 구체적이고 명확한 논의가 가능하고, 넓은 관점에서 바라볼 수 있으며, 엇나간 대화를 원래 궤도로 되돌릴 수 있다.[49]

3. 사안의 중요성을 척도로 표현해 비교해본다.

'인종차별이 중요한 문제라고 생각하느냐'는 식으로 물으면 분노와 경악을 자아낼 수 있지만, 이렇게 물어보자. "인종차별의 중요성을 기후변화와 비교하면 1에서 10까지의 척도로 몇 정도가 될까? 인종차별은 몇이고 기후변화는 몇일까?" 그러면 상대방의 믿음이 얼마나 강한지, 그리고 시간을 들여 반대 의견을 논할 가치가 있을지 좀 더 명확히 알 수 있다.

4. 척도를 이용해 상대방이 생각을 바꿀 수 있게 유도한다.

척도 질문은 이런 식으로도 할 수 있다. 우선 "그 생각이 옳다고 얼마나 확신해? 확신이 전혀 없으면 1, 절대적으로 확신하면 10이라고 할 때 1에서 10까지 점수를 매기면?"이라고 묻는다. 상대방이 8이라고 대답했다고 하자. 그때 "왜 6이 아니고?"라거나 "어떻게 하면 6으로 내려갈 것 같아?"라고 묻지 말고, 곧바로 더 큰 숫자를 제시한다. "궁금해서 그러는데, 9라고 하지 않은 이유는 뭐야?" 그러면 상대방은 자연스럽게 자기가 품은 의문을 드러내게 된다.[50]

5. 상대방의 인식 원리에 집중한다.

척도를 이용하는 더 고난도의 기법도 있다. 상대방의 확신도가 10점 척도로 7 이상이라고 하면, 이렇게 묻는다. "나는 [X]가 옳다고 3만큼 확신하는데, 어떻게 하면 너처럼 9만큼 확신할 수 있지? 내가 뭔가 모르는 게 있으면 알고 싶어. 그렇게 믿게 된 과정을 차근차근 짚어줄 수 있어?"[51]

이렇게 하면 상대는 본인의 인식 과정을 직접 하나하나 설명하게 된다. 내가 질문을 계속 궁리해가며 물어보지 않아도 상대가 알아서 인식의 간극을 설명해줄 테니 매우 효과적이다. 다시 말해 내가 놓친 부분을 '상대가' 설명해주는 것이므로, 그 과정에서 상대방이 확신이 낮아지거나 더 나아가 자신의 무지를 자각할 가능성이 있다.[52] 만약 상대방의 인식 과정이 정말 강하게 확신해도 될 만큼 타당하다면 더 좋다. 그러면 내가 무언가를 배운 것이니, 그에 따라 내가 가진 확신을 조절하거나 높일 수 있다. 이 기법은 '인식 원리에 주목하기'와 교정 질문을 척도 도입과 결합한 것이다.

6. 대화 일지를 기록한다.

어떻게 하면 상대방의 확신도가 낮아지고 어떻게 하면 높아지는지 기록한다. 기술을 계속 다듬고 또 다듬자.

#7 아웃소싱

사람들은 대개 어떤 사안에 대해 타당한 이유 없이 강한 의견을 갖고 있다.[53] 아무리 많이 알아봐야 고작 몇 분야만 전문적으로 알 뿐인데, 자기 믿음에 과도하게 높은 확신을 부여하곤 한다.[54] 이런 경우 두 가지 대처 방법이 있다. 하나는 앞서 살펴본 읽지 않은 장서 효과를 드러내는 것이고, 다른 하나는 '아웃소싱'을 실행하는 것이다.

아웃소싱이란 한 마디로 외부조달이다. 다시 말해 "그걸 어떻게 알 수 있지?"라는 질문에 답하기 위해 외부 정보로 관심을 돌리는 전략을 뜻한다.[55] 이 전략의 목표는 상대방의 궁금증을 발동시켜 '내 주장이 옳다는 걸 어떻게 보여주지?' 하며 방법을 찾고 싶어지게 만드는 것 또는 '내가' 미처 몰랐던 정보원을 깨닫게 되는 것이다.

예를 들어 여러분이 어떤 사람과 소득세에 관해 의견이 다르다고 하자. 상대방은 소득세에 반감이 크고, 여러분은 문명사회라면 소득세가 반드시 있어야 한다는 생각이다. 질문을 몇 번 해보니, 상대방이 왜 소득세를 과도하게 경계하는지 알 수 있었다. 돈을 더 많이 벌게 되면 상위 과세 구간에 걸려 세후 소득이 오히려 줄어든다고 생각하는 것이다. 이때 상대방이 누진세 제도를 잘못 이해하고 있다는 사실을 깨닫게 하려면 어떤 방법이 최선일까? 그냥 "그 생각은 틀렸다"라고 할 수는 없다. 그러면 대화가 '맞다/아니다' 싸움으로 전락할 수 있다.

대립을 풀어나가는 한 가지 방법은 외부 정보를 활용하는 것이다. 세금 문제의 경우는 참고할 자료나 전문가가 얼마든지 있고 어디를 보나 같은 답이 나와 있을 테니 딱히 어려울 게 없다. 어려워지는 건 좀 더 복잡한 문제, 특히 도덕 문제를 풀어나갈 때다. 이럴 땐 휴대전화를 꺼내 구글 검색을 하기 전에, 먼저 '답을 어디서 찾아볼 것인가'에 대해 합의점을 도출해봐야 한다.[56]

그러다 보면 '어떤 자료/전문가를 믿어야 하며 그 이유는 무엇인가?'로 대화의 주제가 옮겨갈 수도 있다.[57] 그리고 상대방이 어디서 정보를 얻는지 알게 될 수도 있다. 그러면 상대방의 인식 원리를 이해하기가 더 쉬워진다. 어떤 외부 자료를 참고하기로 상대방과 합의가 되면 더 바랄 게 없다. 합의가 되지 않더라도, 아마 이렇게 아웃소싱을 시도하는 과정에서 상대방이 왜 특정 자료의 권위를 신뢰하는지 알게 되거나, 여러분도 참고할 만한 새 자료를 발견할 수 있을 것이다.[58] 또 마지막으로, 상대방에게 어떤 전문 자료가 참고할 만하냐고 묻는 것만으로도 상대방으로 하여금 자신이 아는 게 사실 그리 많지 않을 가능성을 생각해보게 하는 효과가 있을 수 있다.[59]

| 아웃소싱 실행하기 |

외부 정보를 대화에 활용하는 몇 가지 요령을 소개한다. 아웃소싱 기법은 도덕 등 복잡한 문제를 논할 때 특히 유용하다.

1. 대화를 끝낼 무렵에 아웃소싱을 이용한다.

상대방에게 이렇게 말해보자. "잘 모르겠네. 하지만 신빙성 있는 자료가 있다면 다시 생각해볼 수 있어. 다음번에 그런 자료 있으면 좀 가져다줘. 설득력이 충분히 있다 싶으면 내 생각을 바꿀게." 이 말에는 몇 가지 기법이 동시에 들어 있다. 인식 원리에 주목하기, 본보기 보이기, 배우기, 퇴로 만들기, 협력 관계다. 상대방에게 근거를 청하는 것은 내 근거를 불쑥 던지는 것과 다르다. 상대방이 요청했다 해도, 정말로 원하는지 재차 확인한 다음에 한다. 상대방의 믿음과 상충하는 근거를 내놓는다면 '역화 효과backfire effect'로 인해 상대방의 믿음을 오히려 고착할 위험이 있다.

흑인 음악가 대릴 데이비스도 KKK 단원의 탈퇴를 유도할 때 이 기법을 때때로 사용한다.[60] KKK 단원을 만나서 대화하다가 '네 주장을 뒷받침하는 정보를 찾아와 보여달라'고 한다. 상대방은 아무리 찾아도 정보를 찾을 수 없을 테고, 그러면 스스로 의심의 씨앗을 품게 될 테니 그것을 이용한다는 전략이다.[61]

2. 중립적인 정보 출처를 묻는다.

대화 중 벽에 부딪히면 이렇게 묻는다. "독립적이고 중립적인 관찰자가 있다면, 그 사람은 믿을 만한 정보 출처가 어디인지를 무엇을 기준으로 판단할까?"[62] 아니면 이렇게 묻는다. "그런 견해를 가진 전문가에게 가서, 상대편에서 그래도 가장 그럴듯한 주장을 하는 전문가는 누구냐고 묻는다면 누구라고 할까?" 이 질문은 일종의 '외부자 질문'이기도 하다.

3. 아웃소싱은 다음과 같이 표현할 수도 있다.

- "어떤 구체적 근거가 있으면 이 문제를 확실히 결론지을 수 있을까?"[63]
- "독립적인 관찰자가 충분히 설득될 만한 근거라면 뭐가 있을까?"
- 합리적인 사람이라면 누구나 설득될 만한 근거라면 뭐가 있어?"[64]
- "그 근거에서 나온 결론을 의심하게 할 만한 최고의 반론은 뭐야?" 이어서 이렇게 묻는다. "잘 알려진 전문가 두 명의 가장 그럴듯한 주장을 꼽는다면? 그리고 그 주장이 틀린 이유는 뭐야?"

4. 아웃소싱과 퇴로 만들기를 결합한다.

이렇게 말한다. "우리 이 이야기는 일단 접어놓고, 정보를 더 확보한 다음에 다시 논의하자('우리'라고 한 것에 주목하라)." 상대방에게 생각을 바꿔야 한다는 압박감을 주지 않는다. 일단 묵혀놓고 나중에 다시 논의해도 아무 문제 없다. 그러면서 퇴로를 만들어주는 것이다.[65] 아웃소싱과 퇴로를 결합하면 팽팽한 긴장감을 누그러뜨리는 효과도 있다. 그렇게 하면 상대방은 창피당할 염려

없이 새로 얻은 정보를 혼자 찬찬히 따져보고 검증하고 받아들일 수 있다. 그 자리에서 생각을 바꿔야 한다는 부담을 안겨주지 말자.

5. 근거를 중시하는지 알아본다.

만약 아웃소싱을 시도하는 중에 믿음의 근거를 요청했는데 "근거 따위는 필요 없다. 어떤 근거가 나와도 내 생각이 바뀌진 않을 것"이라고 나온다면, 상대방은 근거에 기반하지 않은 믿음을 가진 게 된다.

근거에 기반한 믿음을 가졌다면, 정의상 어떤 근거가 나오면 생각이 바뀔 수도 있어야 한다. 어떤 근거가 나와도 생각이 바뀌지 않는다는 말은, 근거에 기반한 믿음이 아니라는 말과 같다. 그렇다면 아웃소싱도 의미가 없다. 이 경우는 다음 장의 '반증 모색하기'에서 자세히 논한다.

6. 아웃소싱은 실제로 증명 가능한 문제에만 쓸 수 있다.

아웃소싱 전략은 입증 또는 검증 가능한 문제에만 쓸 수 있다. 도덕 문제에는 쓸 수 없다. 도덕 문제는 알다시피 해답을 찾기가 매우 어렵다. 그러므로 도덕 문제를 교황, 신학자, 어머니, 옛날에 알았던 현인, 토크쇼 진행자 등 '도덕 전문가'에게 호소하여 아웃소싱하려는 시도는 하지 말자. 만약 상대방이 도덕 문제의 해답을 특정 전문가에게서 찾는다면, 다음 중 한 방법으로 대응할 수 있다.

첫 번째, "나는 그를 도덕 문제의 권위자로 보지 않는데"라고 말한다. 단, 이 방법은 방어적 자세를 유발할 수 있으니 조심하자. 상대방이 나를 '아무개를 권위자로 보지 않는다니 도덕적으로 뭔가 문제가 있는 사람이네'라고 판단할 수도 있다.

두 번째, "난 수긍하기 어려워. 도덕 전문가를 자칭하는 사람이 여럿인데, 서로 의견이 충돌할 때가 많거든. 그렇다면 누가 믿을 만한지를 무슨 기준으로 판단하느냐 하는 문제로 다시 돌아갈 수밖에 없어"라고 말한다.

어느 정도 깊은 대화를 나누고 있다면, 이렇게 말한다. "도덕 전문가를 우리 대화에 끌어들이는 건 문제가 있는데, 우리가 그 도덕 체계를 이미 받아들인 상태여야 그 전문가의 권위를 따를 수 있다는 거야. 예를 들어서 우리는 사이언톨로지교를 믿지 않는데, 사이언톨로지교 창시자의 도덕적 가르침을 따를 수는 없잖아?"

7. "내가 정보를 좀 더 얻으려면 어떤 전문가의 의견을 읽어보는 게 좋을까?"라고 묻는다.

그러면 상대방은 다음 세 가지 반응 중 하나를 보일 것이다. 먼저 관련 전문가 이름을 전혀 대지 못하는 경우다. 이때는 자신도 지식 부족을 절감할 것이다. 다음으로는 관점이 편향된 것으로 잘 알려진 사람을 언급하는 경우다. 이때는 "어째서 그 사람이 권위가 있지?"라거나 "그 사람 주장에 대한 반론으로 가장 강력한 건 뭐가 있어?"라고 묻는다. 마지막으로 진짜 전문가를 언급하는 경우다. 이때는 참고하고 배우면 된다.

8. "그 주장에 동의하지 않는 최고의 전문가 세 명을 꼽으면 누가 있어?" 라고 묻는다.

이 질문은 '설명 능력의 착시현상'을 드러내는 데 유용하다.

9. 대화의 범위를 한정한다.

대화가 벽에 부딪히면 이렇게 말한다. "대화가 제자리걸음인 것 같네. 양쪽 편에서 다 동의할 만한 주장/정보/근거만 언급하는 것으로 하면 어떨까?"

플라톤의 대화편 『고르기아스』에서, 소크라테스는 논박하는 것보다 논박당하는 게 낫다고 말한다. 자신의 그릇된 믿음을 바꾸는 게 남의 그릇된 믿음을 바꾸려고 하는 것보다 낫다는 뜻이다. 개입을 시도하다 보면 실제로 그럴 때가 있다. 상대방의 인지에 개입하려고 했는데, 오히려 나 자신의 인지에 개입해 믿음을 수정하게 되는 경우다. 그런 경우야말로 최고의 개입이니, 피하지 말고 당당히 받아들이자. 나의 그릇된 믿음을 바꿀 좋은 기회 아닌가.

자신의 그릇된 믿음이 드러나면 누구나 반가워하지는 않는다. 대부분은 저항하면서 믿음을 끝까지 놓지 않을 것이다. 기분이 상하는 사람도 많다. 심지어 비난을 퍼붓는 사람도 있을 수 있다. 그럴 때 무척 중요한 게 퇴로 만들기와 협력적 표현 사용하기다. 그런가 하면 판단력을 발휘할 필요도 있다. 때로는 친구 말을 그냥 들어주고, 친구가 잘못 알고 있게 놔두고 넘어가는 편이 낫다.

대화 중에 내가 틀렸음을 깨달으면, 내가 틀렸다고 말하자. "생각을 바꿨다"라는 말만큼 강력하고 당당한 말도 없다. 본보기 행동으로도 완벽하고, 신뢰 관계가 깊어지는 효과도 있을뿐더러, 나를 싫어하던 상대방도 의표를 찔리면서 나를 다시 보게 될 수밖에 없다.

4장
상급

논쟁적 대화를 풀어나가는
다섯 가지 기술

#1 래퍼포트 규칙 지키기
상대방의 말을 재정리하고,
동의하는 점을 밝히고,
배운 점을 언급한 다음 반박한다

#2 사실 언급 피하기
사실을 거론하지 않는다

#3 반증 모색하기
그 믿음이 잘못일 수 있는 조건은?

#4 그래, 그리고…
'하지만'이란 말을 아예 하지 않는다

#5 화 다스리기
나 자신을 알자

이 장에서는 논쟁적 대화를 풀어나가는 다섯 가지 도구와 기법을 배운다. 가장 먼저 알아볼 것은 '래퍼포트 규칙'으로, 상대방의 의견을 경청하는 수준을 넘어 상대방이 말한 것보다 더 명확히 정리한 다음에 반대 의견을 밝히라는 규칙이다. 그다음으로는 다소 반직관적인 두 기술, 사실 언급 피하기와 확증보다 반증에 주목하기(즉, 믿음이 옳다는 근거보다 잘못일 수 있는 조건에 주목하기[1])를 알아본다.

또 대화 중 '하지만'이라는 말을 아예 하지 않는 법을 알아본다. 이는 생각보다 어려운 기술이다. 상대방과 의견이 다를 때 "그래, 하지만…"하면서 미온적으로 긍정하는 습관은 버리기가 쉽지 않다.

마지막으로, 대화를 종종 틀어지게 하는 주범, '화'를 다스리는 방법을 구체적으로 논한다. 분노, 답답함, 불쾌함 등의 감정에 관해 중요한 사실을 알아보고, 분노 충동을 다스리는 방법과 상대방의 분노에 대응하는 방법을 배운다.

부정적 감정, 특히 화를 잘 다스리려면 그 촉발 요인을 '미리' 숙지해두어야 한다. 또 상대방의 말을 경청하고 내 감정을 실시간으로 관리해야 한다. 격론 중에 그런 행동을 실천하기 어려우면 대화를 끝내고 자리를 피할 줄도 알아야 한다.

이 장에서 소개하는 기술을 상급으로 분류한 이유는 대화 습관을 완전히 바꿔야 하기 때문이다. 동시에 감정도 다스려야 한다. 3장에서 소개한 중급 기술도 그랬지만, 이번엔 한층 더 어렵다. 두 가지다 쉽지 않은 일이지만, 정치적, 도덕적 견해 차이를 극복하는 대화를하려면 매우 중요하다. 그리고 상급 기술은 우리의 평소 대화 본능에반하므로 처음에는 직관에 어긋나 보일 수 있다. 그렇지만 여느 기술처럼 얼마든지 배우고 연마할 수 있으며, 결국에는 본능처럼 익숙해질 것이다.

마지막으로, 이 장에 소개된 기술들을 자칫 잘못 사용하면 역효과를 불러올 수도 있다. 서두르지 말자. 앞에서 배운 중급 기술에 숙달된 다음에 상급 기술의 구사를 시도할 것을 권한다.

#1 래퍼포트 규칙 지키기

다음은 1장에 등장했던 길거리 인식론자, 앤서니 매그너보스코가 우연히 마주친 등산객 캐리와 나눈 대화의 일부다. 대화의 주제는 신앙과 믿음이었다.

> 앤서니: 만약에 말이죠, 캐리 씨가 힘든 시간을 극복할 수 있도록 도와준
> 그 무언가가 하느님이 아니라 캐리 씨 본인이었다면, 그걸 어떻
> 게 알 수 있을까요?
> 캐리: 그게 바로 신앙인 것 같은데요.
> 앤서니: 그게 하느님이 아니었다는 걸 신앙의 도움으로 알 수 있다는 말

씀인가요?

캐리: 아니요, 제 삶에 그런 힘이 작용하고 있다는 믿음이 바로 신앙인
것 같아요.

앤서니: 말씀하신 걸 제가 한번 정리해볼게요. 잘못 표현했으면 알려주세
요. 생각하시는 바를 왜곡할 뜻은 전혀 없지만, 그러니까 하느님
의 도움으로 역경을 극복할 수 있었다고 그렇게 확신하시는 이
유가, 즉 그렇게 되었음을 '알고 있다'고 말씀하실 수 있는 이유
가, 그렇게 되었다는 믿음이 있기 때문이라는 말씀인가요?

캐리: 저를 초월한 무언가가, 저보다 크고 강한 무언가가 있다고 믿어요.
전 믿음이 있어요.[2]

| 비판에 나서기 전에 |

게임이론가 아나톨 래퍼포트Anatol Rapoport는 대화 중 반대나 비판을
제기하기 전에 지켜야 할 규칙을 제시한 바 있다.[3] 오늘날 '래퍼포트
규칙'이라는 이름으로 알려진 이 규칙은, 철학자 대니얼 데닛Daniel C.
Dennett에 따르면 "상대방의 견해를 왜곡·과장하는 버릇을 고쳐주
는 최고의 처방"이다.[4] 데닛은 자신의 저서 『직관펌프, 생각을 열다』
에 래퍼포트 규칙을 간결하게 요약해놓았다. 대화를 잘하려면 다음
의 규칙을 순서대로 따르자.

규칙 1. 우선 상대방의 견해를 명쾌하고 정확하게 재정리해 상대에게서
"고마워, 내가 하고 싶었던 말을 나보다 잘 정리했네"라는 말이
나오게 한다.

규칙 2. 내가 동의하는 점을 조목조목 밝힌다. 특히 상대방의 견해가 일

반적으로 널리 인정되는 사실이 아니라면 더욱 그렇게 한다.

규칙 3. 상대에게서 배운 점을 모두 언급한다.

규칙 4. 이 모든 과정이 끝난 다음에야 한 마디라도 반박하거나 비판할
자격이 생긴다.[5]

물론 래퍼포트 규칙을 지키기는 쉽지 않다. 특히 대화가 치열할
때는 더 그렇다. 하지만 지킬 수만 있다면 대화가 훨씬 더 부드럽고
원활해지는 효과가 있다.

이 규칙의 효과를 구체적으로 살펴보자. 먼저 상대방의 견해를
명확하게 재정리하면 내가 상대방의 견해를 이해하려고 진심으로 노
력했음을 알릴 수 있다. 또 '내가 동의하는 점을 조목조목 밝힌다'는
규칙을 지키면 상대방과의 공통점을 부각할 수 있다. 이는 특히 정치,
종교, 도덕 문제에서 상대방과 의견이 갈릴 때 중요한 점이기도 하
다. 그래야 공동의 기반을 다지고 협력의 틀을 유지할 수 있다. 또 합
의점을 명확히 함으로써, 대화가 막히거나 분위기가 과열될 때 합의
점을 되돌아보고 라포르를 형성해 앞으로 나아갈 수 있다. 마지막으
로, 상대방에게 배운 점을 언급하는 세 번째 규칙은 상호 학습과 존
중의 자세를 권하는 효과가 있다. 내가 상대에게서 뭔가를 얻었음을
밝힘으로써 상대방의 모방을 유도할 수 있다. 교육 분야와 교정 분야
에서는 이를 '친사회적 모델링'이라고 부른다.[6] 친사회적 행동의 본
보기를 먼저 보이는 것이다. 래퍼포트 규칙은 상호 존중과 열린 자세
의 본보기를 보여주기 위한 것이다. 설령 상대방이 화답하지 않더라
도, 이 규칙은 협력의 외양을 유지하고 내가 상대방의 의견을 중시함
을 보여주는 효과가 있다.

래퍼포트 규칙에는 본보기 보이기, 듣기, 메신저 잠재우기, 배우기 등 앞서 소개했던 각종 기술과 전략이 총망라되어 있다. 다른 방법과 연계해 사용하면 훨씬 더 원활하고 깊은 대화를 할 수 있다. 또 남의 견해를 비판하거나 반박하기 전에 확실히 이해할 것을 요구하므로, 경솔과 부주의를 막는 안전장치 역할도 한다. 한마디로, 이 규칙은 무례한 대화를 확실히 예방해주는 수칙이라 할 수 있다.

#2 사실 언급 피하기

기독교 근본주의자이자 성경적 창조론자인 켄 햄Ken Ham은 노아의 방주를 155미터 규모의 실물 모형으로 만들어 미국 켄터키주의 '아크 인카운터Ark Encounter'라는 테마공원에 전시해놓았다. 그는 「창세기」의 대홍수 이야기가 문자 그대로 사실이라고 확고부동하게 믿는다.

그는 2014년에 한 공개토론회에서 과학교육자 빌 나이Bill Nye와 만났다. 두 사람에게 창조론과 진화론에 대한 본인의 생각이 바뀔 수 있는 조건이 무엇이냐고 물었더니, 빌 나이는 "근거"라고 대답했고, 햄은 "없다"고 대답했다. 그 어떤 근거도 자신의 믿음을 바꿀 수 없다는 선언이었다.[7]

햄이 그렇게 말하는 것은 설득력 있는 근거를 접하지 못해서가 아니다. 아무리 엄밀한 검증을 거친 과학 논문도, 아니 세상의 어떤 근거도 자신의 믿음을 흔들 수 없다는 뜻이다.[8] 그에게 이 사안은 종결된 문제다. 그는 자신의 믿음이 반증 불가능하다고 믿는다(몇 페이지 뒤에 설명하는 '반증 모색하기' 참고). 빌 나이는 토론 중에도 그 이후에도 수많은 사실을 햄에게 제시했지만, 햄의 생각을 조금도 바꿀 수 없었다.

사실 햄과 같은 사람을 상대하려면 사실의 언급을 피해야 한다. 물론, 그렇다고 근거를 무시하거나 그런 태도를 상대방에게 권하라는 말은 아니다. 다만 '사실'은 때를 가려 조심스럽게 거론하지 않으면 역효과를 부르기 쉽다는 말이다.

| 사실을 기피하는 사람들 |

근거를 바탕으로 믿음을 형성하려고 평소에 노력하는 사람이라면, 한 가지 이해하기 어려울 만한 사실이 있다. 바로 모든 사람이 그런 식으로 믿음을 형성하지는 않는다는 것이다. 우리는 상대방에게 명확한 근거만 보여주면 그 사람이 믿음을 버릴 것이라고 착각하기 쉽다. 하지만 애초에 사람이 무언가를 믿는 이유는 다른 근거를 접하지 못해서가 아니라 바로 '근거를 바탕으로 믿음을 형성하지 않기 때문'일 때가 많다. 합리적 논거를 꼼꼼히 살펴서 믿음을 형성하는 사람은 극소수에 불과하다. 설상가상으로, 그럼에도 자기 믿음을 뒷받침하는 근거가 '있다고' 믿는 사람이 대부분이다. 일례로 햄은 그렇게 믿는 것을 직업으로 삼은 사람이다. 자신의 기존 믿음을 뒷받침하는 사항에만 관심을 두기 때문이다.

우리는 근거를 바탕으로 믿음을 형성하는 데 대개 서투르다. 믿음이 틀렸음을 확인하기보다는 옳음을 확인하는 데 주력하는 성향이 있기 때문이다. 근거를 제대로 접하지 못해서가 아니다. 사람은 누구나 이미 가졌거나 갖고 싶은 믿음을 뒷받침하는 근거만 쏙쏙 뽑아 그

것을 바탕으로 믿음을 형성하는 성향이 있다.[9] 또 대부분은 믿음을 먼저 형성한 다음 그 믿음을 뒷받침하는 근거와 논거를 찾아 나서곤 한다.[10]

창조론이 거기에 딱 부합하는 예다. 진화의 증거는 과학적으로 논란의 여지가 없을 만큼 압도적이지만, 미국인의 34퍼센트는 진화론을 전혀 믿지 않는다. 그리고 단 33퍼센트만이 인간을 비롯한 생명체가 오로지 자연적인 과정에 의해 진화했다는 믿음을 표명한다.[11] 극소수의 예외를 제외하면, 이는 진화에 관한 증거나 설명을 접하지 못했기 때문이 아니다. 이 믿음에는 증거와 무관한 각종 요인이 자리하고 있다. 이를테면 도덕성(창조론을 믿거나 믿는 척하면 도덕적인 사람이라는 생각)이라든지 사회적 요인(자신이 속한 공동체에서 누구나 그렇게 믿거나 믿는 척하고 있으며, 진실 모색보다 타인과의 융화가 더 중요한 상황) 등이다.[12] 도덕적 사고와 사회적 사고가 이성적 사고를 압도한 경우라고 볼 수 있다.[13]

도덕적, 사회적 믿음이나 정체성 차원의 믿음을 바꾸려고 할 때, 근거나 사실을 제시하는 행동은 거의 도움이 되지 않는다. 믿음에 반하는 근거를 제시받으면 믿음을 오히려 더 확신하게 되는, 역화 효과가 있음을 잊지 말자(1장의 주석 34번과 47번을 참고). 역화 효과가 일어나면 상대방이 기존 믿음을 한층 더 고수하면서 대화가 교착되고, 결국 노력은 헛수고가 되기 쉽다. 역화 효과를 유발하는 주범은 다름아닌 '사실'이다.[14] 근거가 사람의 생각을 바꾸지 못하는 데는 여러 가지 심리적, 사회적 이유가 있지만, 가장 중요한 이유는 '선한' 사람이 되려는 마음이 크다는 것이다. 그래서 객관적 사실보다는 주변 사람에게서 받는 영향에 믿음의 내용이 훨씬 크게 좌우되는 것이라고

볼 수 있다.[15]

예를 들면 백신 반대론자들은 좋은 부모가 되는 것이 무엇보다 큰 관심사인 사람들이다. 그리고 "'자연'은 좋고 '인공'은 나쁘다"와 같은 각종 믿음에 기초해 백신에 대해 잘못된 믿음을 품고, 좋은 부모가 되려면 백신 거부가 대단히 중요하다는 결론에 이른 사람들이다. 만약 자기 자녀에게 백신 접종을 했는데 뭔가가 잘못된다면 부모로서 그런 선택을 한 자신을 어떻게 용서할 수 있겠는가? 하지만 만약 자기 생각이 잘못이었고, 생명을 구할 수도 있는 예방 조치를 자녀에게 해주지 않은 셈이라면? 그건 더 큰 문제다.

결론적으로, 상대방에게 사실을 제시하면 당연히 의견을 바꾸리라 생각하기 쉽지만, 그런 일은 거의 절대 일어나지 않으니 주의해야 한다.

| 근거를 제시하지 않고 대화하려면 |

사실이나 근거를 거론하지 말아야 할 이유 하나는 상대방의 방어 의식을 자극하지 않기 위해서다. 특히 상대방이 바보처럼 '패배'하게 될 것 같다면 더욱더 그러지 말아야 한다. 물론 논쟁 상황이라면 이야기가 다르겠지만, 대부분의 대화는 논쟁이 아니며 논쟁처럼 임해서도 안 된다. 또 상대방이 종교, 애국심, 애교심 등 어떤 믿음을 형성하는 데 많은 시간과 노력과 비용을 들였거나 그 믿음을 중심으로 한 공동체에 속해 있을 경우도 그렇다.

논쟁에 돌입해 사실과 근거를 거론하려는 이유는 아마 상대방이 생각을 바꿀 수 있도록 돕고자 함일 것이다. 하지만 믿음을 '버리게' 하려고 설득하면, 상대방은 오히려 기존의 믿음을 '꽉 붙잡을' 가능성이 크다. 사실을 거론하면 상대방은 방어 의식을 느끼게 된다. 그렇게 되면 내가 말한 사실을 깎아내릴 논거를 궁리하고, 원하는 사실을 취사선택해 자기 논거를 더 튼튼히 보강하려 할 것이다.

상대방의 생각을 바꾸려는 의도로 사실을 거론할 때는 극히 드물게 도덕, 사회, 정체성 문제가 결부되지 않은 상황을 제외하면(6장에서 논한다), 상대방은 믿음을 더 굳게 지키려고 하게 된다. 상대는 심지어 이를 방어 논리를 개발하고 연마하는 기회로 삼을 것이다. 그러고는 자신의 잘못된 믿음이 확실한 근거와 타당한 추론에 기초한 것이라고 믿게 될 수도 있다.

근거를 제시하지 말아야 한다면, 도대체 어떻게 해야 할까? 여기엔 몇 가지 대응 방법이 있고, 모두 효과를 기대할 수 있다.

1. 문제점이나 모순점이 드러나는 질문을 한다.
예를 들어 상대방이 영혼의 무게가 3킬로그램이라고 믿는다면, 이렇게 묻자. "몸무게가 2킬로그램인 아기도 3킬로그램짜리 영혼이 있다고 생각해?"[16]

2. 인식 원리에 주목한다.
일단 상대방이 '왜' 그렇게 믿는지 완전히 이해해야 한다. 그러고 나면, 명확한 질문을 던져 상대방의 결론(영혼의 무게는 3킬로그램)과 상대방이 내놓은 인식 근거("어떤 독일 과학자가 실험해보니 사람이 사망하는 순간 몸무게가 3킬로그램 줄어드는 것으로 측정됐다고 하더라") 사이의 연결 고리를 끊어볼 수 있다.

3. 위의 두 방법을 반증 질문과 결합한다.

(반증 질문은 다음에서 이어질 '반증 모색하기'에서 설명한다) 어떤 근거가 나오면 영혼의 무게에 관해, 그리고 본인이 말한 근거의 신뢰성에 관해 생각을 바꾸겠냐고 묻는다. 이렇게 묻자. "만약 그 실험이 재현이 안 된다면? 그러면 생각을 바꿀 거야?"

| 사실을 다루는 방법 |

대화 중 사실을 거론해야 할 때는 딱 한 경우뿐이다. 바로 상대방이 분명히 요청했을 때다. 설령 그런 상황이 온다고 해도 상대방의 뜻을 다시 한번 확인하는 것이 좋다. 또 정확한 사실이라는 확신이 없으면 말하지 말자. 그리고 상대방에게도 내가 말한 사실이 정확한지 따로 확인해보라고 권하자.

만약 사실을 거론하게 되면, 의구심을 함께 표현해 겸허한 자세의 본보기를 보인다. 가령 이렇게 말한다. "내가 잘못 알고 있을 수도 있는데, 난 [X]라고 알고 있어(2장의 '본보기 보이기' 참고)." 상대방이 사실을 요청하는 건 궁금해서가 아니라 논쟁을 벌이기 위해서일 수도 있다. 아니면 나의 무지를 드러내어 논쟁에서 이기기 위해서일 수도 있다. 상대방이 판 함정에 빠지지 않으려면 "내가 잘못 알고 있을 수도 있는데"라든지 "내가 알기로는"이라고 말한다.

사실을 다루는 구체적인 방법을 알아보자.

1. 사실을 거론하지 않는다.

상대방의 방어 의식을 자극해 대화를 논쟁으로 만들지 않는다. 특히 의심 주입하기가 목표라면 꼭 명심하자.

2. 꼭 사실을 거론해야겠으면, 반증 조건을 묻는 형태를 취한다.

사실을 거론할 때는 진술보다 질문의 형태를 취하는 편이 거의 항상 더 바람직하다. 진술은 논쟁을 부르고, 질문은 대답을 낳기 때문이다. 다시 말해, "그 생각을 바꿀 만한 사실이나 근거가 있다면 뭘까?"라고 묻는다. 그러면 내가 어떤 사실을 거론해야 할지도 알 수 있는 것은 물론, 상대방이 문제를 어떻게 개념화하고 있는지 알아볼 수 있다. 예를 들어 상대방이 "수정이 되는 순간 영혼이 몸에 깃든다"고 믿는다면(낙태와 줄기세포 연구에 반대하는 이유가 될 수 있다), 그 믿음을 바꿀 만한 근거는 무엇이냐고 묻는다. 상대방이 "수정이 되는 순간 영혼이 몸에 깃들지 않는다는 증거가 있냐?"라고 대답한다면, 가령 일란성 쌍둥이의 경우 종교에서도 두 영혼으로 간주하는 것으로 보이지만, 수정 순간에는 난자 하나와 정자 하나가 결합했을 뿐이라는 사실에 관해 어떻게 생각하는지 물어볼 수 있을 것이다.[17] 그렇게 말한 다음에는 상대방의 생각이 바뀌었는지 물어보아도 좋다. 상대방이 필요하다고 한 사실을 제시할 수 있다면, 신중하게 제시한다. 제시할 수 없다면 "그런 정보는 나도 없네. 찾아보고 알려줄게"라고 말한다.

3. 상대방이 사실을 제시해달라고 청하면, 듣고 싶은 게 맞는지 의향을 다시 한번 확인한다.

상대방이 그렇다고 하면, 일단 전제를 깔자. "내가 잘못 알고 있을 수도 있는데, 내가 알기로는…"이라고 말한다. 겸허한 자세의 본보기를 보이면서 내 믿음이 반증 가능함을 알리는 효과가 있다.

#3 반증 모색하기

'반증disconfirmation(과학철학에서는 '확증, 입증confirmation'의 반대라는 뜻에서 '반확증'이나 '반입증'으로 번역하여 더 강한 의미의 '반증falsification'과 구분하기도 하지만 이 책에서는 간단히 '반증'으로 번역했다. 이 책에서 이 용어가 어떻게 쓰였는지에 관한 저자의 설명은 이 장의 20번 주석을 참고-옮긴이)'이란 어떤 진술, 가설 등이 옳지 않거나 옳지 않을 수 있음을 보이는 것을 뜻한다.[18] 피터는 아버지의 친구인 'DB'와 다음과 같은 대화를 나눈 적이 있다. DB는 경제적, 사회적으로 보수 성향이고, 나이는 60대 초반이며, 은퇴자 주거단지에 살고 있었다.

> **DB:** 언론이 편파적으로 트럼프를 공격하는 게 너무 명백하잖아. 인정을 못 하는 거야, 아니면 그런 생각을 안 하는 거야?
>
> **피터:** 어느 쪽도 아니에요. 그냥 가장 전형적인 예가 뭘까 궁금해서요. 어떤 예가 있을까요?
>
> **DB:** 말했잖아. 그 러시아 어쩌고 하는 수작을 봐. 다 헛소리지. 여하튼 진보 언론들이 다들 못 잡아먹어서 안달이라니까.
>
> [DB는 트럼프에게 제기된 혐의가 모두 거짓인 이유를 몇 분간 설명했다.]
>
> **피터:** 그렇군요. 그럼 아저씨 생각이 바뀌려면 어떤 조건이 필요할까요? 그러니까, 트럼프가 대선 전에 러시아와 공모한 게 사실임을 아저씨가 수긍할 수 있는 근거라면 어떤 게 있을까요?
>
> **DB:** 내가 지금 설명했잖아. 다 거짓말이라고.
>
> **피터:** 가상의 상황을 생각해보자는 거죠. 어떤 근거가 나오면 아저씨가

수긍하실 수 있을까요? 아저씨가 설득될 만한 근거요. 제가 그런 근거를 내놓을 수 있다는 얘기는 아니고요. 혹시 그런 게 있을까 궁금해서요.

DB: 근거가 있을 수 없지. 다 헛소리라니까.

피터: 네… 제가 설명을 잘 못한 것 같은데요, 이렇게 한번 여쭤볼게요. 만약 위키리크스에서 트럼프 캠프의 고위 관계자가 쓴 이메일을 입수해서 공개했는데, 러시아와 공모한 사실이 자세히 나와 있는 거예요. 그럼 믿으시겠어요?

DB: 아니. 그럼 위조한 거겠지.

피터: 다른 출처에서 또 다른 이메일이 유출됐는데 역시 그런 사실이 담겨 있다면요?

DB: 소용없어, 그것도 위조한 거겠지.

피터: 만약 푸틴 대통령이 러시아 TV에 나와서 대선 전에 트럼프와 공모했다고 전 세계에 발표한다면요? 그럼 믿으시겠어요?

[짧은 정적]

DB: 아니. 그랬다면 그건 미국 대통령 명성을 실추시키려는 짓이겠지. 다 뻔한….

피터: 말 끊어서 죄송해요. 만약 트럼프가 증인 선서를 하고 나서 그렇게 시인했다면요? 그럼 믿으시겠어요?

[긴 정적]

DB: 모르겠네.

| 그 믿음이 잘못일 수 있는 조건은? |

의심을 불어넣고 생각의 변화를 유도하는 데 가장 효과적인 기법은

다음의 질문을 던지는 것이다. "[X]라는 믿음이 잘못일 수 있는 조건은 무엇인가?"[19] 다시 말해, 믿음을 반증할 수 있는 조건을 묻는 것이다. 이것을 반증 질문이라고 한다.[20]

가상적으로든 원칙적으로든 어떤 믿음이 반증 가능하다고 하면, '그 믿음이 잘못일 수 있는 조건이 있다'는 뜻이다. 반면 반증 불가능한 믿음은 어떤 조건에서도 잘못일 수 없다. 절대적인 불변의 진리다.[21] 예를 들면, "지구 외의 행성에도 지적 생명체가 있다"라는 주장은 반증할 수 있다. 우리가 최초일 수도 있으니까. 누가 되었든 최초는 있기 마련이다.[22]

논리학과 수학의 진리는 일반적으로 반증 불가능한 것으로 인정된다. 가령 7 + 5가 12가 아니게 되는 조건은 있을 수 없다. 마찬가지로 정의상 참일 수밖에 없는 명제가 있다. 예를 들면 "총각은 결혼하지 않은 남자다"라는 명제는 '총각'의 정의가 '결혼하지 않은 남자'이므로 반증 불가능하다. 총각이 결혼하지 않은 남자가 되는 조건은 있을 수 없다. 7 + 5가 12가 되지 않는 조건이 있을 수 없는 것과 같다.

상대방이 자기 믿음이 잘못일 수 있는 조건이 '있다'고 인정한다면, 반증 가능한 믿음을 가진 것이다.[23] 반면 자기 믿음이 잘못일 수 있는 조건이 '없다'고 생각한다면, 반증 불가능한 믿음을 가진 것이며, 자기 믿음을 절대적인 불변의 진리로 간주하는 게 된다. 예컨대 "인간 복제는 도덕적으로 옳지 않다", "낙태는 도덕적으로 정당하다", "동성애자의 자녀 입양을 허용해선 안 된다" 등의 믿음을 지니고 있고, 그 믿음이 자기 머릿속에서 반증 불가능한 사람은 그 믿음을 무조건적 진리라고 생각하는 게 된다.

보통 우리는 상대방의 생각을 바꾸기 위해 근거 등을 제시하면서 뭔가를 가르치려고 애쓰거나 다른 믿음을 받아들이라고 설득하려고 한다. 한마디로, 메시지를 전달하기 일쑤다. 이는 잘못된 전략이다. 상대방의 생각 변화를 유도하는 가장 쉽고 빠른 방법은 반증 질문 던지기다.[24]

| 외계인이 훔친 맥주 트럭 |

친구를 옆에 태우고 차를 운전하는데, 앞에 맥주 운반 트럭이 가고 있다고 하자. 친구가 "저 트럭에 맥주가 가득 실려 있다!"라고 외친다. 내가 "어떻게 알아?"라고 하니 이런 답이 돌아온다. "옆에 '맥주'라고 쓰여 있잖아. 운전자가 배달 기사 유니폼 입었고. 지금 대낮이고."

여기서 발상의 전환을 해보자. "어떻게 알아?"는 상대방을 생각하게 만드는 강력한 질문이긴 하지만, 최상의 질문은 아니다. 왜인지 설명해보겠다. 우선 이 질문은 우리가 의도하는 효과를 가져오지 못한다. 친구가 우리 차 앞에 나타난 맥주 트럭을 보고 "저 트럭에 맥주가 가득 실려 있다!"라고 했을 때, "어떻게 알아?" 하면 친구는 '너 바보니?' 하는 표정으로 바라보거나 아니면 당연한 이유를 댈 것이다. "아, 트럭에 '맥주'라고 쓰여 있잖아!" 하는 식으로 말이다. 즉 "어떻게 알아?"라는 질문은 상대방의 인식 원리를 건드리긴 했지만, 상대방의 생각을 바꾸는 데는 아무 도움이 되지 않는다. 알다시피 사람은 자기 믿음을 확증하는 근거는 열심히 찾지만, 믿음에 반하는 근거는 무시하는 경향이 있다. 그래서 근거를 말하라면 자기가 활용한 근거를 보통 또박또박 잘 말한다. 상대방에게 의심을 유발하려면 그 인식적 맹점을 직접 파고들어야 할 때가 많다.[25] 더 복잡한 문제, 이를테면 도덕, 정치, 경제 관련 문제인 경우도 비슷하다.

또 반례를 제시하는 행위도 도움이 거의 되지 않는다. 오히려 상대방의 믿음을 더 굳어지게 할 수도 있다. 만약 우리가 "운전자가 차량 탈취범일 수도 있잖아"라고 했다고 하자. 그럼 이런 대답이 돌아올 만하다. "야, 무슨… 차량을 탈취했다는 근거가 없는데 왜 그런 의심을 해?" 내가 "어떻게 알아?"라고 물은 다음 반례까지 제시했으니, 상대방이 거기에 맞서 떠올린 이유는 모두 자기의 기존 믿음이 옳다는 확신을 더 굳히는 역할만 할 것이다. 결과적으로 믿음은 더 단단히 고착된다. 그럼 우리는 '역개입counter-intervention'을 실행한 셈이 된다. 상대방에게 의심의 씨앗을 심어주기는커녕 기존 믿음을 더 굳혀놓은 것이다.

숙련된 개입 전문가는 그런 실수를 저지르지 않는다. 상대방에게 무언가를 어떻게 알게 되었는지 묻는 것은 중요하지만, 개입 전문가의 기본 수단은 '반증 질문'이다. 다시 말해, 타인의 인지에 능숙하게 개입하는 사람은 "그 믿음이 잘못일 수 있는 조건은 뭘까?"라는 식의 질문을 던진다.

앞에 든 예에서는 다음처럼 열린 반증 질문을 생각해볼 수 있다. "어떤 경우에 저 트럭에 맥주가 가득 실려 있다는 믿음이 틀릴 수 있을까? 그러니까, 그 믿음이 잘못일 수 있는 조건은 뭘까?"[26] 이때 친구가 할 수 있는 대답으로 다음 네 가지를 생각해보자.

첫 번째: "내 믿음은 잘못일 리가 없어."

두 번째: 현실성이 터무니 없이 떨어지는 조건("외계인이 트럭을 탈취해서 맥주를 다 내버리고 광선총을 실은 경우겠지.")

세 번째: 현실성 있는 조건("배달 기사가 맥주를 다 배달하고 다시 가지러 가는 경우겠지.")

네 번째: "모르겠는데."

친구가 첫 번째처럼 말했다면, 친구의 믿음은 반증 불가능하다. 어떤 근거로도 생각을 바꿀 수 없는 상태다. 여기서 '친구의 믿음이 반증 불가능하다'는 말은, 그러한 믿음 자체가 반증 불가능하다는 뜻이 아님에 유의하자. 친구의 믿거나 믿지 않는 마음 상태를 바꿀 수 없다는 뜻이다.

두 번째의 경우에는 현실성이 터무니없이 떨어지지만, 그래도 친구는 자기 믿음이 잘못일 수 있는 조건을 제시했다. 그러므로 친구의 믿음은 반증할 수 있다. 다만 충족되어야 할 기준을 터무니없이 높게 잡았다.

세 번째의 경우에는 누가 봐도 두 번째보다 현실성이 훨씬 높아 보인다. 그 조건이 충족된다면 친구의 믿음을 반증할 수 있다.

네 번째처럼 모르겠다고 답했다면, 친구의 믿음은 반증이 가능할 수도 불가능할 수도 있다. 어느 쪽인지 알려면 대화를 더 나눠봐야 한다. 이 경우는 더 질문해보면 결국 어느 한 유형으로 귀착될 테니 여기서 더 자세히 논하지는 않겠다.

다시 말해, 어떤 사람의 믿음은 반증 가능성 면에서 크게 반증 불가능, 반증할 수 있으나 터무니없이 비현실적인 조건으로만 가능, 반증 가능 이라는 세 가지로 나눌 수 있다.[27]

이제부터 각 경우에 필요한 대화 전략을 차례로 살펴보자.

| 반증 불가능한 믿음 |

'무언가를 안다'는 주장을 '지식 주장'이라고 한다. 어떤 믿음의 반증 가능 여부는 일종의 지식 주장이다. 어떤 믿음이 반증될 수 없다, 즉 어떤 믿음이 잘못임을 증명할 조건이 존재하지 않는다는 말은, 현실의 어떤 영역에 대한 절대적 지식의 주장이다. 만약 제니퍼가 "지구 밖의 우주 어딘가에는 지적 생명체가 존재한다"라는 명제가 가상적으로도 반증이 전혀 불가능하다고 주장한다면, 제니퍼는 우주의 어떤 점에 대해 자기가 절대적으로 확실하게 알고 있다고 주장하는 게된다.

이 점은 무척 중요하니 다른 말로 다시 표현해보겠다. 어떤 사람이 '내 믿음은 반증 불가능하다'고 말한다면, 현실의 일면에 대해 '절대적으로 확신한다'고 주장하는 것이다. 구체적으로, 어떤 특정한 상황은 절대 존재할 수 없음을 안다고 주장하는 것이다. 위의 예를 다시 살펴보자. 제니퍼는 우주에 인간 외의 지적 생명체가 있음을 안다고 주장하고 있다. 제니퍼의 믿음은 인식적으로 꽉 닫힌 상태여서 바뀔 수 없다. 철학자들이 '인식적 폐쇄'라고 부르는 상태다.

자기 믿음은 반증될 수 없다고 말하는 상대방과 생산적으로 대화하는 방법은 무엇일까? 먼저 이때 해서는 안 될 행동을 알아보자. 바로 반대되는 근거를 제시하는 것이다(앞서 살펴본 '사실 언급 피하기' 원칙). 앞서 예로 들었던 트럼프 대통령에 관한 대화를 다시 생각해보자. 피터가 만약 반대되는 근거나 사실을 제시했다면, DB는 의견을 더 강하게 고수하며 트럼프가 러시아와 공모했을 가능성을 자기에게 납득시키려 하는 것이냐고 따졌을 것이다.

그렇다면 자기 믿음이 반증 불가능하다고 주장하는 상대방과 어떻게 대화해야 할까? 상대방의 믿음이 잘못일 수 있는 상황이나 이유를(근거가 아니다) 질문 형태로 제시하자. 앞의 맥주 트럭 사례의 경우 이렇게 물어볼 수 있다. "만약 맥주 배송 기사가 마지막 배송지까지 다 돌고 빈 트럭으로 복귀하는 중이라면?" 어떤 믿음이 잘못일 수 있는 조건을 제시한다면, 반증 불가능한 믿음이 반증 가능한 믿음으로 바뀌는 효과가 있을 수 있다.

그와 같은 반증 질문을 거듭하여 던져도("만약 타이어가 펑크 나서 정비받고 오는 길이라면? 아니면 에어컨이 고장 나서 정비받으러 가는 길이라면?") 성과가 없다면, 대화의 목표를 재고해야 할 수도 있다. 상대방의 믿음은 워낙 확고부동하여 정말로 상대방의 마음속에서 반증 불가능한지도 모른다. 상대방이 자기 믿음이 잘못일 수 있는 조건이 '절대' 존재하지 않는다고 딱 잘라 단언하면서 아무리 그럴 법한 조건을 내놓아도 일축해버린다면, 믿음이 잘못일 수 있는 조건을 논한다는 게 아무 의미가 없을 수도 있다.[28] 상대방의 믿음이 정말 반증 불가능한지 아닌지 알아보는 방법은 그럴 법한 반증 질문/조건을 던지고 반응을 살펴보는 것뿐이다.

보통 이런 대화를 진전시키려면 다른 방법이 없다. 인식 원리, 즉 '어떻게 아는지'에서 초점을 돌려 정체성 및 도덕성 질문(6장에서 자세히 다룬다)에 초점을 맞춰야 한다. 이를테면, "어떤 특성을 가진 사람이 그 생각을 지지할까? 반대로, 동의하지 않는 사람이라면?"(정체성), "그 생각을 버린다는 건 네게 어떤 의미야? 그러면 어떤 일이 일어날까?"(정체성과 도덕성), "그렇게 믿지 않는다면 나쁜 사람이 되거나 되지 않는 이유는?"(도덕성)처럼 묻는다. 모두 반증 질문이 아니라 '어떤 의미가 있는지'를 묻는 교정 질문임에 유의하자.

이는 사실 대단히 중요한 초점 이동이다. 반증 불가능한 믿음의 대부분은 '좋은 사람이란 어떤 사람인가'라는 의식과 관련이 있기 때문이다. 맥주 트럭의 예는 반증의 개념을 설명하는 데는 유용하지만, 현실적이진 않다. 맥주 트럭의 적재물에 관해 반증 불가능한 믿음을 가진 사람은 없다고 봐도 좋을 것이다. 트럭에 맥주가 실렸는지 아닌지가 자기 삶에 도덕적으로 중요한 사람은 없을 테니까. 대니얼 데닛은 그 밑바탕에 깔린 믿음을 '믿음에 대한 믿음'이라고 부른다.[29] 즉 어떤 믿음을 가지면 더 좋은 사람이 된다는 믿음이다. '좋은 사람은 [X]를 믿으므로 나도 [X]를 믿어야 하며, 내가 [X]를 버리면 나쁜 사람이 될 것이다'라는 식이다. 그 믿음 때문에 타당한 반증 기준을 제시해도 인정하지 못하는 것이다.

정리해보자. 이런 대화는 얼핏 보기에 가정('만약 화성에서 생명체가 발견됐다면?') 또는 사실('화성은 태양에서 너무 멀리 떨어져 있어 생명이 살 수 없다')의 차원에서 진행되고 있는 것 같지만, 실제로는 좋은 사람이란 어떤 사람이고('좋은 사람은 그런 믿음을 바꾸지 않는다') 나쁜 사람이란 어떤 사람이냐가('나쁜 사람은 그런 믿음을 갖지 않는다') 핵심이다. 여기서 '그런 믿음'의 예를 든다면 '하느님은 지구에만 생명체가 살게 만드셨고, 이는 내 종교의 중심에 있는 믿음이며, 내 종교는 좋은 사람이 믿는다' 등이 될 수 있겠다.

그런 사람이 믿음을 수정하기 어려운 이유는, 아무리 생각해도 자기 믿음이 잘못일 수 있는 조건이 없기 때문이 아니다. 믿음의 수정은 곧 자신이 가진 (도덕적) 정체성의 훼손을 뜻하기 때문이다.[30] 다시 말해, 어떤 사람의 생각을 바꾼다는 것은 지적이거나 인식적인 차원이 아니라 도덕적인 차원의 일일 때가 있다. 사실을 거론함으로써 상대방의 생각을 바꾸기가 극히 어려운 이유를 여기서도 찾을 수 있다. 또한 반증 질문을 진지하게 고려해보려 하지 않는 행동은 자신의 믿음을 지켜낸, 도덕적으로 옳은 사람이라는 만족감을 준다.[31] 가령 주삿바늘 교환 프로그램(주삿바늘을 통한 질병 전파를 막고자 약물 사용자가 쓴 주삿바늘을 새것으로 무료 교환해주는 공공 서비스. 미국 여러 주에서 시행되고 있으나, 약물 남용 조장을 우려해 반대하는 의견이 있다─옮긴이)에 반대하는 사람을 생각해보자. 그런 사람이 생각을 바꾸려면, 많은 사람의 고통을 줄여줄 수 있는 좋은 일에 자기가 반대했음을 시인해야 하는 어려움이 있을 것이다.

| 터무니없이 비현실적인 조건으로만 반증 가능한 믿음 |
반증 조건을 묻다 보면 상대방이 워낙 터무니없이 비현실적인 조건을 말해서 당혹감이 들 때가 있다.[32] "어떻게 저런 생각을 할 수 있지? 너무 황당한 조건이잖아. 저런 말을 꺼내는 이유가 뭘까?"라는 생각이 들 수도 있다. 그럴 때는 대화를 이어가기 전에 현재 상황에 비추어 내 목표가 적절한지 생각해보는 게 좋다. 또 상대방이 정신적으로 불안정한 상태일 수도 있으니, 그런 경우는 대화를 끝내고 자리를 피하는 편이 나을 것이다. 의심스러우면 일단 발을 빼자.

정신이 온전한 사람이 터무니없이 비현실적인 반증 조건을 주장하는 예는 신학 분야에서 흔히 찾아볼 수 있다. 상대에게 "예수가 부활했다는 당신의 믿음을 수정하려면 어떤 조건이 충족되어야 하는가?"라는 반증 조건을 물었다고 해보자. 터무니없이 비현실적인 대답을 하는 예라면 "예수의 유골을 보여달라"가 있을 것이다.[33] 만약 예수의 유골을 눈앞에 보여준다면 예수가 승천했을 수 없으니 예수가 하느님의 아들이라는 믿음을 접겠다는 뜻이다. 하지만 이런 대답을 내놓는 사람은 초월적인 이유에서가 아니더라도 예수의 유골을 제시한다는 건 불가능함을 잘 알고 있다. 무엇보다, 설령 누가 예수의 유골이라고 주장하면서 어떤 유골을 내놓는다고 해도 인정하지 않을 게 틀림없다.[34]

이 예에서 흥미로운 점은, 그 사람은 가능한 '모든' 방법을 써서 그 유골이 예수의 유골이 아님을 증명하려고 하리라는 것이다. 동원할 수 있는 모든 수단을 능수능란하게 활용해 반박에 나설 것이다. 전문기관에 의뢰해 유골의 정밀한 검사를 요청할 것이고, 유골의 신원을 특정할 수 없음을 밝히는 등 반박하기에 충분한 조건을 달성하려 할 것이고, 그 밖에도 유골의 진위를 밝히려면 어떤 과정을 밟아야 하는지 잘 알고 있을 것이다. 이 가상의 예는 중요한 사실을 시사한다. 터무니없이 비현실적인 반증 조건을 내거는 사람이라 할지라도, 타인의 주장과 관련해서는 반증 방법과 인식 원리뿐 아니라 과학적 검증 방법까지 완벽히 이해하고 있다는 사실이다.

이 이야기의 교훈은 그뿐이 아니다. 누군가가 제시한 유골이 실제로 예수의 유골이 맞는다고 해보자. 과학계의 의견도 압도적으로 그렇다고 하자. 그럴 때 그 반증 조건을 내걸었던 사람은 어떻게 할까? 그는 아마 모든 반박 수단을 소진하고 나서도, 부활에 대한 믿음을 수정하지 않을 것이다. 가령 모든 과학적 발견은 절대적으로 확실한 진리일 수 없다는 등의 이유를 들 것이다. 지금 이 말은 무턱대고 하는 주장도 아니고, 누구를 모욕하려는 의도도 아니다. 실제로 수많은 기독교 신자들이 「창세기」 6장에서 9장에 기술된 노아의 방주의 역사적 사실성에 대해 정확히 그런 태도를 보인다.[35] 터무니없이 비현실적인 반증 조건을 제시하는 행동에는 거의 항상 인식적 이유가 아닌 도덕적 이유가 있다.

터무니없이 비현실적인 반증 조건을 내거는 경우는 얼핏 반증 가능한 믿음처럼 보일 수도 있지만, 실제로는 그렇지 않다. 사실과 근거를 바탕으로 한 믿음이 아니라 도덕적 동기에 따른 믿음이기 때문이다. 그렇다면 그런 상대방과 대화할 때 다루어야 할 주제는 무엇일까? 그 믿음 자체가 아니다. 어떤 과정으로 그 믿음에 도달했느냐도 아니다. 바로 그 믿음을 가져야 한다는, 또는 갖지 말아야 한다는 믿음이다. 다시 말해 '믿음에 대한 믿음'이다.

터무니없이 비현실적인 반증 조건을 내거는 사람은 대부분 자기 믿음이 객관적으로 반증할 수 없다는 사실을 알고 있다. 그런데도 그런 대답을 내놓는 이유는 자기 자신이나 대화 상대, 혹은 주변 사람에게 공정하고 합리적이며 생각이 열린 사람으로 보이고 싶어서다. 터무니없이 비현실적인 반증 조건을 제시하는 사람을 상대로 대화하기는 까다롭고 답답한 일이다. 그런 사람은 사실 자신의 확신을 정당화할 근거가 없음을 알고 있으면서도, 그 믿음을 유지해야 할 도덕적 필요성을 느껴서 그러는 경우가 많다. 그런 태도는 진실하지 못할 뿐 아니라, 그런 사람은 그 믿음을 간직하기 위해 자신의 높은 확신도와 객관적 근거 부재 사이의 골을 메울 방법을 찾아야 할 것이다.

그 골을 메우려는 시도는 몇 가지 형태가 있을 수 있다. 우선 도덕적 과잉반응이 있다. 불쾌해하고 화를 내거나 반증 조건을 물은 사람을 죄인, 이단, 불신자, 편견에 빠진 사람, 인종차별주의자 등으로 몰아붙이기 등이다. 또 신앙에 호소하는 등 인위적 방법을 동원해 자신의 확신을 정당화하거나 비밀을 알거나 계시를 받았다고 주장하기, 자신의 결론에 대한 인식론적 설명을 필요에 맞게 완전히 새로 만들어내기 등 자신의 인식 원리를 호도하는 방법도 있다. 아니면 반대자에 대한 집단적 배척이나 공동체와 가족을 통한 불화 조장 등 사회적 조작도 있다.[36]

설상가상으로, 그런 대화 상대는 모종의 수련을 통해 각종 질문을 방어하는 기술을 배웠을 수도 있다. 이를테면 기독교의 신앙 변증 훈련이라든지 일부 정치적·이념적 활동과 관련된 주입 교육 등이 그 예다. 그렇다면, 믿음이 반증할 수 있되 터무니없이 비현실적인 조건으로만 반증 가능한 사람과 대화할 때는 반증 질문을 어떤 식으로 활용해야 할까?

한 가지 방법은 반증 조건이 '왜' 꼭 그것이어야 하는지 묻는 것이다. 다른 기준은 왜 안 되는지 최대한 자세히 설명해달라고 부탁한다. 예를 들어 빅풋(북미의 로키산맥 일대에 산다고 하는, 유인원을 닮은 미확인 동물을 칭한다-옮긴이)의 존재를 믿는 사람이 반증 조건으로 '해당 지역에 사는 동물 전체를 포획해 하나하나 빅풋이 아님을 확인한다'라는 조건을 내놓았다면, 이렇게 물어본다. "잘 이해가 안 되네. 의심의 기준을 그렇게 높게 잡은 이유가 뭐야? 좀 더 간단한 문제를 생각해봐도 의심을 충분히 할 만하지 않을까? 가령 지금까지 빅풋의 사체가 왜 한 번도 발견되지 않았을까 하는 의문에 대해선 어떻게 생각해?" 이때 만약 3장에서 설명한 '척도'로 상대방이 10만큼 확신한다고 대답했다면, "그런 의문을 고려해도 확신의 정도가 9.9로 낮아지지 않는 이유는 뭐야?"라고 물어도 좋다. 목표는 상대방이 더 합리적인 반증 기준을 생각해보게끔 유도하는 것이다. 이렇게 물어볼 수도 있다. "다른 문제에 비해 이 문제에 대해서는 네 반증 기준이 그토록 높은 이유가 뭘까?"

더 합리적인 반증 기준을 놓고 대화해봐도 상대방이 호기심이나 의문을 전혀 보이지 않는다면, 2장에서 배운 '본보기 보이기'를 활용해본다. 내가 생각하는 반증 기준을 물어봐달라고 하는 것이다. 이런 식으로 물으면 된다. "나한테 한번 물어봐줄래? 빅풋이 존재한다는 믿음을 반증할 수 있는 조건을 뭐라고 생각하는지? 그런 다음에 네 의견이 있으면 너도 말해주고."

참고삼아 이야기하자면, 케이블 채널 '애니멀 플래닛'에서 〈빅풋을 찾아서Finding Bigfoot〉라는 프로그램을 아홉 시즌에 걸쳐 방영한 바 있다. 용감하고 끈질기게 빅풋을 찾아 나선 사람들도 아직 빅풋을 발견하지 못했다면, 골수 빅풋 신봉자가 납득할 만한 반증 기준이 과연 무엇일지는 분명치 않다.

지금까지 말한 방법을 모두 써봐도 소득이 없다면, 전략을 바꾸어 믿음의 배경에 깔린 도덕, 가치, 정체성 우려에 관해 직접 물어보자. 이를테면 "빅풋의 존재를 믿는다면, 믿지 않을 때에 비해 어떤 가치가 있어?"라고 묻는다. 참고로 빅풋에 관해 그렇게 묻는 것이 좀 이상하게 느껴질 수도 있지만, 특이한 믿음은 그 배경에 소망, 가치, 정체성 우려 등이 깔린 경우가 많다. 예를 들어 유령의 존재를 믿는 사람은 유령이 존재한다면 사람이 사후에도 존재를 이어갈 방법이 있으리라는 생각에서 그렇게 믿는 경우가 많다. 심지어 빅풋이 존재한다는 믿음도 세상에는 우리가 알지 못하는 것이 많으리라는 믿음에서 기인하는 것일 수 있다.

아니면, 앞에 논했던 예로 다시 돌아가보자. 이런 식으로 묻는다. "만약 어떤 사람이 예수가 부활하지 않았다는 합리적 근거를 받아들여 기독교에 관한 믿음을 바꾼다면, 그 사람은 더 선한 사람이 되거나 더 악한 사람이 될까?" 상대방이 그 질문을 너무 예민하게 받아들이면, 이슬람교, 힌두교, 사이언톨로지교 등 다른 종교로 바꾸어 같은 질문을 한다(즉 2장에서 설명한 '외부자 질문'을 한다). 예를 들면 다음과 같이 묻는다. "만약 어떤 사람이 힌두교의 기본 교리를 부정하는 합리적 근거를 받아들여 믿음을 바꾼다면, 그 사람은 더 선한 사람이 되거나 더 악한 사람이 될까?"

이렇게 좀 더 깊숙한 문제로 들어가 반증 질문을 던짐으로써, 아니면 위의 예에서 기독교 대신 힌두교를 거론한 것처럼 상대방의 믿음과 별개의 믿음을 논함으로써, 방어 자세 유발을 막는 동시에 상대방이 평소에 연습해두지 않았던 대답을 들어볼 수 있다. 어쩌면 상대방은 자기와 믿음이 다르면서도 선량하고 다정하며 점잖은 사람을 이미 알고 있을지도 모른다. 이상의 질문 전략을 택한다면, 터무니없이 비현실적인 조건으로만 반증 가능한 믿음을 가진 사람도 자신의 믿음을 지탱하는 여러 조건에 대해 더 깊이 생각해보도록 유도할 수 있다.

| 반증 가능한 믿음 |
만약 상대방의 믿음이 반증할 수 있고 내건 조건이 타당하다면, 이제 그 조건이 성립하는지 또는 성립할 만한지 알아보는 일만 남았다. 하지만 시작하기 전에, 상대방이 생각을 바꾸는 데 필요한 조건이 정확히 무엇인지 분명히 해두도록 하자.

예를 들어 상대방이 이란의 핵 개발 사업은 평화적인 목적이라고 주장한다고 하자. 구체적으로, 하산 로하니Hassan Rouhani 이란 대통령이 거듭 주장하듯이, 유가 폭락에 대비하기 위한 경제 보호책의 일환이라고 주장한다고 하자.[37] 그렇다면 이렇게 물어보자. "네 생각이 바뀌려면 어떤 조건이 필요해? 내가 가상적으로라도 어떤 근거를 제시한다면 그 믿음이 바뀔 수 있을까?"

상대방이 "이란의 고위급 인사가 핵 개발 사업을 하는 이유가 꼭 평화적 목적만은 아니라고 시인한다면 바뀔 수도 있어"라고 대답했다고 하자. 그러면 다음과 같이 또 물어보자. "'고위급'이라면 어느 정도면 돼?", "대통령 이외에 어떤 사람의 말이면 믿을 수 있어? 헌법수호위원회 위원? 위원 두 명 이상? 이란 고위급 인사 몇 명이면 될까?" 이처럼 충족되어야 할 조건을 '정확히' 해두지 않으면, 조건이 충족되었는지 아닌지를 놓고 나중에 의견이 갈릴 수도 있다.

일단 상대방의 생각이 바뀔 수 있는 정확한 조건에 서로 합의가 되면, 다음으로 정보나 출처의 신빙성을 어떻게 판단할지 이야기해보자(3장의 '아웃소싱' 기법). 우선, 판단은 상대방의 조언에 따른다.[38] 이렇게 물어보자. "내가 [X]라는 내용을 [Y]라는 매체에서 읽었는데, 그 내용이 만약 맞는다면 그것으로 충분할까?" 상대방이 충분하다고 하면, "좋아, 그럼 이제 생각이 바뀌었어?"라고 묻는다. 상대방이 충분하지 않다고 하거나 "그 매체는 사이비 언론사잖아!"라고 하면 대화의 초점을 '어디서 정보를 찾아야 하는지'로 되돌린다. 내가 이란에 대해 아는 게 없다면 즉시 배우는 모드로 전환하자. 상대방에게 질문하다 보면 상대방은 스스로 읽지 않은 장서 효과에 의존하고 있었음을 깨닫게 될지도 모른다.

상대방의 믿음을 반증할 수 있는 경우, 절대 메신저 자세를 취하지 않도록 주의한다. 사실을 전달하지 말자. 하물며 설교는 절대 금물이다. 그러면 반증 작업이 위태로워진다. 상대방이 자기 믿음을 곰곰이 되짚어보고 사실을 납득할 기회가 사라지기 때문이다. 내가 이렇다 저렇다 말하는 것보다 상대방이 스스로 깨닫게 해주는 것이 생각을 바꾸는 데 훨씬 효과적이다. 만약 상대방이 마음을 열고 생각이 흔들리는 상황에 이르렀으면, 상대방의 취약해진 상태를 악용해 내 메시지를 전달해서는 안 된다. 그건 상대방에게 의심을 안겨주고 믿음을 되돌아보게 유도하려는 행동이라고 볼 수 없다. 그저 내 믿음을 그대로 받아들이게 만들려는 행동일 뿐이다. 종교 전도나 물건 강매에서 흔히 볼 수 있는 방식이지만, 윤리적으로 저열한 행위다.[39]

| 반증 질문 도입하기 |

대화에 반증 질문을 도입하는 방법을 정리해보자.

1. 일단 논제를 설정했으면(2장 '질문하기'), 상대방에게 자기 믿음을 얼마나 확신하는지 물어본다(3장 '척도 도입하기').

① '10'이라고 대답했다면 상대방의 믿음은 반증할 수 없다. 그래도 확인을 위해 이렇게 물어본다. "내가 맞게 이해했는지 확인하려고 그러는데, 가상으로라도 그 어떤 근거가 나온다고 하더라도 네 생각이 바뀔 수 없는 게 맞아?" 그렇다고 하면 다음의 몇 가지 방법이 있다. 우선, 배우는 모드로 전환해 반증 질문을 몇 개 더 해보면서 상대방의 믿음에 대해 알아보고, 그렇게 믿는 이유와 인식 원리를 알아본다. 아니면 도덕과 정체성 문제로 초점을 옮겨 '선한 사람이라면 믿음을 수정할 용의가 있어야/없어야 하는가'라는 측면에서 개입을 시도할 수 있다. 아니면 그냥 대화를 끝

내고 자리를 뜨는 것도 좋다.

② '9'라고 대답했다면, 상대방의 믿음은 반증 가능하다. 곧바로 이렇게 물어본다. "그래, 10은 아니고 9라는 말이지. 그런데 궁금하네. 왜 10은 아니야?" 아니면 이렇게 묻는다. "그 확신도를 8이나 7로 조정하게 될 만한 새로운 정보라면 무엇이 있을까?"[40]

③ 상대방이 9를 포함한 중간 수준의 척도로 대답한 경우에는 위의 ②처럼 두 가지 중 하나로 물어볼 수 있다. 확신도를 낮출 수 있는 조건을 물을 수도 있고 "확신도를 왜 더 높게 잡지 않았어?"라고 비직관적인 질문을 던질 수도 있다. 이어지는 5장에서 더 자세히 논하겠지만, 이 방법을 쓰면 믿는 이유보다 '의심하는' 이유 쪽으로 상대방의 생각을 돌릴 수 있다. 확증보다 반증에 초점을 맞추는 방법이다.

④ 상대방의 믿음이 터무니없이 비현실적인 조건으로만 반증할 수 있는 경우라면, 대화를 계속할지 여부를 정해야 한다. 계속하기로 했다면 반증 질문과 외부자 질문을 이용해 대화를 풀어나가자. 마지막으로, 상대방의 태도가 진실하지 않다는 생각이 든다면 그런 우려를 솔직하게 제기한다. 그럴 때는 상대방에게 합리적인 대화자의 역할을 부여해 '합리적인 사람이라면 어떻게 생각할까'를 중심으로 대화의 프레임을 바꾸는 방법을 권한다.

2. 반증 불가능한 믿음을 가진 상대방과 대화를 이어나가고자 한다면, 다음의 순서로 질문한다.

① 인식에 관한 질문

・"그럼 근거에 기반한 믿음이 아닌 거지?"

- "다른 믿음도 그렇게 확고부동하게 믿는 편이야? 아니면 이 믿음만 그래? 이 믿음은 어떤 점에서 특별해?"
- "그 밖에도 바꿀 의향이 없는 믿음이 있다면 어떤 게 있어?"

② 도덕에 관한 질문
- "그 믿음을 바꾸지 않는다는 건 어떤 점에서 미덕이지?"
- "그 믿음을 지니지 않는다면 선한 사람일까?"
- "그 믿음을 지니지 않지만 선한 사람의 예로는 누가 있지?"

인식에서 도덕으로 초점을 옮김으로써 상대방이 어떤 견해를 갖게 된 '진정한' 이유를 엿볼 수 있다. 다시 말해, 반증 불가능한 믿음은 외견상으로는 인식적 이유로 믿는 것처럼 보이지만, 결국에는 모두 도덕적 이유에서 비롯된 믿음이다.

특정한 믿음을 직접 논하면 방어 태세를 유발할 위험이 있지만, 위의 질문을 이용하면 그러지 않고도 믿음을 주제로 대화할 수 있다. 또 사람을 고정된 관점에 갇히게 만드는 심리적, 도덕적, 인식적 기제를 엿볼 수 있을 테니 대화에서 훌륭한 소득이 있을 가능성이 크다.

3. 확신 정도가 10인 상대방에게 반증 질문 활용을 시도했으나 실패했다면, 다음의 대화 패턴을 활용한다.

① "10년 전을 한번 생각해봐." 상대방의 나이가 어리면 햇수를 줄인다. 가령 18세라면 '5년 전'이라고 한다.

② 이어서 이렇게 묻는다. "10년 전에 지금과 다른 믿음을 하나라도 지니고 있었어? 지금 이 주제 말고 무슨 주제에 관해서든. 그

러니까, 지금 지닌 모든 믿음은 하나같이 10년 전과 똑같아?"

③ 상대방이 지금 지닌 모든 믿음은 10년 전과 똑같다고 대답하면 15년 전, 20년 전으로 바꿔서 다시 물어본다.

상대방이 그동안 바뀐 믿음도 있다고 대답하면, 이렇게 말한다. "10년 전에 넌 지금 믿지 않는 무언가를 믿었어. 10년 후에 지금을 되돌아본다면 아마도 같은 말을 하지 않을까? 그러니까, 10년 후에도 '10년 전의 나는 사실이 아닌 것들을 믿었구나' 하고 깨닫지 않을까?" 참고로 '잘못된false'보다는 '사실이 아닌untrue'이 부드럽게 들려서 방어 태세를 유발할 우려가 적으니 그 표현을 쓰는 것이 좋다. 다만 상황상 더 강하게 나갈 필요가 있으면 '잘못된'이라고 하자.

④ 10년 후 지금을 되돌아보면 잘못된 믿음도 있었음을 알게 되리라고 상대방이 인정한다면, 지금 논의 중인 상대방의 믿음을 놓고 이야기해본다. 이렇게 묻는다. "그 믿음도 나중에 잘못이었다고 깨닫게 되지 않으리라는 걸 어떻게 알 수 있어?" 그런 식의 질문은 상대방의 인식 원리를 있는 그대로 엿볼 기회가 된다(교정 질문임에 유의하자).

만약 상대방이 자기가 기억하는 한 자기가 지닌 믿음은 무엇이든 늘 '완전히' 똑같았다고 주장한다면, 상대방은 거짓말 또는 자기기만을 하고 있거나 극단적으로 인식이 폐쇄된 상태다. 다시 말해 믿음이 완전히 닫혀 있어 전혀 바꿀 수 없는 경우다. 드문 경우지만, 이때는 대화를 계속할지 판단을 내려야 한다.

이상의 순서를 거치면 상대방은 추가적인 반증 질문을 좀 더 잘

받아들일 수 있는 상태가 될 것이다. 마지막으로, 이 기법을 기본 수단으로 삼지는 말자. 우선 반증 질문 실력을 연마하는 데 힘을 쏟도록 하자.

#4 그래, 그리고…

즉흥 코미디 연기의 세계를 잠깐 들여다보자.

대본 없이 진행되는 즉흥 연기에서 '그래, 그리고Yes, And' 기법이란 다음과 같다. 한 배우가 뭐라고 아이디어를 내놓으면, 다른 배우는 일단 맞장구를 쳐준 다음에 자기 아이디어를 덧붙여나간다.

예컨대 한 배우가 이렇게 말했다고 하자. "와, 하늘에 별이 이렇게 많은 건 처음 봐." 이때 상대 배우가 할 일은 하나다. 그 말에 수긍한 다음, 뭔가를 새로 덧붙여야 한다. 이를테면 이런 식이다. "진짜 많다. 달에서 본 하늘은 완전히 다르네." 첫 번째 배우의 말을 긍정한 다음, 두 사람이 지구를 벗어나 달에 와 있다는 새로운 아이디어를 덧붙인 것이다. 그러면 첫 번째 배우는 그 정보에 또 새로운 아이디어를 붙여나갈 수 있으므로, 장면이 뻗어나갈 가능성이 활짝 열린다.

만약 두 번째 배우가 첫 번째 배우의 말을 받아주지 않고 "대낮에 무슨 별이 보인다는 거야" 하는 식으로 나온다면 어떻게 될까? 뭔가 연결되려던 이야기가 끊어지고, 첫 번째 배우는 어떻게 대답해야 분위기가 처지지 않으면서 관객들이 재미있어할지 황급히 머리를 굴려야 할 것이다. 관객들은 무대에서 뭔가 근사한 장면이 만들어지는 걸 보고 싶어 하지,

배우들끼리 장면 설정을 놓고 티격태격하는 걸 보고 싶어 하지 않는다. 그런 건 눈 뜨고 못 봐줄 만큼 지루하다.[41]

| '하지만'은 금물 |

'하지만but'이라는 말은 아예 쓰지 말자. 대신 '그리고and'라고 하자. 특히 생각을 연결할 때는 가능하면 항상 '그리고'를 쓰자.

하버드 협상 프로젝트에서는 이런 습관을 가리켜 '그리고 자세 and stance'라고 부른다. 이는 즉흥 코미디에서도 널리 쓰이는 기법이다.[42] 앞에서 든 예시처럼, "그래, 그리고…"라고 하면 생각을 자연스럽게 연결해나갈 수 있다. 상대방의 의견과 내 의견이 (설령 상충하는 것처럼 보인다 해도) 동시에 타당할 수 있음을 인정하는 것이다.[43]

반면 '하지만'이라는 말은 방어 태세를 유발하기 쉽다. 특히 의견이 대립하는 상황에서는 더욱더 그렇다. 길 위의 과속 방지턱처럼 생각의 원활한 흐름을 막는다. "그래, 하지만…"은 상대방의 말을 진심으로 인정하는 표현이 아니다. 오히려 반론을 꺼내기 위한 표현에 가까우므로, 그다음 무슨 말을 꺼내든 상대방은 이미 반박할 태세가 되어 있을 것이다.[44]

다음 두 표현을 비교해보자.

"그래, 그리고 불법 이민자의 자녀 문제는 어떻게 하지?"
"그래, 하지만 불법 이민자의 자녀 문제는 어떻게 하지?"

'그래'로 말을 시작하지 않아도 '하지만'이라고 할 자리에 '그리고'를 대신 쓸 수 있다. 다음 두 표현을 비교해보자.

"좋은 생각이네. 그리고 중범죄 전과자가 총기를 사려고 할 때는 어떻게 하지?"

"좋은 생각이네. 하지만 중범죄 전과자가 총기를 사려고 할 때는 어떻게 하지?"

상대방의 말에 전혀 동의할 수 없어서 '그래'로 말을 시작하기 어려우면, '그렇구나'라고 한 다음에 '그리고'라고 하자. 예를 들면 다음과 같다. 모두 '예/아니요'로 답할 수 없는, 교정 질문임에 유의하자.[45]

"그렇구나. 그리고 마리화나 불법 판매로 세수가 줄어드는 문제는 어떻게 하지?"

"그렇구나. 그리고 공공시설에서 국기를 태우는 행위는 어떻게 대응해야 하지?"

앞의 모든 예문에 담긴 논리 흐름에 주목하자. '그리고'가 쓰인 문장은 상대방의 견해를 반발 없이 인정하고 있다. 그 점이 바로 '그래, 그리고' 기법의 핵심이자 강점이다. "그래, 하지만…"이라고 하면 다음에 나오는 말이 이의 제기처럼 들린다. 마치 '네 논리를 한번 방어해보라'는 주문이 되어버린다. 반면 "그래, 그리고…"라고 하면 생각을 좀 더 자세히 설명해달라는 권유가 된다. 그렇게 하면 생산적 대화의 길이 활짝 열린다.

한 가지 팁을 전하자면, 래퍼포트 규칙에 '그래, 그리고' 원칙을 추가로 적용해보자. 그러면 상대방의 생각을 더 확실히 인정하면서 동시에 듣고 배우는 자세를 보여주는 효과가 있다. 이런 식으로 말하

자. "그래, [X]라는 얘기구나. 무슨 말인지 알겠어. 그리고 중범죄 전과자가 총기를 사려고 하는 경우에 대해선 어떻게 생각하는지도 궁금하네." 하버드 협상 프로젝트의 공동 창업자 윌리엄 유리William Ury는 이를 두고 "상대방의 의견을 직접 반박하지 않고 내 의견을 덧붙이는 형태로 말하는 것이 핵심이다"라고 덧붙이기도 했다.[46]

마지막으로, '그렇구나'라는 표현에 대해 한 마디만 설명을 덧붙이겠다. '그렇구나'라고 대답한다고 해서 동의한다는 뜻은 아니다. '그렇구나'는 두루뭉술한 말로, 상대방이 한 말에 관심이 간다는 뜻일 뿐이다. 만약 상대방의 의견에 강하게 반대한다면, "그렇구나. 그리고…"라고 하거나 정중히 반대의 뜻을 밝힌 다음에 내 의견을 말하자. 유리는 다음의 예를 들고 있다. "네가 왜 꼭 그래야 한다고 생각하는지 알 것 같아. 그리고 그 생각을 존중해. 그렇지만 이 문제를 나는 어떻게 보는지 한번 말해볼게."[47] 위 예문의 마지막 문장에서 '그렇지만'을 '네가 괜찮다면' 등의 한층 더 부드러운 표현으로 바꾸는 것도 좋다.

'그리고'를 활용하고, '하지만'과 작별하는 방법을 정리해보자.

1. 대화 중 '하지만'이라는 말을 아예 하지 않는다.
"그래, 하지만…" 대신 "그래, 그리고…"라고 한다. 상대방의 말에 동의하지 않으면 "그렇구나. 그리고…"라고 하자.

2. 내 생각과 상대방의 생각 둘 다 옳을 수 있으면, 그렇게 말한다.
문장을 '그리고' 또는 '…고'로 연결한다.[48] 예를 들면 다음과 같이 말한다. "내가 이해한 게 맞는다면, 너는 [X]라고 하고 있고,

나는 [Y]라고 하고 있어. 그리고 네 관점에서 보면 [X]가 옳다고 할 만하고, 내 관점에서 보면 [Y]가 옳다고 할 만한 것 같아." 또는 이런 식으로 말한다. "양도소득세를 폐지하면 재정 적자 면에서 나쁘다는 입장도 이해되고, 고용 증대 면에서 좋다는 입장도 이해돼."

#5 화 다스리기

1970년대부터 감정에 관한 연구를 선도해온 심리학자 폴 에크먼Paul Ekman은 "분노는 분노를 낳는다"라고 했다.[49] 분노는 사람의 마음속에서, 그리고 두 사람 사이에서 순환하며 증폭되기 쉽다는 뜻이다. 그래서 대화 참여자 중 한 명이라도 화를 내면 상황은 대부분 악화한다. 화를 터뜨리면 그 파장은 대화가 엉망이 되는 데 그치지 않는다. 인간관계가 틀어지며, 친구를 잃고, 심지어 신체적으로 위험한 상황이 초래될 수도 있다.[50]

대화 상대 혹은 대화 그 자체에 따라서, 답답하거나 화나거나 격노가 치밀 수도 있다. 만약 어른스럽게 행동하기 어려울 만큼 심기가 불편해지면 그냥 대화를 끝내고 자리를 피하는 것이 좋다. 화가 치밀 때 입을 열면 평생 후회할 말을 남기게 된다는 말도 있다.[51] 화를 피하거나 이겨내려면 나 자신과 대화 상대의 화를 알아차려야 한다. 빨리 알아차릴수록 좋다. 다행히 화를 원만히 다룰 방법이 몇 가지 있다.

의견이 갈리는 대화를 할 때는 분노의 작동 원리를 아는 게 특히 중요하다. 화는 답답함 아니면 불쾌함에서 기인할 때가 많다. 답답함은 무언가를 하려고 하는데 자꾸 가로막혀서 화가 나는 것이다. 이를테면 상대방의 생각을 바꾸거나 내 말을 제대로 듣고 이해하게(혹은 조금이라도 신경 쓰게) 하고 싶은데 잘 안 될 때다. 그러다가 무언가가 신경을 건드리면서 나도 모르게 분노가 폭발한다. 답답함이나 불쾌함이 고의로 초래되었다 싶으면 더 화가 나기 쉽다.[52] 그러니 더욱, 상대방의 의도가 선하다고 간주하는 원칙을 잊지 않도록 하자. 대화 분위기가 격앙될 때는 기억하기 어려운 사실이기는 하지만 말이다.

에크먼은 다음과 같이 말했다. "분노는 뭔가를 바꿔야 한다는 신호다. 제대로 바꾸려면 분노의 원인을 알아야 한다."[53] 분노가 일었을 때, 우리는 대화의 방향을 틀어야 한다. 쟁점을 밀어붙이지 말아야 한다. 그렇다. 바뀌는 사람은 '나 자신'이어야 한다. 설령 화난 사람이 상대방이라 해도 그렇다. 완전히 틀린 사람이 내가 아닌 상대방이어도 마찬가지다. 우리가 통제할 수 있는 사람은 남이 아니라 나 자신뿐이기 때문이다. 상대방이 기분이 상한 이유는 예컨대 내가 너무 세게 밀어붙였거나 혹은 예민한 표현을 써서일 수도 있고, 어쩌면 애초에 나와 관계가 없을 수도 있다. 어쨌거나 대화에 화가 스며들었다면 이미 뭔가가 잘못된 게 틀림없다.

| 화에 관한 네 가지 사실 |
화와 관련하여 다음 네 가지 사실을 알아두자.

1. 화는 판단력을 흐리고 대화를 엇나가게 한다.[54]
화는 우리를 신경계의 노예로 만든다. 모든 감정, 특히 화는 지식과 믿음과 정보를 접수하고 처리하는 능력을 떨어뜨린다.[55] 그래서 화가 나면 예의를 유지하기 어렵다.

2. 화는 자신을 정당화하려는 성향이 있다.[56]

화는 화가 정당함을 확인하려는 인지 편향을 강하게 일으킨다. 그래서 꼭 화를 내야 할 이유가 없는 온갖 정보를 잘못 해석하게 된다. 특히 상대방이 나쁜 의도를 품었거나 부도덕하다고 간주하게 된다는 점에서 해악이 크다.[57] 이를테면 "저 사람은 내 기분을 나쁘게 하려고 일부러 저런 말을 하고 있다!"라고 지레짐작하게 된다.

3. 화를 비롯한 모든 감정에는 이른바 '불응기不應期'가 뒤따른다.

불응기에는 신경계의 작용과 일시적 감정 편향으로 인해 정보 처리 능력이 크게 떨어진다. 불응기는 지나갈 때까지 기다리는 수밖에 없다.[58] 불응기는 감정이 강할수록 오래가며, 짧게는 몇 초에서 길게는 몇 분이나 몇 시간까지 갈 수 있다.[59]

4. 화의 원리를 알면 피할 수 있다.

화의 작동 원리를 알고 의식적으로 화를 피함으로써 대화와 삶에서 분노의 폐해를 최소화할 수 있다.

| 대화 중 하지 말아야 할 행동 |

위의 네 가지 사실에서 다음과 같은 수칙을 도출할 수 있다.

1. 화를 화로 받지 않는다.

다시 말해, 상대방이 화를 내면 똑같이 맞대응하며 화를 터트리지 않는다. 특히 인신공격을 받았을 때 절대 되받아치지 않는다. 상대방이 나를 모욕하면 모욕으로 응수하지 않는다. 그러면 상황은 악화할 뿐임을 기억한다.

2. 탓하지 않는다(2장의 '남 탓 대신 기여 요인 논하기'를 기억하자).

특히 격론 중에 상대방을 뭐라고 판단하거나, 악화된 상황을 상대방의 탓으로 돌리지 않는다. "난 잘 얘기해보자는 건데 왜 그렇게 화를 내"라고 말하지 않는다. 그런 말은 대화가 딴 길로 빠진 것을 상대방의 탓으로 돌리는 행동이며, 퇴로를 만들어주는 자세와 거리가 멀다.

3. 상대방의 의도나 동기 또는 화난 원인을 나쁜 쪽으로 짐작하지 않는다.

화난 이유는 본인이 스스로 말하기 전에는 알 수 없다. 상대방이 화를 내는 대상은 나 또는 내가 한 말일 수도 있고, 대화의 전반적인 주제일 수도 있고, 자신이나 자신의 반응일 수도 있으며, 현재 대화와 전혀 상관없는 어떤 것일 수도 있다.[60]

4. 안전에 위험을 느끼면 대화를 굳이 이어가지 않는다.

필요하면 구실을 내세워 먼 곳으로 자리를 피한다.[61]

| 대화 중 해야 할 행동 |

대화 중 해야 할 행동에 관해 알아보자.

1. 관찰한다.

나 또는 상대방에게서 분노의 조짐이 나타나지 않는지 살핀다. 답답함이나 불쾌함 또는 화가 감지되면 더 커지기 전에 조치한다. 화를 극복하는 방법은 가짓수가 많지 않다. 긴장을 누그러뜨리거나 대화를 중단하는 방법밖에 없다.[62] 때에 따라서는 단 몇 분만 지나도 불응기가 지나가고 감정이 가라앉아 더 생산적이고 예의 있게 대화에 임할 수 있다. 감정을 가라앉히는 방법은 몇 가지가 있다. 화제를 바꾸거나, 대화의 프레임을 바꾸거나, 상대방의 선의를 간주하고 거기에 집중하는 것이다('뭔가 도움을 주려고 저러는 거야'라는 독백을 마음속으로 되뇌면 진정이 될 수도 있다). 인식 원리에 주목하여, 상대방이 그런 행동을 보이는 이유를 생각해봐도 좋다. 아니면 위의 모든 방법을 결합해 내가 왜 화나는지 그리고 어떻게 하면 긴장을 완화할 수 있을지 고민해보는 것도 도움이 된다.

2. 침묵한다.

나 또는 상대방이 화나는 게 느껴지면, 말을 멈추고 입을 닫는다. 잠깐 정적을 느끼며 기다려보자(단 몇 초도 아주 길게 느껴질 것이다). 유리는 위기가 격앙되었을 때 잠시 침묵하는 것은 "감정이 행동으로 직행하는 연결 고리를 끊기" 위함이라고 말한다.[63] 그는 가장 효과가 있는 방법은 "속도 늦추기"라고 강조한다.[64]

3. 경청한다.

대부분의 상황에서는 상대방이 화낼 때 모든 일을 멈추고 가만히 듣는 행동이 최선이다. 침착하게 열심히 듣는 사람 앞에서 화를 계속 내기는 쉽지 않다. 일찌감치 듣고 배우는 모드로 전환해 답답함의 악순환을 끊으면, 상대방의 화가 쌓이는 것을 미리 방지할 수 있다. 상대방의 관점을 인정해주는 행동도 상대방의 답답함을 덜어줄 수 있어 효과적이다. 상대방의 말에 동의하는 점이 조금이라도 있다면 그 점에 집중한다. 최소한 감정이 가라앉을 때까지는 의견 차이보다 의견 일치에 주목하자. 말을 끝까지 들어주거나 관점을 인정해주는 행동이 꼭 동의를 의미하지는 않는다.[65]

4. 사과한다.

내가 상대방의 분노에 기여한 부분에 대해 인정하고 사과한다. "미안하다"고 말하자. 사과는 상대방의 마음을 누그러뜨리는 효과가 있다. 특히 공격적이거나 자기주장이 센 상대에게 효과가 크다. 화난 상대방은 평소보다 공격성과 자기주장이 세지기 마련이므로, 분노에 조금이라도 기여한 부분을 냉큼 사과하면, 강력한 효과가 있다는 사실을 잊지 말자.[66] 일단 "미안하다"고 말하고, 상대의 분노와 적개심이 수그러들면 다시 한번 미안하다고 하자.[67]

5. 중단한다.

필요할 때는 대화를 끝내고 자리를 뜬다.

| 대화 전에 할 일 |

다음으로 대화 전에 할 일에 관해 살펴보자.

1. 분노를 일찍 알아차리는 법을 익혀둔다.

그래야 최대한 빨리 대처할 수 있다. 분노가 대화에 지장을 주기 전에 미리 알아차리고 대처하려면 분노의 징후와 조짐을 알아두는 것이 좋다. 혼자 있을 때 조용한 곳으로 가서 내가 전에 화났던 경험을 최대한 생생하게 떠올려보자. 장면을 머릿속에서 또렷이 돌려보면서 화가 슬슬 나려고 하면 내 몸의 느낌을 주목한다. 아마 긴장되거나 숨소리가 바뀌거나 할 것이다. 이마가 찌푸려지거나 이를 앙다물게 될 수도 있다. 열기가 올라오거나 몸이 근질근질해질 수도 있다. 약 30초간 감정을 고조시킨 다음, 긴장을 풀고 곰곰이 되짚어본다. 다음에 그런 감정과 감각이 나타날 때 바로 포착할 수 있으면, 분노를 더 쉽게 알아차리고 대처할 수 있을 것이다.[68]

이 연습의 목표는 화가 일어나는 첫 느낌을 포착하는 것이다. 그 느낌을 알아차리는 데 익숙해지면, 다른 상황에서도 차츰 화를 파악할 수 있게 될 것이다. 빨리 깨달을수록 빨리 대처할 수 있다.

2. 불응기를 이해한다.

분노 감지 능력에 아울러 불응기에 대한 인식을 갖추자. 화가 느껴지면 바로 마음속으로 인정하고, 금방 회복할 수 없다는 사실을 상기하자. 불응기가 지나갈 때까지 우리는 신경 작용의 포로

일 수밖에 없다. 신경 작용과 심리 상태가 정상으로 돌아올 때까지는 까다로운 대화를 풀어나가는 능력을 제대로 발휘할 수 없고, 대화가 무례한 방향으로 흐를 가능성이 크다.[69]

3. 나의 분노 촉발 요인을 미리 알아둔다.

에크먼이 제시하는 분노 방지 요령 하나는 다음과 같다. 화날 가능성이 있는 대화에 임하기 전에, 자신의 분노 촉발 요인을 미리 파악해 조치해둔다.[70] 내가 인종차별, 성범죄, 신성모독, 국기 훼손 등의 특정 주제에 쉽게 화가 난다면, 그런 성향을 스스로 인정하고 그로 인한 분노에 빠지지 않도록 주의한다. 내 감정을 자극하기 쉬운 단어가 어떤 게 있는지 생각해보고, 그런 단어를 피해 대화할 방법을 찾아보자. 상대방은 아마 나름대로 최선을 다해 자기 생각을 밝히고 있을 것이다. 내가 듣기에 불쾌한 표현을 썼다 해도, 몰랐거나 다른 방법이 없어서 그랬을 수 있다. 어쩌면 내 모습도 크게 다르지 않을 것이다. 그 점을 기억하면 상대방의 사소한 잘못을 너그러이 봐줄 수 있다.[71]

도덕적으로 민감한 특정 사안에 대해 도저히 분노를 자제할 방법이 없다면, 그런 감정을 촉발한 요인이 무엇인지 생각해보고 그에 민감하게 반응하지 않도록 조처하자. 이를 극복하려면 평소 신뢰하는 친구 또는 상담가의 도움을 받아야 할 수도 있다. 극복하기 전까지는 그 주제를 피하는 게 최선일 수 있다. 한편 그런 촉발 요인이 대화에 끼어들었다면, 솔직히 인정하는 것도 방법이다. 이런 식으로 말하면 된다. "왠지 모르겠는데 그 주제가 나오면 난 항상 기분이 불편해. 부담스러운 대화를 하고 싶진 않으니 우리 다른 이야기를 하자."

대화 중에 어떤 촉발 요인이 발생할지 미리 알 길은 없다. 그러니 사전에 완벽히 대비할 수도 없고, 남에게 자기 생각을 말해라 마라 할 수도 없다. 그러므로 촉발 요인은 어느 정도 현장에서 조치하거나 회피하는 수밖에 없다. 둘 다 하지 못하겠으면, 내 감정을 자극하는 주제를 놓고 대화하는 일은 삼가자.

| 화를 다룰 때 유의할 점 |

화난 사람에게 화났다고 지적하는 행위는 비난으로 여겨져 화를 더 부추기기 쉽다.[72] 자신을 정당화하려는 습성 때문일 수도 있고, 아니면 자기가 화났다는 사실을 부끄러워하는 경향이 있기 때문일 수도 있다.[73] 여기엔 간단한 대안이 하나 있다. 화를 '답답함'이라고 부르는 것이다.

예를 들면 "너 지금 화났어. 우리 다른 이야기 하는 게 좋겠다"라고 하지 말고, 감정의 역학관계에 이름을 붙이고 묘사해본다.[74] 이렇게 말해보자. "이 문제는 우리 사이에 의견 차이가 꽤 큰 듯해. 답답한 마음도 이해돼. 일단 우리 이 정도에서 접는 게 어떨까 싶네." 이때 열린 표현이자 협력적 표현("우리")을 쓴 점에 유의하자. 또 감정이 담기지 않은 표현("…한 듯하다")을 쓰고 청유하는 형태를 취한 점도 주목하자(3장 '표현').[75]

화난 상태에서는 상대방의 의도를 나쁘게 짐작하기 쉽다. 상대방에게 상처를 주려고 나중에 후회할 말을 하기 쉽다. 소리 지르기도 쉽고, 상대방의 말을 오해하기도 쉽다.[76] 동시에, 즉각 사과하거나 한발 물러서기는 어려워진다. 내 생각을 바꾸기도, 상대방의 말을 끝까지 들어주기도 어려워진다. 사실 화난 상태에서는 상대방이 하는 말이 제대로 들리지 않는다. 또, 화를 내면 그로 인해 화가 더 나기도 한다.[77]

마지막으로, 상황을 상대방의 관점에서 바라보는 태도를 꼭 익힐 필요가 있다. 하버드대학 법학 교수 로저 피셔Roger fisher 등이 공저한 책 『YES를 이끌어내는 협상법』에서는 다음과 같이 지적한다. "상황을 상대방의 관점에서 바라볼 수 있다면, 협상가로서 갖출 수 있는 가장 중요한 기술의 하나를 갖추게 되는 것과 같다. 타인의 생각을 움직이려면, 그 사람의 관점이 가진 힘을 공감적으로 이해하고 그 사람이 그렇게 믿는 감정의 세기를 느껴야 한다. 상대방을 현미경으로 딱정벌레 보듯 연구하는 것만으로는 부족하다. 딱정벌레로 산다는 것은 어떤 느낌인지 알아야 한다."[78]

| 화를 다스리는 방법 |

화는 원활한 대화의 걸림돌이므로, 이를 잘 다스려야 한다. 화를 다스리는 가장 좋은 방법은 다음과 같다.

1. 입을 꾹 다문다.[79]

상대방의 공격을 맞받아치지 않는다.[80] 아무리 상대방을 비난하고 싶어도 참는다. 그러면 상대방을 자극하여 사태를 키울 뿐이다. 목표는 사태를 진정하는 것이어야 한다.[81] 상대방이 나를 조롱하든 모욕하든 욕설을 하든, 상대편의 공격에 똑같이 맞대응하지 않는다. 상대방이 나에게 "바보"라고 할 때 "너도 바보"라고 하면 상황은 악화할 뿐임을 기억하자. 맞받아치기는 금물이다.

2. 소셜미디어는 피한다.

화났거나 불쾌한 상태에서는 '절대' 이메일이나 소셜미디어 댓글에 답하지 않는다. 가만히 기다리자. 흥분을 가라앉히자.[82] 소셜미디어상의 글에는 꼭 답해야 할 의무가 없다. 소셜미디어에서 나를 모욕한 사람에게 관심을 가져줘야 할 의무는 조금도 없다.

3. 듣고 또 듣는다.[83]

대화 분위기가 팽팽해지면 일단 듣는다. 다 들었으면 또 듣는다. 명확히 이해하기 위해 질문한다. 그리고 또 듣는다. 그런 다음 내 말을 한다.[84]

4. 팽팽한 긴장감을 부인하지 않는다.

상황에 따라서는 긴장감과 압박감, 불안감 등 부정적 감정을 인정할 필요가 있다.[85] 답답함은 부인한다고 사라지지 않는다.

5. '화'라는 단어를 쓰지 않는다.

심기가 불편한 상대방에게 화를 낸다고 표현하면 상대방은 비난으로 받아들일 수 있다.[86] 그 대신 '답답함'이라는 말을 쓰고 대화가 답답하다는 점을 인정하자.

6. 속도를 늦춘다.

대화의 진행 속도를 늦추면 긴장도 가라앉는 효과가 있다.[87]

7. 팽팽한 대립의 순간 후에는 곧바로 공감적 발언을 한다.[88]

공감대를 더 단단하게 다질 기회다. 이렇게 말하자. "쉽지 않네", "정말 분노할 만하네", "그렇구나", "나도 그게 진짜 답답해."

8. 안전이 최우선이다.

분노의 고성을 참고 듣지 말자. 위협이 느껴지면 자리를 피하자.[89]

이상의 도구와 기법을 활용함으로써 종교와 정치, 기타 도덕적으로 민감한 사안 등 논쟁적인 주제를 놓고 대화에 임할 수 있다. 이 장에서 소개한 기법들에 숙달하고 나면, 대화 중 부딪치는 각종 난관을 슬기롭게 극복하는 한편 타인의 확고한 믿음을 합리적 의심 쪽으로 넌지시 유도할 수 있을 것이다.

이 책을 여기까지 읽은 독자는 큰 고개를 하나 넘은 셈이기도 하다. 1장과 2장에서 기본 원칙을 알아보았다면, 3장과 4장에서는 순탄치 않고 까다로운 대화를 풀어나가는 방법을 배웠다. 이제 전문가와 달인 수준의 기법을 배워볼 차례다.

5장
전문가

생각이 닫힌 사람을
상대하는 여섯 가지 기술

#1 종합
상대방의 의견을 활용해 내 생각을 정교화한다

#2 감정 분출 돕기
감정의 걸림돌을 대화로 해소한다

#3 역할 부여하기
상대방에게 역할을 부여해 사고와 행동 변화를 유도한다

#4 인질 협상
인질 협상 분야의 최신 연구를 적용한다

#5 한계 파고들기
실천할 수 없는 믿음을 주장하는 사람과 대화하기

#6 역개입 전략
상대방이 내 믿음에 개입하려고 한다면?

이 장에서 전반적으로 다룰 주제는 생각이 닫혀 있거나 완고한 사람과 대화하는 방법으로, 전문가 수준의 기술이다. 구사를 시도하기 전에 반드시 앞에 소개한 기법들에 숙달할 것을 권한다. 이 책의 매 단계에서도 그렇게 권했지만, 이 장에서 소개할 전문가 수준의 기술을 습득하기 위해서는 특히 꼭 그렇게 할 필요가 있다.

자, 그렇다면 지금부터 대화의 장벽을 넘기 위한 여섯 가지 전문 기술을 소개한다. 가장 먼저 배울 기술은 '종합'이다. 종합이란 철학자들이 쓰는 일종의 철학적 문답 기술로서, 상대방과 합의하고 서로 모르는 부분을 깨우칠 수 있도록 도와주면서 생각을 정교화하는 것이다. 용기와 탐구심이 필요한 기술이다.

두 번째로는 상대방의 감정 분출을 전략적으로 돕는 방법을 배운다. 감정 분출 돕기는 인내심이 필요한 기술로서, 앞에서 배운 듣기, 배우기, 상대방이 잘못 알고 있게 놔두기, 화 다스리기, 퇴로 만들어주기 등과 결합하여 사용한다. 이 과정에서 듣기 불편한 말을 들을 수도 있지만, 인내심을 충분히 발휘해 임한다면 원활한 대화를 가로막는 장벽을 허물 수 있다.

세 번째로는 일종의 브레인스토밍 촉진법이라고 볼 수 있는, '역할 부여altercasting' 기술을 이용해 상대방의 대안 발상을 유도하는 법을 배워본다. 역할 부여란 상대방에게 어떤 역할을 부여해 이행하게 함으로써 상대방으로 하여금 스스로 마음을 움직이게 하는 기술이다. 물건 강매 목적 또는 설득 기법으로 쓰이기도 하는 기술로서, 윤리적으로 모호한 면이 있으므로 그 문제점도 짚어본다.

네 번째로는 인질 협상 분야의 최신 연구 성과를 집약해 소개한다. 인질 협상 원칙을 활용해 생각이 닫힌 상대방과 원활히 대화하는 방법을 알아본다.

다섯 번째로, 비현실적인 믿음을 가진 사람과 대화하는 요령을 알아본다. 그런 사람과 대화할 때 쓸 수 있는 구체적인 대응 절차를 제시한다.

마지막으로, 역개입 전략과 기법을 다룬다. 만약 상대방이 이 책에 실린 기법을 내게 시도한다면 그 때는 어떻게 해야 할까? 순순히 응하는 방법에서부터 개입을 교묘하게 또는 대놓고 차단하는 방법까지 몇 가지 대응법을 소개한다.

#1 종합

종합은 '래퍼포트 규칙'과 '반증 모색하기'를 합친 개념으로, 상대방의 의견과 반론을 이용해 내 믿음을 수정하는 활동을 뜻한다. 목표는 합의점을 도출하는 게 아니라, 내 입장을 명확히 하고 보강하면서 옳은 믿음에 한 걸음 다가가는 것이다. 종합을 통해 상대방과 함께 주제의 이해도를 높일 수 있고, 더 정교하고 섬세한 견해를 만들어갈 수도 있다.

이 기법을 잘 활용하려면 두 사람 다 믿음의 강도가 10점 척도로 8 미만이거나, 아니면 실제로 꼭 그렇게 믿지 않더라도 '논변의 편의 상' 임의의 입장을 택하는 게 좋다. 이를테면, 주제를 보는 관점을 넓히기 위한 목적임을 서로 합의하고, 서로의 관점과 일치하지 않더라도 각기 어떤 관점을 택해 논변해볼 수 있다. 목표는 서로의 이해도를 높이는 것이다. 단, 두 사람 중 적어도 한 사람은 자기 믿음에 집착하지 않아야 하며, 두 사람 다 집착하지 않으면 더 좋다. 실제로 내가 선호하는 주장의 '반대' 주장을 택해서 최선을 다해 논변해보면 그야말로 유익하고 흥미로운 종합 활동이 된다.[1]

두 사람 중 한 사람이 특별히 해당 주제의 전문가거나, 혹은 주제가 간단하지 않은 대화라면 서로의 의견 차이는 오히려 진실에 접근하는 발판 역할을 할 수 있다. 철학에서는 이런 방법을 두루 가리켜 변증법이라고 한다. 서로 주장을 주고받으며 더 정교한 믿음으로 나아가는 방법이라고 할 수 있다.[2] 또는 건설적이면서 통제된 방식으로 반론을 펴나가는 과정이라고도 볼 수 있다. 다시 말해, 변증법이란 내 의견에서 출발해 상대방의 의견을 발판 삼아 더 정교하고 섬세하며 사실에 부합하는 견해로 나아가고, 상대방에게도 같은 기회를 주는 활동이다.[3]

| 종합의 다섯 단계 |
종합은 어렵지만, 그 방법은 간단하다. 기본적인 다섯 단계는 다음과 같다.

1. 주장을 제시한다.

이 단계는 상대방에게 요청할 수도 있고, 내가 할 수도 있다(내가 주장을 제시했다고 이하 가정하겠다).

2. 반론을 청해 듣는다.

3. 제기된 반론을 이용해 주장의 반증 방법을 구체적으로 구상한다.

즉, 상대방과의 의견 차이를 활용해 내 주장의 약점을 살펴보고 주장을 반증할 방법을 모색해본다(4장의 '반증 모색하기').

4. 발견한 반증 (가능) 사례를 활용해 주장을 정교화한다.

반론을 반영해 주장을 수정한다.

5. 반복한다.

더 정교해진 주장을 놓고 위의 과정을 되풀이한다.[4]

종합의 다섯 단계를 자세히 살펴보자. 첫 번째, 주장 제시는 가장 쉬운 단계다. 내가 정교화하고자 하는 주장을 제시하거나, 상대방에게 요청해 주장을 제시하게 한다. 종합 과정에서 가장 큰 소득을 보기 위해서는 내 정체성, 도덕관, 신앙, 당파성과 밀접하게 연관되어 있을 듯한 생각을 제시하면 좋다. 예를 들자면 내가 철저한 진보주의자 또는 보수주의자이고, 내가 가진 생각이 해당 정당의 입장에서 늘 크게 벗어나지 않는 경우다. 도덕적인 믿음을 주제로 잡으면 대화하기는 까다롭지만, 얻는 것이 가장 많다. 도덕적인 믿음에는 거의 항상

인식적 맹점이 존재하며, 종합을 통해 그 맹점을 드러낼 수 있기 때문이다.[5]

두 번째, 반론 듣기는 가장 어려운 단계다. 내 생각을 재고하고자 일부러 상충하는 관점을 요청한 것이니, 내 생각이 폄훼될 수 있다는 마음의 준비를 해두자. 스스로 부족하다는 느낌이 들 수도 있고 더 나아가 정치적 정체성이 흔들릴 수도 있으므로 쉽지 않을 것이다.[6] '내가 옳은 것'이 내게 큰 의미가 있다면 감정적, 이성적으로 반론을 맞을 마음의 준비를 하자.[7]

종합을 통해 가장 큰 소득을 볼 수 있는 경우는 상대방의 반론을 통해 내 추론의 명백한 오류가 적어도 하나 드러나고, 그 오류가 내 도덕적 편견에서 비롯됐을 가능성 역시 지목될 때다. 이렇게 말하자. "내 생각이 [X]라는 이유 때문에 옳지 않다는 거지. 내가 보수적/진보적 시각에 지나치게 얽매여서 이런 착오를 저지르고 있는 걸까?" 여기서 래퍼포트의 1번 규칙을 잊지 말자. 다시 말해, 상대방이 낸 비판 의견은 물론, 상대방이 생각하는 당파적 편견 때문에 내 착오가 빚어졌을 가능성까지 정확히 재정리해 표현하도록 하자. 그리고 내 이해가 정확한지 상대방에게 확인받고 나서 다음 단계로 넘어가자.

세 번째, 반론 이용해 반증하기는 두 사람이 협력하여 수행하는 단계다. 상대방의 도움을 받아, 내 믿음이 명백히 잘못이 될 수 있는 시나리오를 구상해본다. 구체적인 사례를 가정하는 것이 바람직하며, 그 조건이 충족된다면 내 믿음이 잘못되었다는 사실이 명백하게 도출되어야 한다. 예를 들어, 내가 모든 '선심성 예산 지출'은 부정한 행위로서 법으로 금지해야 한다고 주장한다고 하자. 이에 대해 상대방은 의원들이 특수 이해관계를 주고받으며 거래한 결과 모든 유권자에게 결과적으로 이득이 되면서 의원들 간 협력 관계도 증진되는 시나리오를 제시할 수 있다.

네 번째, 반증 활용해 주장 정교화하기는 앞 단계에서 배운 점을 활용해 처음 주장을 정교화하는 단계다.

마지막으로, 더 정교해진 주장을 놓고 앞의 과정을 반복한다. 물론, 처음에 가해졌던 비판의 내용에 따라, 그리고 주장이 정교해진 정도에 따라 상대방은 더 유익한 피드백을 곧바로 내놓지 못할 수도 있다. 한 차례 종합 과정을 밟고 나면, 일단 주제를 접어두거나 이번엔 상대방의 주장을 놓고 종합해보자고 제안하는 편이 좋을 수도 있다.

서로 다른 의견은 거의 항상 종합이 가능하다. 예외라면 논리적으로 모순이 있는 경우(예를 들어 사각형이 원이라고 하는 등 논리 법칙에 어긋나는 주장) 또는 기본적 사실을 놓고 의견이 갈리는 경우다(이 경우에는 '아웃소싱' 적용이 가능하다). 심지어 한쪽 또는 양쪽이 잘못 생각하고 있을 때도 종합의 여지가 있다. 가령 무신론과 유신론조차도 '신'이라는 단어의 해석을 수정함으로써 종합해볼 수 있다.[8]

| 철학자처럼 대화하기 |

종합의 성패를 가르는 관건은 배움과 협력의 단단한 기틀, 그리고 자신의 믿음을 기꺼이 수정할 수 있는 마음 자세다. 또, 상대방이 반증 조건을 제시하지 못한다면 종합은 이루어질 수 없다. 종합을 잘 해내려면 소크라테스의 자세가 필요하다. 반증 조건의 장단점을 편견 없이 저울질하면서, 자신만이 옳다는 아집을 버린 자세다.[9]

앞서 설명한 종합의 다섯 단계를 연습한다. 숙달될수록 점점 몸에 자연스럽게 붙을 것이다.

1. 주장을 제시한다.

2. 반론을 청해 듣는다.

내가 무엇을 놓치고 있는지 상대방에게 물어보자. "내가 뭘 놓치고 있지? 내 추론에 오류가 있는 건가, 아니면 내가 놓친 정보가 있는 건가?" 이때 나와 내 믿음은 다르다는 사실을 상기하자.[10]

3. 반증 조건을 구상한다.

4. 발견한 반증 (가능) 사례를 활용해 주장을 정교화한다.

반론을 반영해 주장을 수정하고, 새 주장을 다시 명확히 진술한다.

5. 반복한다.

더 정교해진 주장을 놓고 위의 과정을 되풀이한다. 대화에 진척이 없거나 생각할 시간이 필요하면 상대방에게 고마움을 표하고 활동을 끝낸다.

#2 감정 분출 돕기

친구 간에는 감정을 분출할 필요가 있을 때도 있다. 친구에게 마음속을 다 털어놓게 하고 들어주는 것도 좋다. 이해하는 데 주력하고, 퇴로로를 만들어주자. 또 친구가 잘못 알고 있게 놔두고, 따지지 말고, 말 끊지 말고, 계속 들어주자. 왜 그래야 하냐고? 사람은 때로 자신의 감정을 들어줄 사람이 필요하기 마련이다. 친구가 말을 그치면, 주제를 더 파고들거나(심화) 대화를 계속 이어나가는(연장) 유도 반응을 보이자. 이를테면 "더 얘기해 줘"라고 말한다.[11] 그리고 계속 듣자.

이 과정이 가장 유용한 경우는 친구가 감정이 너무 격해져 논의에 충실히 임하지 못하거나 대화 진행이 원만하지 않을 때다.[12] 대개 어떤 논제를 중심으로 대화를 몇 분쯤 해보고 나면, 감정 분출이 도움이 될지 느낌이 올 것이다. 참고할 만한 신호로는 우선 호된 비판, 과도한 일반화, 비난 등이 반복되는 경우다. 또 책임 회피하기, 지나치게 공세적인 문제 해결 시도, 불편감이나 짜증의 표출 등도 힌트가 된다.[13] 모두 감정을 터놓고 논할 필요가 있다는 신호일 수 있다.[14]

한편으로는 현재로선 대화가 불가능하며, 친구는 단지 하소연 상대방이 필요하다는 신호일 수도 있고, 아니면 대화를 끝내야 한다는 신호일 수도 있으니 주의하자. 우선, 다음처럼 교정 질문을 해보자. "그 얘기를 하면 기분이 어때?"

그러고는 가만히 듣자. 따지지도, 반박하지도, 의문을 제기하지도 말자. 그냥 듣기만 하자. 친구에게 감정 분출 기회를 줄 때는 아무리 많이 들어줘도 지나치지 않다. 친구가 일단 하고 싶었던 말을 다하고 나면, "더 듣고 싶은데"라고 말하여 대화를 심화하고 연장하도록 하자. 친구가 "할 말 다 했어"라고 하면 "정말?"이라고 물어본 다음 또 듣자. 그렇게 하고 난 다음에야 질문하자. 질문은 친구가 품은 우려를 더 잘 이해하기 위한 것이어야 한다.

대화를 심화 및 연장하는 시도를 모두 해보았고 친구가 더 할 말이 없는 게 확실하면, 곧바로 래퍼포트 규칙 1~3번을 실행한다. 먼저 친구가 한 말을 정리해 표현하고, 맞는지 확인한다(1번 규칙). 그리고 듣는다. 정확히 표현됐다고 하면 내가 동의하는 점 또는 공감하는 점을 조목조목 밝힌다(2번 규칙). 마지막으로, 내가 배운 점을 언급한다(3번 규칙). 4번 규칙은 이행하지 않는다. 다시 말해, 반박이나 비판은 하지 않는다. 상대방에게 감정 분출 기회를 주고 나서 반박이나 비판을 하는 행위는 절대 금물이다. 감정 분출 돕기는 결국 장시간에 걸친 고도의 라포르 형성 활동으로 볼 수 있다(1장 '라포르'). 마치고 나서는 상대방이 그다음 대화의 방향을 잡도록 가만히 기다리는 게 최선이다.

친구에게 감정이나 이념과 관련된 속마음을 풀어놓을 기회를 주면, 친구는 분노 또는 답답함을 터뜨릴지 모른다. 친구의 분노에 적절히 대처하거나 필요하면 자리를 뜰 마음의 준비를 한다.

이 기법이 임상심리사나 전문 상담가의 치료와 비슷해 보인다면, 그럴 만도 하다. 밀접한 연관이 있다. 주의할 점은 전문 상담가가 아니라면 절대 상담가 역할을 해서는 안 된다. 그러면 대화와 인간관계, 더 나아가 상대방의 정신 건강에 악영향을 줄 수 있다. 그저 관심과 공감, 인내심을 가지고 상대방의 말을 들어주기만 하자.

친구는 마음을 열고 막혀 있던 무언가를 터놓을 수도 있다. 그럼으로써 '읽지 않은 장서 효과'를 자각하거나 자신의 믿음에 정체성 차원의 이유가 있음을 깨달을지도 모른다. 물론 그러지 않을 수도 있다. 이 기법의 목표는 그저 친구에게 하고 싶은 말을 하게 하고, 괴로움과 방어 의식에 가려졌던 무언가를 이야기하게 하며, 괴로움의 원인이 무엇인지 정확히 깨닫게 하는 것이다. 다시 말해, 친구의 감정에 자리를 마련해주는 일이다. 친구의 우려를 직접 해결해주기는 어려울 수 있지만, 도와줄 방법을 고민할 수 있도록 해보자. 적어도 우려가 무엇인지는 명확히 이해해보자.

| 감정 분출 돕는 법 |

친구에게 감정을 분출할 기회를 줌으로써 서로의 관계를 더 돈독하게 할 수 있다. 만약 타인의 감정 분출을 들어주고 화를 다루는 일이 부담스럽다면, 이 기법은 시도하지 않아도 된다.

1-1. 계속 듣는다.

"더 얘기해줘", "그러면 어떤 기분이 들어?"라고 물어 발언을 유도한다. 그리고 듣는다. 듣고 또 듣는다.

1-2. 감정을 지칭하는 표현을 그대로 반복해 친구의 감정을 인정해준다.

친구가 '답답하다'라거나 '말도 안 된다'라는 표현을 쓰면, 나도 같은 표현을 쓴다. 이를테면 "맞아, 그거 진짜 답답해", "야, 정말 말도 안 되네!"라고 말해준다. 공감하는 청자가 되어줌으로써 친구가 마음을 편히 놓을 수 있는 대화의 장을 만들자.[15]

1-3. 친구가 말을 마칠 때마다 몇 초간 침묵하며 기다려준다.

정적을 메우려고 서두르지 않는다. 침묵은 불편할 수도 있지만, 침묵으로 대신 말한다고 생각하자.

1-4. 친구가 감정 분출을 마친 후에도 계속 더 들어준다.

1-5. 대화를 심화하고 연장할 수 있도록 적절한 반응을 보인다.

이를테면 "더 얘기해줘" 혹은 "그게 어떻게 그렇게 되지?"라고 말한다.

2. 감정을 표현하는 데 그치지 말고 구체적으로 묘사할 수 있도록 부드럽게 권한다.

친구가 자신의 감정을 최대한 섬세히 묘사함으로써 생각을 덜 방어적인 형태로 표현할 수 있게 도와보자.[16] 이를테면 '미치겠다', '화난다', '답답하다' 중 정확히 어떤 감정인지, '기분 나쁘다'라고 한 말은 정확히 무슨 뜻인지 알려달라고 한다. 자기감정을 지칭하는 말은 자기가 찾게 한다. 상대방이 분출한 감정에 내가 이름을 붙이지 않는다.

3. 대화를 마칠 때는 진심을 담아 도움을 제안한다.

"내가 도와줄 방법이 있을까? 지금 아니면 나중에라도?"라고 묻는다.[17] 도와줄 방법을 알게 된 경우, 가능하다면 돕는다. 내가 어떻게 했는지 상대방에게 알려준다.

4. 친구가 감정 분출을 마쳤으면, 그것으로 끝낸다.

친구의 괴로움을 유발했던 대화를 이어가려고 억지로 시도하지 않는다. 꼭 해야 할 대화라면, 두 사람 모두 각자 생각해볼 시간을 가지고 나서 하도록 하자.

#3 역할 부여하기

'역할 부여'는 사회학자 유진 와인스틴과 폴 도이치버거가 1963년에 제안한 설득 기법이다. 간호 분야에 적용할 수 있는 사례 하나를 소개한다.

> 심장병 환자가 의사의 지시를 어기고 병상에서 일어나 돌아다니는 것을 간호사가 발견했다고 하자. 이 환자를 설득해 병상으로 돌아가게 하려면, 간호사가 취할 방법은 기본적으로 세 가지다. 첫 번째, "가서 자리에 누우세요"라고 명령형으로 말하는 방법. 두 번째, "의사 선생님이…"처럼 권위에 호소하는 방법. 세 번째, "몸이 그렇게 아프신 분이…"라고 역할을 부여하는 방법이 있다. 마지막 방법은 상대방이 몸이 아픈 사람이며, 몸이 아픈 사람이라면 누워 있어야 할 의무가 있다는 사실을 전하고 있다.[18]

위의 사례에서 간호사는 환자가 몸 상태가 어떠한 사람이며, 따라서 어떠한 행동을 해야 한다고 역할을 규정하고 있다. 이때 간호사가 시도한 '역할 부여'는 다음의 세 명제로 이루어진다.

- 몸이 그렇게 아픈 사람은 병상에 누워 있어야 한다.
- 당신은 몸이 그렇게 아픈 사람이다.
- 그러므로 당신은 병상에 누워 있어야 한다.

예를 좀 더 들어보자. 피터는 딸이 다니는 초등학교에 가서 수업을 참관한 적이 있었다. 새 학기에 아이들이 배울 내용을 선생님들이 소개하는 자리였다. 그런데 젠트리피케이션(도심 인근 낙후 지역이 개발되는 과정에서 중산층 이상의 계층이 유입되면서 기존의 저소득층 원주민이 밀려나는 현상-옮긴이)의 폐해에 관심이 꽂힌 선생님이 있었다. 그 해악을 성토하는 각종 자료를 이용해 수업하겠다고 했다. 설명이 끝나고 나서, 피터는 선생님에게 가서 이렇게 의견을 전했다. "설명 잘 들었습니다. 선생님은 공평하신 분인 것 같고, 비판적 사고는 물론이고 사안을 바라보는 다양한 관점을 가르쳐주실 분인 것 같아요. 젠트리피케이션에 대해서도 다른 관점을 가르칠 계획이세요?" 선생님은 이렇게 대답했다. "네, 그럼요. 젠트리피케이션을 다른 관점에서 보는 책도 아이들 대상으로 나온 게 한 권 있어요."

선생님은 사실 설명하는 중에 공평함이라든지 비판적 사고, 다양한 관점에 대해서는 전혀 언급하지 않았다. 하지만 피터는 선생님이 젠트리피케이션이나 그 밖의 모든 사안에 대해 여러 측면을 아이들에게 가르쳤으면 했기에, 선생님에게 그런 역할을 부여한 것이다.

간단한 예 하나만 더 들어보자. 문자 메시지를 보내고 있는 친구에게 우리가 "와, 너 문자 진짜 빨리 친다"라고 하면, 우리는 친구에게 '문자를 빨리 치는 사람'이라는 역할을 부여한 것이 된다. 친구는 그 역할을 받아들여 문자를 더 빨리 치려고 할 것이다.

| 역할을 부여한다는 것 |

역할 부여는 강력하면서 동시에 논란의 소지가 있는, 행동 변화 유도 기법이다.[19] 상대방을 무언가 다른alternate 역할에 배정cast하는 것이므로 영어로 '올터캐스팅altercasting'이라는 용어가 만들어졌다. 역할

부여의 방법은 다음과 같다. 먼저, 사회적으로 의미가 있는 어떤 역할을 상대방에게 부여한다. 가령 도덕적인 사람, 사려 깊은 사람, 예의 바른 사람 등으로 상대방이 자신의 모습을 마음속에 그릴 수 있게 한다. 그런 다음 그 역할에 맞는 해결책이나 행동을 스스로 생각해내게끔 유도한다. 즉, 상대방 스스로 마음속에서 어떤 역할에 부합해야 한다는 압력을 만들어내게 한다. 그러면 특정한 행동이나 사고 쪽으로 생각이 바뀔 수 있다.

한 가지 주의해야 할 점은, 역할 부여 기법은 사람을 조종하는 측면이 있기에 윤리적으로 모호하다는 것이다. 게다가 부정적 역할을 부여해 부정적 행동을 유도하는 쪽으로도 쓰일 수 있다.[20] 예를 들면 게으르다거나 생각이 닫힌 사람이라는 식으로도 얼마든지 역할 부여가 가능하다. 또, 자칫하면 역효과를 낳을 가능성도 있다. 어떤 역할을 부여받은 상대방이 그 역할에 따르는 의무를 내 뜻과 다르게 생각할 수 있기 때문이다. 가령 내가 어떤 사람에게 '사회 정의를 가르치는 교사'라는 역할을 부여했는데, 그 사람은 내가 동의하지 않는 어떤 가치관을 학생들에게 주입하려고 할 수 있다. 이상의 윤리적 문제를 피하려면 역할 부여 기법을 다음 두 방법에 국한해 쓰면 된다.

첫 번째, 상대방이 가장 선호하는 해법을 고려 대상에서 배제한다.
두 번째, 좋은 대화자의 특성(예의, 공정함, 열린 마음 등)을 부여한다.

위 두 방법은 윤리적 딜레마가 없으면서, 의심을 주입하고 상대방의 기본 해법을 배제하고 대화를 원만하게 풀어나가는 데 큰 효과가 있다.

우선 첫 번째 기법인 '상대방이 가장 선호하는 해법을 고려 대상에서 배제한다'를 자세히 살펴보자. 불법 이민자 문제를 놓고 대화하고 있는데, 상대방이 강제 추방이라는 해법을 강력하게 지지한다고 하자. 그리고 나는 거기에 동의하지 않지만, 상대방은 다른 대안을 논할 생각이 전혀 없다고 하자. 그럴 때는 이렇게 말해본다. "그렇구나. 네 생각이 궁금해. 네가 가령 이민위원회 소속 상원의원이어서 불법 이민자 문제에 해법을 내놓아야 한다고 하자. 너는 평소 문제 해결에 능하고 위원들이 네 의견을 중요하게 생각해서 위원으로 뽑혔어. 그런데, 강제 추방은 상원에서 통과될 가망성이 전혀 없다고 가정해봐. 네 임무는 가령 살인처럼 극단적이고 논란의 여지가 없는 사안이 아닌 한, 강제 추방을 하지 않으면서 최선의 결과를 낳을 수 있는 해법을 내놓는 거야. 그런 상황에서 뭔가를 권고해야 한다면 어떤 안을 권고할 거야? 그리고 이유는?"

이 발언에는 여러 기법이 동시에 들어 있다. 하나하나 뜯어보자. 먼저 상대방의 관점을 인정해주고("그렇구나"), 상대방의 의견을 구하면서("네 생각이 궁금해"), 교정 질문을 던졌다. 그런 다음 상대방에게 역할을 부여해 문제 해결에 능하고 현명한 사람으로 설정했다("평소 문제 해결에 능하고 위원들이 네 의견을 중요하게 생각해서"). 그러고는 상황에 제약을 걸어 상대방이 선호하는 해법을 배제하면서("강제 추방은 상원에서 통과될 가망성이 전혀 없다고 가정해봐"), 다른 대안의 제시를 상대방에게 요청했다("네 임무는… 강제 추방을 하지 않으면서 최선의 결과를 낳을 수 있는 해법을 내놓는 거야").[21] 이제 상대방의 선택은 부여받은 역할을 받아들여 문제를 새로운 관점에서 생각해보거나, 아니면 부여받은 역할을 거부하거나 둘 중 하나다.

상대방이 만약 사고실험을 수락한다면, 강제 추방보다 온건한 해법을 스스로 떠올려보게 될 공산이 있다. 역할을 부여받으면 논증이나 토론으로 접근했을 때보다 더 쉽게 생각을 바꾸게 될 가능성이 있기 때문이다. 자기 스스로 해법을 떠올린 것이니 그럴 만도 하다. 내가 반론을 제시하거나 메시지를 전달한 게 아니다.

상대방이 만약 역할을 수락하지 않거나 스스로 중요한 믿음이라고 생각해 가상적 상황을 상상하는 것 자체를 어려워한다면, 역할 부여 기법을 포기하자. 이때는 더 쉬운 기법으로 전환할 것을 권한다. 상대방이 내놓는 다양한 생각을 논제로 삼아 대화해보자. 가령 논제에 관련된 질문을 던져 상대방이 읽지 않은 장서 효과를 자각할 수 있도록 돕거나, 논제를 발판 삼아 '종합'을 시도해볼 수 있다(앞의 설명 참고).

첫 번째 역할 부여 기법을 요약하면 다음과 같다.

1. 상대방의 관점을 인정한다.

2. 상대방에게 역할을 부여한다.
적절한 구체적 임무와 함께, 현명하고 창의적인 문제 해결사의 역할을 부여한다.

3. 상대방이 선호하는 해법이 배제되는 시나리오를 제시한다.

4. 상대방에게 다른 해법을 떠올려보게 한다.

다음으로 두 번째 기법인 '좋은 대화자의 특성을 부여한다'를 살펴보자. 예컨대 우리는 상대에게 '매너'라는 특성을 부여할 수 있다. 다시 말해, 상대방에게 '매너를 중시하고 대화 매너가 좋은 사람'의 역할을 부여하는 것이다. 특히 모르는 사람과 대화할 때는 즉석에서 역할 부여를 통해 매너 있는 대화의 기본 소양을 상대방에게 곧바로 심어줄 수 있다. 비유하자면 '매너' 백신을 접종해 '무례함'이라는 질병을 예방하는 셈이다. 매너 있는 대화자의 특성을 부여하는 방법은 다음과 같다.

1. 라포르를 형성한다.

2. 상대방에게 생산적이고 매너 있는 대화자의 역할을 부여한다.
이런 식으로 말한다. "매너 있고 대화 기술이 좋은 분(그 밖에도 '공정하고 생각이 열린 사람' 등 좋은 대화자의 특성이면 된다)이신 것 같아요."

3. 대화를 나눈다.

이렇게 상대방에게 매너 있는 대화자 역할을 부여하면, 상대방은 그 역할에 부응하려고 노력할 것이다.
이 방법은 분위기가 너무 격해지기 전에 일종의 안전장치처럼 쓸 수도 있다. 분위기가 슬슬 달아오르면, 그 사실을 인정하고 그것을 명목으로 삼아 상대방에게 침착한 대화자의 역할을 부여한다. 이렇게 말하자. "저는 좀 경직되면서 생각이 잘 안 돌아가네요. 좀 도와

주세요. 아주 침착하신 것 같아서요. 주제가 이렇게 예민한데, 어떻게 그렇게 평정심을 잘 유지하세요? 궁금해요." 적절한 순간에 제대로 쓰면 대화 매너가 망가지는 것을 막는 데 도움이 되는 방법이다.

상대방에게 역할을 부여하는 바람직하고도 간단한 방법을 정리해보자.

1. 상대방의 의견을 인정하고, 역할을 부여한다.
"[X]라는 말씀이군요"라고 한다. 그런 다음, 논의하는 주제와 관련해 해박하고 창의적인 사람의 역할을 상대방에게 부여하되, 상대방이 선호하는 해법을 논외로 하는 시나리오를 제시한다. 상대방이 직접 대안을 떠올릴 수 있게 한다.

2. 상대방에게 좋은 대화 상대 역할을 부여한다.
"대화를 매너 있게 잘하시네요" 또는 "평정심을 잘 유지하시네요"라고 말한다.

3. 상황에 맞춰 방법을 바꾼다.
부여한 역할을 상대방이 거부하면, 역할 부여 기법을 포기하고 이 책의 다른 기법으로 전환한다.

4. 상대방이 내게 역할 부여를 시도하는 것을 인지한다.
이때는 순순히 응하거나, 거부하거나, 상대방의 시도를 지적하거나, 역으로 역할 부여를 시도할 수 있다.

#4 인질 협상

여러분이 '도무지 통하지 않을 것 같은 대화'에 임해야 하는 상황이 부디 인질 협상은 아니길 바란다. 인질 협상은 보통 감정이 극한으로 치닫고 살해 협박이 난무하는 공포 상황에서 벌어진다. 하지만 다행히 전문 인질 협상가들이 참고할 수 있는 연구 결과가 정립되어 있다.[22] 여기서는 방대한 문헌을 집약하고 간추려, 협상가들이 대치 상황을 평화적으로 종결하기 위해 사용하는 여섯 가지 기법을 정리했다. 그러면 그 적용 방법으로 바로 들어가보자.

| 인질 협상 기법을 대화에 활용하기 |

앞에서도 인질 협상가들이 이용하는 전략과 기법을 여러 차례 살펴본 바 있다. 그 예로는 듣기, 라포르 형성, 표현, 교정 질문, 래퍼포트 규칙 1번과 2번의 변형 등이 있었다. 하지만 그 밖에도 까다로운 대화에 사용할 수 있는 엄선된 기법이 몇 가지 더 있다.

1. 짤막한 격려 반응minimal encourager[23]

'짤막한 격려 반응'이란 예컨대 "응", "그래", "알겠어" 같은 것으로, 상대방에게 경청하고 있다는 신호를 간단하게 보내는 역할을 한다. 특히 팽팽한 대립의 순간에는 이런 반응을 보이는 게 좋다.

2. 거울 반응mirroring[24]

거울 반응이란 상대방이 마지막으로 한 말을 따라 하는 것을 뜻한다. 예를 들어, 상대방이 "정말 지긋지긋하다. 자기들이 뭔데

남들한테 이래라저래라 하고 매사를 제멋대로 해?"라고 하면, "제멋대로 한다고?"라고 반응한다.

맥메인스Michael J. Mcmains와 멀린스Wayman C. Mullins는 다음과 같은 예를 들었다. "경찰에 포위된 은행 무장 강도가 이렇게 말했다고 하자. '나 이 돈 갖고 나가야 해. 애한테 쓸 거야. 내가 쓰려는 게 아니야.' 이때 바람직한 거울 반응은 '애한테 쓸 거라고?'라고 묻는 것이다. 그러면 강도는 이런 식으로 대답할 것이다. '그래, 애가 열나고 아픈데 약 살 돈이 없어. 약값이 필요해.'"

부적절한 거울 반응의 예는 다음과 같다. "당신이 쓰려는 게 아니라니, 그 말을 믿으라고?"[25] 그 같은 실수를 피하기 위해서는 일반적으로 상대방의 마지막 몇 마디만 질문 형태로 되던지고 가만히 들어주는 게 좋다. 목표는 상대방이 계속 말하도록 유도함으로써 나중에 유용하게 쓸 수 있는 정보를 조금이라도 더 얻어내는 것이다. 단, 거울 반응을 남용하지는 말자. 7분간의 대화 중 4~5회 이하로 사용하는 것이 적절하다.

3. 감정 이름 붙이기emotional labeling[26]

감정 이름 붙이기란 상대방의 감정에 이름을 달아주는 것을 뜻한다. 앞에서 설명한 감정 표출 돕기와 비슷하지만, 감정을 묘사할 방법을 두 사람이 함께 찾는 게 아니라 '내가' 상대방의 감정에 이름을 붙인다는 데 방점이 있다. 맥메인스와 멀린스는 이렇게 설명한다. "감정 이름 붙이기는 협상 대상자가 강한 감정을 표출하여 진정이 필요할 때 언제나 유용하다. 깊은 공감을 전하거나 협상가가 문제를 제대로 이해하고 있는지 확인하는 효과가 있다. 감정 이름 붙이기가 특히 주효한 경우는 정상적인 사람이 위기를 겪고 있을 때다. 또 부적응, 경계성 인격 장애, 의존, 자살 충동, 분노를 겪는 사람에게 진정이 필요할 때도 효과가 있다."[27] 맥메인스와 멀린스는 다음의 예를 들고 있다. "남편의 외도에 분노한 협상 대상자가 이렇게 외쳤다. '이 더러운 놈들 내가 죗값을 치르게 할 거야. 이렇게 사람 마음에 상처 주고 그냥은 못 넘어가. 본때를 보여줄 거야.'" 그리고 여기에 감정 이름을 붙인 예를 이렇게 들고 있다. "버려졌다는 생각에 상처가 크신 것 같아요. 정말 너무한 것 같네요." 저자는 이것이 '감정을 평가하지 않고 그대로 인정해주는 반응'이라고 설명한다.[28]

감정 이름 붙이기는 신중하게 해야 한다. 피터의 경험으로 볼 때, 이 기법은 공감 능력이 확실한 사람이 사용할 때 특히 도움이 되고, 감정 이름을 잘못 붙이는 경우(가령 두려움을 분노라고 부르는 경우) 별 도움이 되지 않는다. 감정 이름을 거듭하여 잘못 붙이면 역효과가 나기 쉽다. 상대방이 내가 자신을 전혀 이해하지 못한다고 생각할 위험이 있다.

4. 체면 지켜주기[29]

체면 지켜주기란 다시 말해 퇴로를 만들어주는 것이다. 이는 특별한 기법이라기보다 명심해야 할 점이라고 할 수 있다. 사람은 체면을 구길 것 같다 싶으면 좀처럼 생각을 바꾸지 않는다. 특히 자신에게 중요한 사람들이 보고 있을 때는 더 그렇다. 그러므로 상대방의 체면을 유지해줄 방법을 생각해보자. 예를 들면 같은 사안에 대해 내가 얼마나 생각을 바꾸기 어려웠는지 언급하는 방법이 있다. 또 이렇게 말하는 방법도 있다. "이게 워낙 복잡하고 까다로운 문제라서 정확히 이해하기가 쉽지 않아."

5. 작은 문제부터 다루기[30]

작은 문제부터 처리하여 일단 '성공 분위기'를 조성한다. 그런 다음 큰 문제를 쪼개어 공략하기 쉬운 몇 문제로 나눈다.[31] 예를 들어 안락사나 존엄사 문제를 논하는 경우, 우선 의사의 역할은 무엇이고 국가의 역할은 무엇인지부터 명확히 한다. 그렇게 서로 연관되어 있지만, 별개인 두 문제로 나눠놓고 나서 한 문제씩 차례로 짚어볼 수 있다. 이 기법을 '질문하기'와 결합하여, 일반적인 주제(안락사, 존엄사)보다 구체적인 질문(의사의 역할을 어떻게 규정해야 하는가?)을 중심으로 논의하면 더 좋다.

6. 통계보다 구체적 예시나 사례 활용하기[32]

4장에서 살펴본 '사실 언급 자제하기'를 잊지 말자. 구체적인 예시나 사례를 활용하면, 머릿속에 더 생생히 남는다. 따라서 건조한 '사실'보다 행동 변화를 이끌기에 유리하다.[33]

#5 한계 파고들기

"지금으로서는, 백인 이성애자 남성이 제게 '2 + 2 = 4'라고 해도 전 안 믿을 거예요." 피터가 재직하는 포틀랜드 주립대학의 한 동료 여성 교수가 한 말이다. 우리 사회 양극화와 신뢰 분열의 현주소를 엿볼 수 있는 발언이다.

여러분은 위의 발언에서 이런 의문이 들었을지 모른다. '저런 말을 하고 나서 과연 생산적이고 예의 있는 대화가 이루어질 수 있을까?' 그렇게 생각이 단단히 고착되어 있는 사람과는 의미 있는 대화가 불가능하리라는 생각이 들 만하다.

이에 대한 내 답변은, "그렇지 않다"이다. 이 책에서 내내 강조했듯이, 생산적이고 예의 있는 대화는 거의 언제나 가능하다. 또 거의 어떤 대화에서든 무언가 소득을 얻을 수 있다.

| 솔직하지 못한 발언의 실체 드러내기 |

상대방이 현실적으로 이행 불가능한 믿음을 갖고 있다고 주장한다면, 다음의 실험적 기법을 활용한다.[34] 앞서 예시로 든 "백인 이성애자 남성이 제게 '2+2=4'라고 해도 전 안 믿을 거예요"라는 발언을 생각해보자. 믿음의 한계를 파고듦으로써 상대방이 자신이 주장하는 믿음을 따르지 않는다는 사실을 드러낼 수 있다. 인간은 믿음의 일관성에 예민하므로, 비일관성을 확인시켜주면 믿음의 재고를 유도할 수 있다. 목적은 상대방이 자신이 주장하는 믿음을 실제로는 믿지 않는다는 사실을 깨닫도록 돕는 것이다. 이를 '언어 행동'이라 부르기도 한다. 다시 말해, 말과 실제 믿음은 별개일 수 있다. 이를테면 '난 아이스크림이 싫다'라고 말하면서 아이스크림을 맛있게 먹는 경우를 생각하면 된다. 상대방이 현실적으로 이행 불가능한 믿음을 주장하는 경우, 다음 공식을 순서대로 따르자.

1. 래퍼포트 규칙 1번을 적용한다.

상대방의 견해를 명쾌하고 정확하게 재정리해 상대에게서 "고마워, 내가 하고 싶었던 말을 나보다 잘 정리했네"라는 말이 나오게 한다.[35]

2. 상대방의 믿음을 정확히 이해했다고 분명하게 말한다(철회하고 싶으면 그래도 좋음을 암시하는 효과가 있다).

- 만약 내가 상대방이 지목한 특성의 보유자라면, 궁금한 것을 물어도 좋은지 우선 허락을 정중하게 구한다. 가령 내가 백인 이성애자 남성이라면 이렇게 말한다. "달리 설득하려는 게 아니라, 단지 궁금해서요. 몇 가지 물어보고 싶은 게 있어요."
- 예비 단계로, 상대방의 믿음이 얼마나 오래됐는지 물어서 확인하고, 그 기원을 짐작해본다. "항상 그렇게 믿으셨어요, 아니면 비교적 최근부터 그렇게 믿으셨어요?" 혹은 "어떻게 그 결론에 도달하셨어요? 같은 믿음을 가진 사람이 많이 있나요?"라고 물으면, 믿음의 공동체적 성격이 드러날 수도 있다. 그러면 믿음을 지탱하는 '사회적 지지 체계'를 이해할 수 있고, 다음 단계에서 질문의 목표를 더 명확히 잡아볼 수 있다.

3. 상대방이 가진 믿음의 현실적 한계를 알아본다.

다른 극단적인 상황에서도 믿음이 성립하는지 묻는다. 예컨대, "응급실에 갔는데 의사가 백인 이성애자 남성이에요. 당장 수술을 받아야 살 수 있다고 하면, 그 말을 믿을 건가요?"라거나 "깜깜한 방에 들어갔는데 불을 켜려면 스위치를 눌러야 해요. 전등을 설치한 기술자의 성별과 인종을 먼저 알아볼 건가요, 아니면 그냥 스위치를 누를 건가요?"라고 묻는다. 의사 시나리오의 경우, 이렇게 이어서 묻는다. "다른 의사가 모두 수술이 잡혀 있어서 선택의 여지가 없다면, 백인 이성애자 남성 의사에게 수술을 맡길 용의가 있나요?"

4. 상대방에게 직접 예를 들게 한다. "그 믿음과 일관되지 않은 행동을 하게 될 만한 상황이 있을까요?"

• '없다'고 하면 위의 3번과 비슷한 예시를 더 들어본다. "어떤 비행기의 조종사가 백인 이성애자 남성이라면 그 비행기를 타겠어요? 비행기의 설계자 또는 제작자가 백인 이성애자 남성이라는 사실이 확실하다면?" 상대방이 백인 이성애자 남성이 조종을 맡은 비행기는 타지 않겠다고 하면, 현실적으로 그 믿음을 어떻게 이행할 수 있는지 구체적 방법을 묻는다(그 과정에서 읽지 않은 장서 효과가 드러날 수도 있다). 예컨대 이렇게 묻는다. "항공권을 예약할 때 조종사의 인종을 어떻게 알아볼 건가요?"

• '있다'고 하면 어떤 상황이냐고 묻는다. 또 이렇게 묻는다. "그 밖에도 보유하고 있되 따르지 않는 믿음이 있다면 예를 들어줄 수 있을까요? 이 믿음은 왜 특별한가요?"

5. 여기까지 왔으면 상대방의 믿음이 진지하게 보유 및 이행할 수 없는 믿음임을 보이는 데 성공했거나 실패한 상태다.

• 이행 불가능한 믿음임을 보였다면, 언제 이행해야 하고 언제 예외로 삼아야 하는지를 어떻게 알 수 있는지 묻는다. 이 단계

가 온다면 이제 주제가 인식 원리로 다시 돌아온 셈이다. 예컨대 이렇게 묻는다. "그래. 그럼 내가 이해하기로는 어떨 때는 백인 이성애자 의사의 말에 따르는 게 합리적이고, 또 어떨 때는 전혀 믿지 말아야 할 이유가 충분하다는 거죠. 두 경우를 어떻게 구분하죠?"

• 이행 불가능한 믿음임을 보이는 데 실패했다면, 상대방이 거짓말을 하거나 망상에 빠져 있는 경우 또는 내가 잘못 생각했고 상대방은 실제로 믿음에 따라 사는 경우다.

#6 역개입 전략

상대방이 내게 의심을 주입한다는 뚜렷한 목적으로 내 인지 과정 또는 믿음에 개입을 시도하고 있다고 생각되는 경우, 대처 방법은 세 가지가 있다.

첫 번째, 순순히 응한다.
두 번째, 호응하지 않는다.
세 번째, 역개입 전략을 이용한다.

이 중에서 첫 번째를 '강력히' 추천한다. 그냥 순순히 응하자. 상대방의 개입 시도를 용인해주면 거의 항상 무언가 배울 점이 있다. 또 이상적으로는 내 믿음에 대한 확신이 생각만큼 타당하지 않음을 깨달으면서 믿음을 덜 고수하게 될 것이다. 더 나아가 내 생각을 바꾸고, 의심 주입 기술을 더 연마할 수도 있다. 상대방에게서 배워야 할 기법을 발견할 수도 있고, 상대방의 실수를 관찰해 내가 저지르지 않도록 유념할 수도 있으며, 자신의 믿음을 돌아보는 기분이 어떤지도 알 수 있다. 이처럼 상대방의 개입에 순순히 응하면 결과와 상관없이 무언가 배우는 게 있을 것이다.

두 번째 방법을 살펴보기에 앞서, 놓치기 쉽지만 중요한 사실이 하나 있다. 개입은 상대방이 대화에 응해주어야만 가능하다는 점이다. 상대방이 무슨 말을 하든 상관없다. '무슨 말이든' 하기만 하면 된다. 피터는 박사 논문 연구차 교도소 수감자들에게 재범 방지를 위한 비판적 사고와 도덕적 추론 기술을 가르친 적이 있다.[36] 그때 피터는 오로지 수감자들이 말이 없을까 봐 걱정이었다. 기분 나빠하건, 강사를 싫어하건, 그런 것은 걱정되지 않았다. 심지어 강의를 지루해해도 큰 문제는 아니었다. 상대방이 반응해주지 않으면 개입은 불가능하다. 의심의 씨앗을 심어줄 방법이 없기 때문이다. 작업할 요소가 없으니 개입할 대상 자체가 없다.

상대방이 내 인식 또는 믿음에 개입하려고 할 때 100퍼센트 실패를 보장하려면, 그냥 대화에 참여하지 않으면 된다. 그러려면 아무 말도 하지 않는 게 최선이다. 그다음 최선은 상대방의 질문에 "예", "아니요"처럼 닫힌 대답만 하는 것이다.

상대방이 내게 개입을 시도할 때 역개입 전략을 쓸 수도 있다. 만약 입을 닫고 자리를 피할 방법도 없고, 개입에 순순히 응하지도 않겠다고 마음먹었다면 이 기법을 쓰자. 역개입 기법은 또 도망갈 방법이 딱히 없는 강압적 심문 상황에서도 쓸 수 있다. 그런 상황에서는 회피 및 역공이 유일한 방법일 수 있다. 아래에 설명하는 역개입 기법은 하나같이 모두 효과적이다. 그러나 동시에 하나같이 모두 부정직하므로, 사용을 권하지는 않는다.

시작하기 전에, 일단 상대방이 내 믿음이나 인식에 개입을 시도하고 있는 게 확실하다고 가정하겠다. 그 사실을 확실히 드러내는 신호로, 상대방이 "그 믿음을 얼마나 확신하세요?"(3장 '척도 도입하기')라거나 "어떤 근거가 제시되면 생각을 바꾸시겠어요?"(4장 '반증 모색하기')라고 묻는 경우가 있다. 그런 말을 들었다면, 상대방은 이 책 아니면 피터의 다른 저서 『신앙 없는 세상은 가능하다』에 소개된 기법을 쓰고 있을 가능성이 크다.[37]

그럼, 효과적인 역개입 전략 여섯 가지를 아래에 소개한다.

1. 의도적으로 수치를 제시한다.

내 믿음을 얼마나 확신하냐는 질문에, 실제 확신도보다 훨씬 낮게 또는 정반대로 대답한다. "최저 임금을 인상하는 것이 옳다고 얼마나 확신해?"라고 상대방이 물었는데 내 확신도가 10점 척도로 9라면, "6 정도" 또는 간단히 "2"라고 대답한다.

- 앞의 경우는 개입하기가 더 어려워진다(6이라면 이미 상당히 자신의 믿음을 의심한다는 뜻이니 개입할 필요조차 못 느낄 수도 있다). 이용할 수 있는 기법의 가짓수도 더 적어진다.
- 뒤의 경우는 딱히 믿는다고 할 수 없으므로 개입이 불가능하다.

2. 상대로 하여금 성공했다는 착각을 일으킨다.

상대가 개입 작업에 들어간 지 얼마 안 되었을 때 생각이 바뀌었다고 말해보자. 효과를 최대화하려면 한참 침묵한 다음 탄성을 내뱉는다. "… 와, 그러네. 와."

3. 믿음에 대한 의심이 의심스럽다고 말한다.[38]

즉, 믿음이 아니라 믿음에 대한 의심에 개입하게 만드는 것이다. 가령 내가 최저 임금을 인상해야 한다고 9만큼 확신한다면, 상대방은 그 믿음에 의심을 주입하여 확신도를 낮추고자 할 것이다. 그 대신, 확신도를 10으로 올릴 수 있게 내가 놓친 부분을 깨닫게 해달라고 요청하거나(상대방에게 역으로 역할 부여를 하는 셈이다), 이렇게 말한다. "최저 임금을 인상해야 한다는 생각에 의심이 좀 드는데, 그 의심이 타당한지 잘 모르겠어. 내가 그 의심에 확신이 없는 게 타당하다고 생각해?" 왜 10으로 올리고 싶냐고 상대방이 물으면, 이렇게 말한다. "최저 임금 인상의 이점을 더 꼼꼼히 알아보고 싶어."

4. 믿음이 확고한 경우, 실제 확신하는 정도를 밝히고 믿음을 버리고 싶다고 덧붙인다.

가령 이렇게 말한다. "난 최저 임금을 인상해야 한다는 믿음이 확고한데, 내가 그렇게 생각하지 않았으면 좋겠어." 좀 더 강력한 버전은 다음과 같다. "난 [X]라는 믿음이 확고한데, [X]라고 믿는 건 도덕적으로 옳지 않다고 생각해." 대니얼 데닛이 말한 '믿음에 대한 믿음'(2장과 4장 참고)을 뒤집은 셈이다. 보통은 어떤 믿음을 가져야 한다고 생각해서 그 믿음을 갖지만, 나는 어떤 믿음을 가졌는데 그 믿음을 버리고 싶다고 주장하는 것이다.

그러면 5장과 6장에서 설명하는 도덕성 관련 기법 여러 가지를 쓸 수 없게 되고, 상대방은 낯선 상황에 놓이게 된다. 물론 상대방이 내 바람을 이루어주려고 더 열심히 개입을 시도할 수도 있지만, 쓸 수 있는 도구가 매우 제한되어 있을 것이다.

5. 속으로 다섯을 센다.

상대방이 속사포처럼 질문 공세를 퍼붓는다면(보통 초심자임을 드러내는 신호다), "아…" 또는 "어…"라고 말하고 머릿속으로 다섯을 천천히 센다. 가령 상대방이 "왜 그 말을 지금에서야 해?"라고 하면, "어…" 하면서 속으로 '하나… 둘… 셋… 넷… 다섯…'이라고 센다. 그러면 상대방이 쓰려는 기법의 효과가 사라질 것이다.[39]

6. 질문을 던져 상대방의 개입 시도를 반전시킨다.

상대방이 "그 믿음을 얼마나 확신해?" 같은 개입성 질문을 하면, 대답하지 말고 상대방의 질문에 대해 질문한다. 예컨대 "그 질문을 왜 하는지 물어봐도 될까?"라고 묻는다.

상대방이 만약 "듣고 배우고 싶다"라는 식으로 대답하면(1장과 2장), 이렇게 직접적으로 묻는다. "내 믿음에 개입해 믿음을 바꾸려고 시도하는 거야?" 상대방의 목표가 무엇인지 물어보고, 더 나아가 이렇게 물어보자. "10점 척도로, 바뀌어야 하는 믿음이 내 믿음이라고 어느 정도 확신해? 네 믿음이 바뀌어야 하는 믿음이 아니라는 걸 어떻게 알아?" 상대방도 개입을 시도한 계기가 된 믿음이 있을 것이다. 상대방의 '그' 믿음 쪽으로 논의의 초점을 옮김으로써 개입을 반전시켜 본다.

상대방의 개입을 방해하거나 반전시킬 수 있는 기법은 그 밖에도 많다. 다만 정석이 아닌 데다, 숙련 여하에 따라 간파당하기 쉽다. 또 위에 논한 기법들보다도 윤리적인 문제의 소지가 크므로 권장하지 않는다. 예컨대 다음과 같은 방법들이다.

- 라포르를 의도적으로 훼손한다.
- 나만의 인식 원리를 창안한다(키우는 고양이가 진실로 인도해준다고 주장하는 경우 등).
- 일상용어의 의미를 바꿔서 이 의미로 썼다가 저 의미로 썼다가 한다(논리학에서 '애매성의 오류'라고 하는 현상으로, 종교를 주제로 논의할 때 '신앙'이라는 단어 때문에 자주 빚어진다).
- 터무니없이 비현실적인 반증 조건을 내건 다음, 충족될 수 없으니 내 생각이 옳음을 더욱 확신한다고 말한다(예: "모든 난민의 범죄 경력을 보여준다면 내 생각을 바꾸겠어. 그런데 네가 그렇게 못 하고 있으니 내 생각이 옳다는 확신이 더 강하게 들어" 또는 "예수의 유골을 보여준다면 내 생각을 바꾸겠어").
- 일종의 상대주의 입장을 취하면서, 내게는 어떤 명제가 그냥 참이라고 주장한다(예: "누구나 총기를 소유해야 한다는 명제가 내게는 그냥 참이야").[40]
- 대화 중에 생각이 바뀌었다고 여러 차례 주장한다.
- 해당 분야에 철저하게 무지한 척한다(즉, 완전히 기초적인 사항도 모른다고 주장한다).

개입에 응하지 않는 방법을 설명하긴 했지만, 그냥 순순히 응해도 득이 되면 됐지 해가 될 것은 없는 상황이 대부분이다. 내 믿음에 누가 개입을 시도해준다면 오히려 다행이다. 스스로에 대해서도 더 알게 되고 남의 믿음에 개입하는 방법도 더 배울 좋은 기회다.

이 장에서는 다양한 전략과 기술 및 기법을 알아보고 비교적 숙련된 대화자를 위한 조언을 제시했다. 이 장에 소개된 기법의 대부분은 굳이 분류하자면 '생각이 닫힌 사람과 대화하는 법'으로 분류되는데, 믿음이 확고부동한 사람이나 정서적 이유로 믿음을 바꾸지 못하는 사람을 상대로 사용하면 가장 적합하기 때문이다.

이 기법들을 '전문가' 수준으로 보는 이유는 난도가 높거나(종합), 힘이 많이 들거나(감정 표출 돕기), 인내심이 많이 필요해서다(한계 파고들기). 즉석에서 시도하기 어려운 것도 있고(역할 부여), 내게 개입을 시도할 상대방이 있어야 하기에 연습하기 쉽지 않은 것도 있다(역개입 전략).

여기 설명한 기법들은 모두 비법이나 비책과는 거리가 멀다. 최면이나 세뇌가 필요한 기술도 아니다. 끈기 있게 연습해야 할 기술일 뿐이다. 두말할 필요 없겠지만, 연습을 거듭할수록 능숙해질 것이다. 또 이 책에 소개된 다른 기법과 조합하면 더 큰 효과를 볼 수 있다.

나는 정치나 종교나 철학 문제에 의견이 다르다고 하여
그 점이 친구와 거리를 두어야 할
이유가 된다고 생각해본 적이 없소.

_토머스 제퍼슨Thomas Jefferson이
윌리엄 해밀턴William Hamilton에게 쓴 글 (1800. 4. 22.)

이념가와 대화하는
두 가지 핵심 기술

#1 이념가를 대화 상대로 마주하기
상대의 도덕적 인식 원리를 이해한다

#2 도덕적 프레임 바꾸기
다른 도덕적 언어를 구사한다

이 책에서 말하는 이념가란 '자신의 믿음을 수정할 의향이나 여지가 없는 사람'을 뜻한다. 이념가와는 대화를 시도해도 대화가 이루어지기 어렵다. 그런 사람은 대개 메시지를 전달하며 일방적인 연설을 하기 마련이다.[1] 이 장에서는 이념가를 이해하고 대화 상대로 삼는 방법, 그리고 그런 사람의 인지에 개입하여 의심을 주입하기 위한 전략과 기법을 알아본다.

그 비결은 한마디로, 이념가의 도덕 감각이 그 사람의 개인적 정체성과 어떻게 연관되는지 이해하는 것이다. 그러려면 모든 대화는 세 가지를 동시에 다룬다고 생각하자. 사실(무슨 일이 일어났는가), 감정(어떻게 느끼는가), 그리고 정체성(자기 자신을 어떤 사람으로 생각하는가)이다.[2]

도덕적 주제를 놓고 대화할 때는 항상 정체성 문제가 논의의 중심이 될 수밖에 없다.[3] 직접 논하든 돌려서 논하든, 그럴 수밖에 없다. 이념가와 나누는 대화는(아니 누구와 나누는 대화이건) 비록 겉으로 사실과 사상을 이야기하는 대화처럼 보일지라도 실상은 도덕을 논하는 대화다. 또 그런 대화는 좋은 사람 또는 나쁜 사람이란 어떤 사람인지를 논하는 대화일 수밖에 없다. 우리는 그 연관성을 꼭 이해할 필요가 있다.

도덕과 정체성의 문제는 이성이 아니라 감정의 차원에서 소리 없이 판단이 이루어진다.[4] 비유적인 표현이 아니라 실제로 그렇다.[5] 사람의 뇌는 자신의 도덕이나 정체성에 관한 믿음에 이의를 제기 받으면 신체적 위험에 처했을 때와 똑같은 반응을 보인다.[6] 그래서 타인의 도덕과 정체성에 관여할 때는 매우 신중해야 한다. 우리 목표는 자기 믿음을 수정할 의향이나 여지가 없는 사람을 상대로 원활히 대화하거나 개입하는 것이다. 그러려면 다음을 할 수 있어야 한다.

첫째, 상대방의 도덕적 인식 원리를 놓고 대화한다.
둘째, 다른 도덕적 언어를 능숙히 구사하는 능력을 키운다.

지금부터 이 두 기술을 설명하고 어떻게 익힐 수 있는지 알아보겠다. 이 책의 다른 전략들과 함께 활용한다면, 생각이 확고부동한 상대방과 더 원활하게 대화할 수 있을 것이다. 가령 종교적 강경주의자나 정치적 극단주의자를 비롯해, 어떤 이념가와도 알찬 대화를 기대할 만하다.[7] 하지만 시작하기 전에 유념하자. 숱한 난관이 있을 것이다. 이념가와의 대화는 아무리 최상의 기법을 올바르게 적용한다 해도 대단히 어렵다. 인내와 끈기가 필요한 일이다. 잘 모르겠으면 기초로 돌아가자. 즉, 듣고 배우자. 그리고 물론, 대화를 중단해야 할 때인지도 잘 판단하자.

참고로 이 장에서 다루는 기술은 '달인' 수준으로, 구사를 시도하기 전에 앞에서 배운 내용에 숙달할 것을 강력히 권한다. 또, 이 장에서 설명하는 내용의 바탕이 되는 이론과 자료 대부분은 주석에서 상세히 다루고 있다. 도덕적 대화의 특성과 원리를 더 정확히 이해하고자 하는 독자는 읽어보기를 권한다.

#1 이념가를 대화 상대로 마주하기

말이 통하지 않는 대화는 대개 핵심적인 특징이 하나 있다. 둘 중 적어도 한 사람이 자기 믿음을 반증할 수 있는 현실적인 조건을 제시하지 못하거나, 그런 기준이 존재하지 않는다고 주장하는 것이다. 그 밖의 특징이라면, 대화 주제를 자기 이야기 쪽으로 돌리는 것, 모든 일을 자신의 도덕적 시각으로 바라보는 것, 서로 의견이 갈릴 때마다 상대방이 뭔가를 이해하지 못하거나 상대방에게 도덕적 결함이 있다고 간주하는 것 등이 있다.

또 이에 따라 나타날 수 있는 행동적 특성으로는 극단적 과민성, 지나친 방어적 태도, 정의로움의 과시, 반대 의견을 듣지 않으려는 태도, 필요 이상의 분노, 힐난, 모욕적이거나 비방적인 멸칭의 사용 등이 있다.[8] 그 밖에도 여러 특징이 있을 수 있지만, 모두 정도에 차이가 있을망정 적대감이나 독선 또는 고착성을 보이는 행동이다.[9] 고착성을 명백히 드러내는 신호 하나는, 의견 차이가 불거질 때 도덕을 무기 삼아 공격하는 행동이다. 가령 "그 결론이 맞는지 잘 모르겠는데"라고 했을 때 상대방이 도덕적으로 나쁜 사람이라는 식으로 대응하는 것이다(예: "넌 아이들이 죽건 말건 상관없잖아!").

그렇게 되면 양방향 대화라는 것은 도무지 불가능해 보인다. 상대방이 대화가 아니라 '전도'를 하려고 하는 상태이기 때문이다. 신념을 확고히 붙들고 있는 사람과 대화하는 일은 망치만 들고 있는 사람과 체스를 두는 것과 비슷하다.[10] 답답하고 속이 끓어오르는 것은 물론, 더 나아가 신체적으로 위험한 상황이 초래될 수도 있다.[11]

그런 대화는 얼핏 사실(혹은 비난과 고함)의 차원에서 펼쳐지는 것처럼 보인다.[12] 이념가와의 대화는 겉으로는 어떤 쟁점이나 사상이나 증거를 놓고 벌어지는 대화처럼 보인다. 하지만 속을 들여다보면 결국 도덕 문제에 관한 대화다. 그리고 그 도덕 문제는 이념가의 자아 개념에 뿌리를 박고 있다. 이를테면 자신이 도덕적이라는 인식, 어떤 공동체에 속했다는 소속감 등이다.

적절한 도구를 갖추고 끈기 있게 임한다면, 그런 사람과도 대화할 수 있다. 설령 터무니없는 믿음이라 할지라도 주제로 놓고 대화할 수 있다. 요령은 바로, '도덕적 인식 원리moral epistemology'에 집중하는 것이다. 다시 말해, 상대방의 믿음 자체가 아니라 그 믿음이 옳음을 어떻게 아는지를 놓고 이야기하자. 그리고 그 믿음이 개인적 정체감에 어떻게 기여하는지 이야기해보자.[13]

| 이념가를 상대하는 대화 패턴 |
반증 기준을 제시하지 못하는 상대방과 대화를 계속하고자 한다면, 다음의 틀을 따를 것을 권한다.

1. 상대방의 정체성을 긍정해준다.

상대방의 의도를 인정하고 상대가 스스로 그렇게 여기고 있는, 선하고 도덕적인 사람이라는 정체성을 긍정한다. 특히 상대방의 믿음이 불쾌하게 느껴지면 더욱 그렇게 한다.[14]

2. 대화 주제를 밑바탕에 깔린 가치관으로 옮겨간다.

3. 밑바탕에 깔린 가치관을 주제로 더 깊은 대화를 청한다.
이로써 믿음에서 도덕적 인식 원리로 대화의 초점이 이동한다.

4. 상대방의 도덕적 인식 원리에 의심을 불어넣는다.
자기가 도덕적 믿음을 도출하는 과정에 스스로 의문을 가질 수 있게 한다.[15]

5. 도덕적 인식 원리에서 결론으로 이어지는 연결 고리가 저절로 끊어지게 한다.
이 단계는 대화 이후에 진행된다.

이 패턴 역시 과정을 따르는 게 핵심이다. 도덕적 인식 원리도 다른 인식 원리와 마찬가지로, 상대방이 뭔가를 어떻게 아는지 알아내려 하는 접근법은 같다. 하지만 도덕적 믿음은 대부분의 사실적 지식 주장보다 훨씬 더 복잡한 사회·문화적 환경이 바탕에 있다는 특징이 있다. 그래서 도덕적 믿음에 접근하려면 '감정'에 관한 질문을 파고들어야 할 수도 있다. 이를테면 "그 믿음이 왜 다른 믿음보다 타당하다고 느끼는가?" 혹은 "어떤 믿음이 옳다는 느낌이 강하게 들면, 옳을 가능성이 더 큰가?" 등이다. 그런 감정 질문을 통해 대화의 간극을 메울 수 있다. 알 수 없는 이유로 소통이 잘되지 않을 때는, 외견상으로는 사실이 대화의 핵심인 것처럼 보인다(총기 사고 사망 건수, 이민 관련 통계, 공장식 축산의 실태 등). 그러나 실제로는 밑바탕에 깔린 감정 · 도덕의식 · 정체성의 문제가 대화의 핵심이라는 데서 빚어지는 간극이 문제인 경우가 많다.

도덕적 인식 원리는 파악하기가 특히 어려울 수 있다. 대부분은 도덕적 믿음의 기초를 질문받다 보면, 그렇게 꼭 믿어야 할 이유가 충분치 않다는 점을 금방 절감한다. 따라서 불편감을 느끼면서 저항하기 마련이다. 그렇지만 도덕적 인식 원리를 탐문하는 방법은 일반적인 인식 원리를 탐문하는 방법과 다르지 않다. 상대방이 도덕적 결론에 어떻게 도달했는지 진지하게 묻고, 그 추론 과정이 합당한지 살펴보고, 상대방이 생각하는 '좋은 사람'의 의미와 관련해 명확한 반증 질문을 집중적으로 던지는 방식으로 이루어진다.

대화 패턴에서 제시한 각 단계를 좀 더 자세히 살펴보자.

1. 상대방의 의도를 인정하고, 선하고 도덕적인 사람이라는 정체성을 긍정한다.[16]

이렇게 말해보자. "좋은 사람이 되는 게 당신에게 중요하다는 점을 잘 알겠다." 그 점을 인정해야 하는 이유는, 이념가들이 자기 자신을 둘 중 하나로 보는 경향이 있기 때문이다. 고결한 도덕적 지주, 아니면 구원을 갈망하는 절박한 죄인이다. 둘 중 어떤 경우건, 상대방이 좋은 사람이거나 좋은 의도를 가졌다는 점을 긍정하는 것이 무척 중요하다. 그래야 상대의 방어 태세가 다소 풀리고, 따라서 극단적 믿음을 온건하게 만들 길이 열릴 수도 있기 때문이다.[17] 또, 다음 과정을 시행하기 전 준비 단계로서도 필요하다.

긍정하는 말은 의식하고 찾아보면 항상 존재한다. 최소한 상대방의 도덕 세계를 인정하고(수긍하는 것이 아니다), 그 테두리 안에서 능숙하게 처신하고 있음을 인정해줄 수는 있을 것이다. 상대방의 견해가 워낙 혐오스러워 당혹스럽다 해도, 선한 의도를 인정해주자. 특히 좋은 사람이 되려는 의도를 인정해주자(1장 '의도' 참고).[18] 이 과정이 특히 중요한 이유는, 상대방이 '좋은 사람'의 의미를 스스로 묻게끔 만드는 큰 과정의 한 부분이기 때문이다. 좋은 사람이 되려고 애쓰고 있음을 인정해준다고 해서 상대방이 인류의 복지를 증진하고 있다거나 세상의 고통을 덜어주고 있다는 뜻은 아니다. 자신의 목표를 잘 달성하고 있다는 뜻도 아니다. 이 첫 단계는 가치관과 선의를 인정해주는 의미일 뿐, 그이상은 아니다. 상대방이 도덕을 중시하며, 좋은 사람이 되기 위한 나름의 요건을 따르고 있음을 인정해주는 것뿐이다.

마지막으로, 이 단계에서 '좋은 사람이란 무엇인가?'를 파고들 필요는 없다. 단지 좋은 사람이 된다는 목표가 상대방에게 중요하다는 점을 간단히 인정하고 긍정하기만 하면 된다.

대화가 실패하는 경우를 보면, '상대방이 나름의 도덕적 선을 이행하고 있다'는 점을 서로 인정하지 않은 게 원인일 때가 많다. 그런 사태를 막기 위한 처방은 간단하다. "좋은 사람이 되는 게 당신에게 중요하다는 점을 잘 알겠다"라고 말하면 된다.

2. 대화 주제를 밑바탕에 깔린 가치관으로 옮겨간다.[19]

이렇게 묻는다. "그 믿음이 당신에게 정말 중요한 의미가 있는 것같다. 믿음의 근거는 무엇인가?" 혹은 "그 믿음은 어떤 가치를 기반으로 하는가?"나 "그 믿음에 어떻게 도달했는가?"라고 묻는다.

강고한 믿음은 가치관과 동떨어져 존재할 수 없다. 논쟁적 대화는 거의 항상 어떤 가치관에 따른 믿음을 두고 벌어진다. 가령 미국에서 이민자 문제를 놓고 의견이 대립하는 사람들은, 저마다 "훌륭한 미국인이라면 이렇게 믿을 것이다. 나는 훌륭한 미국인이다. 그러므로 나는 그렇게 믿는다"라는 식으로 생각하는 경우가 많다. 대화를 관찰하면 외견상으로는 이민자 수를 몇 명으로 제한하는 게 적절하다거나, 어떤 국적만 이민을 허용해야 한다거나 하는 문제를 놓고 이야기하는 듯하지만, 더 깊이 들여다보면 훌륭한 미국인은 어떤 가치를 지켜야 하느냐 하는 인식을 놓고 논쟁이 벌어진다. 아니면 상대방이 추구하는 가치는 훌륭한 미국인과는 무관하고 '최대 다수의 최대 행복'을 증진하는 데 있는지도 모른다. 그렇다면 그것이 상대방이 밑바탕에 깔고 있는 가치가 된다.

상대방의 믿음에 어떤 가치가 깔려 있는지 알아보는 좋은 방법 하나는, 간단히 "그 생각은 어떤 가치에 근거한 것인가?"라고 묻는 것이다. 하지만 그렇게 물었을 때 대답이 바로 나오지 않아 추가 질문이 필요할 때도 있다. 이럴 때는 대화의 초점이 엇나가는 것을 막기 위해, 2장에서 설명한 것처럼 질문 위주로 대화를 풀어나가도록 하자. 상대방이 밑바탕에 깔고 있는 가치관을 이해하기 위한 추가 질문은 다음과 같다.

① "어떤 가치관이 바뀌어야 당신의 견해가 옳지 않게 될 것인가?"
· 예컨대 이민 문제의 경우, 이민자는 주로 유색인종이며 미국

은 백인의 나라여야 한다는 백인 종족주의가 바탕에 깔려 있을 수 있다. 아니면 문화적 순수성이 중요하다거나 사회적 특권은 땀 흘려 얻어야 한다는 인식이 바탕에 깔려 있는데, 그것이 '이민자들이 문화를 변질시키고 일자리를 빼앗아간다'라는 구호로 나타나는 것일 수도 있다. 이어서 이렇게 묻자. "그 가치관이 바뀐다면 당신의 결론도 바뀔 것인가?"

- 안락사 문제의 경우, 안락사를 일체 허용하지 않아야 한다고 믿는 사람은 오직 신만이 인간의 운명을 결정할 수 있다는 믿음에서 그러는 것일 수 있다. 그렇다면, 인간의 목숨은 신성하며 신의 영역이라고 보는 생각이 상대방이 밑바탕에 깔고 있는 가치라고 할 수 있다.

② "어떤 조건이 달라져야 당신의 믿음이 옳지 않게 될 것인가?"

- 이는 반증 질문의 또 다른 형태다. 어렵고 추상적인 질문이므로, 밑바탕에 깔린 가치관을 끌어내리려면 후속 질문을 해야 할 수도 있다. 실제적인 예를 들어주는 것도 좋다. 앞서 4장에서 언급했던 예시를 다시 살펴보자. "어떤 조건이 달라져야 지구 밖 우주에 지적 생명체가 존재하지 않는 게 될까?"라는 질문에, 간단히 "우리가 최초일 수도 있잖아"라는 대답이면 대개 충분하다.

대화의 초점을 가치관으로 옮겨감으로써, 상대방이 평소에 연습해놓았던 방어 수단을 쓰지 못하게 막을 수 있다. 그 방어 수단은 대개 일종의 순환논법으로, 예를 들면 "경전에 그렇게 적혀 있어서 믿는 것이며, 경전은 옳다" 또는 "백인은 모두 인종차별주의자이며, 그 사실을 부인하고 스스로 인종차별주의자가 아니라고 하는 백인도 마찬가지다" 같은 형식을 띤다.[20] 이념가들은 자신의 믿음을 방어하는 데는 능숙하지만, 믿음에 도달한 과정을 방어하는 데는 허술하다. 한 예로 기독교 신앙 변증가들은 예수의 부활 등 자신의 결론을 방어하기 위한 논리를 엄청나게 정교하게 갖추어놓았지만, 신앙을 발판 삼아 그러한 결론에 도달하는 과정 자체에 대해서는 방어 논리가 빈약하다.[21]

마지막으로, '너무 철학적인' 이야기를 하는 것처럼 보일까 봐 걱정하지 말자. 사람은 대개 자기 자신이나 자신의 믿음에 관해 이야기할 기회를 반긴다.

3. 밑바탕에 깔린 가치관을 주제로 더 깊은 대화를 청한다.
"(앞의 2단계에서 상대방이 밝힌 내용을 언급하며) 그것 흥미로운데. 그 가치관 이야기를 좀 더 해보자"라고 말한다. 이제 우리 목표는 상대방이 자신의 가치관이 정확히 무엇인지, 어디서 왔는지, 옳다는 걸 어떻게 아는지, 자신의 정체성과 어떻게 연관되는지 밝히도록 이끄는 것이다. 다음과 같이 질문하자.

- 좋은 사람이 되기 위한 조건은 무엇이라고 생각하는지 더 듣고 싶다. 그렇게 행동하면 좋은 사람이 된다는 걸 어떻게 알 수 있는가? 어떤 사람이 그렇게 행동했는데, 뭔가 다른 이유에서 그랬다면?
- 좋은 사람의 특성을 정의한다면? 좋은 사람이 되려면 생각이 중요한가, 행동이 중요한가? 아니면 둘 다인지?

- 좋은 사람이 되려면 가져야 할 사고방식이 있는지?(상대방이 자기 인식 원리를 방어해야 한다는 압박감 없이 돌아보게 할 수 있는 질문이다.)
- [X]라는 믿음과 좋은 사람의 연관성은? 어떤 사람이 그 믿음을 가졌지만, 뭔가 다른 이유에서라면? 그래도 좋은 사람이라 할 수 있나?
- 당신은 어떤 가치관으로 인해 그렇게 느끼고 믿게 되었는가?
- 당신이 그 믿음을 버린다면 덜 도덕적인 사람이 될 거라고 생각하는가? 이유는?
- 그 믿음을 갖지 않은 사람은 (당신보다) 덜 도덕적이라고 봐야 하는가? 이유는? 부도덕한 게 아니라 단지 생각을 잘못한 것일 수도 있을까?(본인에게도 같은 기준을 적용할 수 있게끔 넌지시 유도하는, 중요한 질문이다.)
- 그 믿음을 갖지 않았지만, 선하고 도덕적인 사람이 주변에 있다면 어떻게 이해하겠는가? 또 그 반대의 믿음을 가졌지만 선하고 도덕적인 사람이라면?
- 뭔가 다른 방식으로 그와 비슷한 결론에 도달한 사람이 있다면? 그래도 올바른 견해라고 할 수 있나? 가령, 어떤 사람이 자기가 중범죄자이기 때문에 중범죄자에 대한 총기 판매 제한은 옳지 않다고 믿는다면?

누구든 자신의 가치관을 당연하게 간주하므로, 이 단계는 시간을 들여 진행할 필요가 있다. 이 단계의 목표는 정체성과 관련된 여러 질문을 명확하게 던짐으로써 상대방이 자신의 도덕적 인식 원리를 스스로 설명하게 하는 것이다. 질문 하나하나가 일종의 면도날 역할을 하여, 상대방의 믿음과 그렇게 믿는 이유를 이어 주는 밧줄의 가닥을 조금씩 끊을 수 있다. 물론 완전히 끊어지려면 시간이 필요하다. 상대가 혼자 생각해볼 기회도 필요하다.[22]

4. 상대방의 도덕적 인식 원리에 의심을 불어넣는다.

인식론이란 지식에 관한 논의로(2장 '인식 원리에 주목하기' 참고), '우리는 우리가 안다는 것을 어떻게 아는가?'라는 질문에 대한 답이다. 도덕적 인식론은 인식론을 도덕에 적용한 것일 뿐이다. 다시 말해, '도덕적 진리를 어떻게 아는가'라는 질문에 대한 답이다. 아니면 이렇게 생각할 수도 있다. 도덕은 우리가 어떻게 행동하고 무엇을 믿어야 하느냐에 관한 것이고, 도덕적 인식론은 '그걸 어떻게 아느냐' 하는 것이다.

'나는 어떤 가치를 중시해야 하는가?'라는 질문에 대한 답을 스스로 어떻게 찾았는지 신중히 검토해본 사람은 드물다. 정의, 공정, 충성, 진실 같은 도덕적 개념의 의미와 시사점을 깊이 고민해본 사람 역시 드물다. 이는 피터가 교도소 수감자를 교육하고 종교적 강경주의자와 대화하면서, 그리고 논쟁적인 도덕 문제를 주제로 수천 회에 걸쳐 여러 사람과 대화하면서 알게 된 사실이다. 우리는 도덕적 직관이 있다. 거기에다가 각자가 속한 사회, 가정, 종교, 문화 등의 영향으로 스스로 도덕적 진리를 잘 알고 있다고 착각한다. 도덕을 어떻게 수호해야 하는지, 위반 행위를 어떻게 적발해야 하는지, 위반자를 어떻게 처벌해야 하는지 당연히 알고 있다고 생각한다.

우리의 믿음을 제약하는 요소는 많다. 우리의 믿음은 감정, 문화, 심리적 요인뿐 아니라 정보 접근성의 차이, 경제·사회적 계층 등 개인적 여건, 유전적 특성, 당대의 시대정신에도 좌우된다. 그러나 자신이 도덕적 지식에 이른 '과정'이 과연 신뢰할 만한지 깊이 고민하고 따져본 사람은 드물다. 문제는 그럼에도 우리는 그런 성찰을 이미 마쳤다고 생각한다는 것이다. 우리는 어떤 행동이 좋은지 나쁜지, 어떤 사람이 좋은 사람인지 나쁜 사람인지 직감적으로 판단한다. 우리가 내린 도덕적 결론이 옳다고 강하게 느끼면서도, 그런 결론에 이르게 된 과정에 대해서는 보통 잘 알지 못한다.

누구나 도덕적 인식 원리를 건드려보면 허술함이 드러난다. 그 취약점을 이용해 믿음에 개입하자. 우리의 믿음에는 빈틈이 있다. 그 빈틈을 파고들어, 의심을 불어넣고 믿음에 대한 확신을 낮출 수 있게 돕자. 그리고 겸허한 자세로 나아가는 기회로 삼자.[23]

5. 도덕적 인식 원리에서 결론으로 이어지는 연결 고리가 저절로 끊어지게 한다.

이상의 과정을 마치고 나면 대화를 마무리한다. 이제는 믿음이 옳다고 얼마나 확신하는지 숫자로 다시 물어보는 것도 좋다. 도덕적 믿음에 대한 상대방의 생각을 바꿀 수 있게 도우려면, 그 가치관이 옳다는 결론을 내린 과정에 의심의 씨앗을 뿌리는 것을 목표로 하자. 의심의 씨앗은 앞에서 비유했듯 일종의 면도날이 되어줄 것이다. 달리 표현하면, 상대방의 믿음과 그 믿음을 도출한 과정 사이의 간극을 벌려줄 것이다.

지금까지 주의 사항을 곁들여 과정을 상세히 설명했지만, 실전은 말보다 쉽지 않다. 이 과정을 실천하는 방법에 정답은 없다. 이념가와 대화할 때는 늘 대화의 밑바탕에 감정과 정체성의 깊은 물결이 흐르기 마련이다. 자칫 그 물결에 휩쓸려 도덕적 인식 원리를 향해 나아가는 여정이 험난해지기 쉽다. 표류하는 대화의 중심을 거듭 되돌려, 정체성 관련 가치관 질문으로 돌아가거나 혹은 상대방의 사고방식을 알려는 시도에 다시 집중할 필요가 있다. 성공하려면 인내, 침착, 끈기가 기본적으로 필요하다.

순탄치 않은 과정에 대비해 마음의 준비를 하자. 상대방의 도덕적 인식 원리와 그에 따른 결론 사이의 간극을 벌리는 일은 '정체성 격동identity quake'을 불러일으킬 수 있다.[24] 정체성 격동이란, 자신의 핵심 가치가 붕괴함에 따라 일어나는 감정적 반응을 가리킨다. 이를테면 방어적 태도, 혼란, 위기감, 분노 등이다. 상대방은 나를 신뢰할 수 없는 사람으로 보고 적대시할 수도 있다. 어쩌면 상대방의 정체성 격동에 내가 말려들 수도 있고, 우정이 깨질 수도 있다. 상대방은 옛 정체성이 서서히 쇠퇴하는 가운데 부인, 분노, 우울, 죄책감을 차례로 겪으며 애도 과정을 밟을 수도 있다.[25]

마지막으로, 목표를 현실적으로 잡자. 우리는 위의 대화를 통해 상대방의 도덕적 태도를 '미세하게' 변화시킬 수 있을 뿐이다. 사랑하는 이의 갑작스러운 죽음 등 무언가 파국적인 상황이 닥쳐 대대적인 지각변동을 일으키지 않는 한, 한 사람의 도덕적 태도는 매우 더디게 바뀐다. 특히 옳고 그름, 삶의 목적, 공동체, 가족, 정체성, 죽음 같은 중요 문제에 대한 태도는 잘 바뀌지 않기 마련이다. 만약 의심을 불어넣는 데 성공했거나, 믿음에 이른 과정에 비추어 믿음을 확신할 만한 타당성이 그리 크지 않다는 깨달음을 상대에게서 끌어냈다면, 더 밀어붙이지 말자.

상대에게 생각을 가다듬고 입장을 재고할 여유를 주자. 도덕적 세계관을 수정할 시간을 주자. 자신이 지나치게 부푼 확신을 가졌다는 점을 스스로 깨닫는다면, 믿음을 수정하기도 더 쉬우며 또 수정 결과가 지속할 가능성도 더 높다. 끝으로, 퇴로를 만들어주는 것을 잊지 말자. 상대방이 생각을 바꾸었다면 용기를 칭찬해주자.

| 핵심 요약: 이념가와 대화하려면 |

이념가, 광신자, 극단주의자 등 도덕적 신념이 고착된 사람과도 생산적인 대화를 나눌 수 있다. 다만 그 과정이 까다롭고 인내가 필요하며, 성공하리라는 보장이 없다는 점을 명심하자.[26]

상대방의 마음속에 의심을 불러일으키기 위한 관건을 순서대로 짚어보면, 본인이 선한 사람이라는 인식 긍정하기, 가치관과 정체성으로 초점 옮기기, 도덕적 인식 원리 질문하기다. 앞에 제시한 다섯 단계를 또 다른 형태의 패턴으로 아래에 정리해본다.

1. 상대방이 이념가임을 확인한다.

상대방이 어떤 믿음의 확신도를 10으로 제시하면서 믿음을 반증할 조건이 존재하지 않는다고 하거나 터무니없이 비현실적인 조건을 제시한다면, 이념가가 확실하다고 볼 수 있다.

도덕적 믿음은 확신도가 높을수록(특히 8~10) 그 믿음에 관한 엄밀하고 타당한 근거를 찾기가 어렵다는 점을 기억하자. 설령 확신도가 그리 높지 않은 사람이라 해도(6~7), 가지고 있는 근거가 빈약해 조금만 따져도 허물어지는 경우가 많다.

2. 상대방의 의도와 동기를 인정하고, 선하고 도덕적인 사람이라는 정체성을 긍정한다.

이념가를 상대할 때는 우선 자존감을 확보해주어야 한다. 도덕적 인식 원리에 대한 확신을 흔드는 일은 나중이다. 이념가에게는 먼저 자존감을 확보해주지 않고서는 어떤 기법도 통하지 않는다.

3. 대화 주제를 밑바탕에 깔린 가치관으로 옮겨간다.

4. 밑바탕에 깔린 가치관을 주제로 더 깊은 대화를 청한다.

가치관을 공유한다는 의식이 자리 잡을 수 있도록 최선을 다한다. 2장의 '극단주의자와 선 긋기' 기법을 활용하거나, 위의 2단계에서 인정했던 인류 보편의 가치에 호소하면 도움이 된다.

5. 상대방의 도덕적 인식 원리에 의심을 불어넣는다.

이 책의 앞 장에서 소개했던 기법들을 구사하면서 명확한 질문을 제시한다. 질문의 역할은 상대방의 믿음과 정체감을 잇는 연결 고리에 의문을 던지는 것이다. 그럼으로써 상대방이 밑바탕에 깔린 가치를 실현할 방법은 그 밖에도 다른 것들이 있음을 스스로 깨닫도록 유도할 수 있다. 예를 들어, 상대방이 자녀의 백신 접종을 거부한다면 이렇게 묻자. "좋은 어머니란 어떤 사람일까요?" 그렇게 물으면 대화의 초점은 더 일반적인 도덕적 논의로 옮겨지게 된다. 또 상대방이 미리 연습해두었을 법한 사실 위주의 메시지 전달 행위를 미리 막을 수 있다. 그 점을 논의한 다음, 상대방이 생각하는 좋은 어머니의 역할을 이행하는 데 예방접종이 기여할 수 있는 부분을 이야기해볼 수 있다. 주제를 도덕적 인식 원리로 자연스럽게 옮겨가는 이상적인 요령이다. 사실의 언급을 피하는 것도 잊지 말자.[27]

필요한 경우는 상위 정체성(3장 참고)에 주목한다. 대화가 인종, 성별 등 '정체성 정치'의 단골 소재 쪽으로 흐르면 방어적 태도가 유발되고 감정이 폭발할 수 있다. 대화가 벽에 부딪히거나 분위기가 과열되면, 상위 정체성에 초점을 맞춘다. 그러면 분열 대신 통합을 유도하는 효과가 있다. 집단적 특성(피부색, 신체적 성별 등) 대신 서로의 공통점에 주목해보자. 예를 들면 대략 이런 식이라 할 수 있다. "그래, 넌 백인이고(이슬람교 신자고) 난 흑인이야(기독교 신자야). 하지만 무슨 상관이야, 우리 둘 다 미국인이고 같은 인간이잖아." 대화의 초점을 공통의 정체성 쪽으로 옮기는 발언임에 주목하자. 질문 형태로는 다음과 같이 말할 수 있다. "어쨌든 우리 둘 다 같은 미국인이잖아? 같은 인간이잖아?" 이는 알다시피, 인권사에 큰 자취를 남긴 1950~60년대 미국 흑인 민권 운동이 기본적으로 취했던 논리이자 기조이기도 하다.

6. 상대방의 도덕적 인식 원리(가치관을 바탕으로 도덕적 결론에 도달한 과정)에서 결론으로 이어지는 연결 고리를 끊는다.

7. 인내심을 잃지 않는다.

8. 퇴로를 만들어준다.

9. 안전에 위험이 느껴지면 자리를 피한다.[28]

　마지막으로, 나 자신이 이념가가 아닌지 확인해야 할 필요도 있다.[29] 내 사고와 행동이 혹시 이념가를 닮지 않았는지 알아보려면, 우선 이렇게 해보면 좋다. 내가 간직한 믿음을 생각해보고, 반증 질문을 스스로 던져본다. 그다음 답을 종이에 적어본다. 굳이 종이에 적어야 하는 이유가 있다. 물리학자 리처드 파인먼Richard Feynman의 말을 빌리면, '세상에서 가장 속이기 쉬운 사람은 나 자신'이기 때문이다. 그다음 종이에 적은 문장을 살펴본다. 나와 같은 도덕관을 공유하지 않는 친구에게 보여주고, 그중 터무니없이 비현실적인 것이 있는지 물어본다. 만약 친구가 "있다"라고 하면, 내 믿음을 더 깊이 성찰해보는 기회로 삼자. 이때 물어볼 사람이 나와 도덕관이 같은 사람들뿐이라면, 인간관계를 좀 더 넓혀야 할 때다.

　만약 반증 조건이 도저히 떠오르지 않는다면, 내 믿음을 그렇게 확신하는 게 타당한지 정직하게 성찰해보자. 잊지 말자. 믿음을 유지하고 싶은 마음이 강할수록, 그 믿음은 수정하기 어렵다. 나와 의견이 다른 사람을 모두 도덕적으로 뭔가 결핍되었다고 보는 경향이 있다면, 혹은 그런 사람을 거의 하나로 뭉뚱그려 도덕적으로 비하하는 표현을 쓰고 있다면, 내가 이념가일 공산이 크다. 그렇다면 나 자신에 대해 일련의 개입을 시행할 필요가 있다.

#2 도덕적 프레임 바꾸기

상대방과 나의 도덕적 직관에 차이가 있을 때 그 차이를 메우려면 어떻게 해야 할까? 이럴 때는 대화를 바라보는 도덕적 프레임을 바꿔보자. 도덕적 프레임을 바꾼다는 것은 생각이나 주장을 기존과 다른 도덕적 용어로 표현함으로써, 상대방의 방어 태세를 누그러뜨리고 공감을 끌어내려는 시도를 뜻한다.[30] 어찌 보면 새로운 언어를 배우는 것과 비슷하다. 무슨 뜻인지 지금부터 예를 들어 구체적으로 설명하겠다.

2018년 8월 20일, 트럼프 대통령은 트위터에 이렇게 썼다.

> 유독한 합성 마약 펜타닐이 중국에서 미국으로 쏟아져 들어오고 있다. 경악할 일이다. 우리 손으로 당장 막아야 한다! 상원은 금지법을 통과시켜 이 독극물이 우리 아이들 목숨을 앗아가고 나라를 무너뜨리는 것을 단호히 막아야 한다. 더는 지체할 수 없다!

《디 애틀랜틱》의 전속기자 코너 프리더스도프가 이 트윗을 도덕 심리학자 조너선 하이트Jonathan Haidt에게 전하고 의견을 물었다. 하이트의 반응은 다음과 같았다.

> 와. 자그마치 정결(독극물 유입), 충성(우리 대 그들), 권위(지도자들이 국민을 지켜야 함), 배려(아이들)라는 네 개의 기반에 동시에 호소하는, 드문 경우군요.

다시 말해 트럼프 대통령의 트윗은 대단히 광범한 도덕 가치 기반, 즉 도덕적 직관에 호소하고 있다는 것이다.

| 도덕적 직관 이해하기 |

도덕적 직관이란 특정한 가치에 상대적으로 더 이끌리는 성향이라고 볼 수 있다. 그러한 가치로는 가령 생명의 신성함, 자유, 안전, 순수함 같은 것이 있다. 우리는 도덕적 직관이 생기고 난 다음에야 비로소 과연 어떤 행동이 옳은 행동인지, 또 우리 직관이 타당함을 어떻게 알 수 있는지(즉, 도덕적 인식 원리) 찬찬히 따져보게 된다. 예컨대 정치 분야에서 진보주의자, 보수주의자, 자유지상주의자는 서로의 도덕적 직관을 이해하지 못해 서로 딴 얘기를 하기 일쑤다.[31] 하이트는 한 연구를 통해 그렇게 되는 이유는 집단마다 도덕적 직관이 다르기 때문임을 밝혔다.[32] 그의 연구는 진보주의자의 주장이 보수주의자에게 통하려면 보수적 가치에 부합하는 형태를 띠어야 하며, 그 반대도 마찬가지라는 점을 이해하는 데 대단히 중요한 열쇠다.[33]

더글러스 스톤Douglas Stone 등이 공저한 저서에는 이렇게 설명되어 있다. "프레임 바꾸기란 상대방이 하는 말의 골자를 파악해 더 유용한 개념으로 '번역'하는 것을 뜻한다."[34] 대화가 벽에 부딪히기 전에 미리 프레임을 바꿔보자. 상대방의 도덕적 직관에 와닿는 용어로 주제를 다시 표현해보자.

이 책에서 권장하는 도덕적 프레임 바꾸기는 하이트의 이론적 틀에 뿌리를 두고 있다. 먼저 기본적인 내용을 소개하고, 그런 다음 하이트가 소개하는 범주를 이용한 도덕적 프레임 바꾸기의 방법을 설명하겠다.

| 도덕적 기반 |

하이트와 동료 연구자들은 현재까지 여섯 개의 도덕적 기반을 제안했다. 각기 상반되는 가치와 짝을 지어, 다음과 같이 제시했다.

- 배려/위해
- 공정/부정
- 충성/배신
- 권위/전복
- 정결/오염
- 자유/억압[35]

하이트의 설명에 따르면, 위의 도덕적 기반은 미각을 구성하는 기본 맛(단맛, 신맛, 짠맛, 쓴맛, 감칠맛)과 비슷하다. 마치 신체 감각처럼 친밀하고 신속하게 느껴지면서, 신체가 아닌 사회적 차원에 속한다.[36] 이해하기 쉽게, 우리가 밑바탕에 간직한 가치에 대응하는 감각이라고 생각해도 좋다. 보수주의자는 여섯 개의 도덕적 기반에 모두 반응을 보이는 경향이 있으며, 그중에서도 충성, 권위, 정결에 특히 이끌리고 배려에는 덜 이끌리는 경향이 있다. 진보주의자는 배려와 공정을 가장 중시하고 그다음으로 자유를 중시하며, 나머지 세 기반은 거의 존재하지 않는(또는 크게 다른 방식으로 나타나는) 양상을 보인다.[37] 자유지상주의자는 자유를 유일하게 중시하며, 나머지 다섯 기반은 그리 중요하게 여기지 않는다.[38]

이렇게 도덕적 기반이 다르다는 사실을 유념하면, 정치 대화를 더 원활하게 풀어나갈 수 있다. 총기 규제 문제를 예로 들어보자. 보수주의자는 사회의 정결함과 관련이 있는 안전, 그리고 자유를 우선시하는 가치관을 가진다. 이를테면 위협 요인으로부터 자신을 방어할 능력을 중요한 가치로 생각한다.[39] 반면 진보주의자는 총기 문제를 논할 때 그런 가치를 거의 언급하지 않으며, 그 대신 피해 관련 통계에 주목한다.[40] 하지만 진보주의자가 이렇게 말한다면 어떨까? "왜 그렇게 생각하는지는 알겠어. 그런데 사람은 실수를 하잖아. 그래서 난 총기를 그렇게 쉽게 보유할 수 있다고 하면 안전이 오히려 저해되는 느낌이 들고, 안전이 저해되니 자유도 저해되는 느낌이 들어." 총기 살인이나 사고로 인한 사망 통계를 인용하는 것보다 보수주의자에게 훨씬 잘 통할 것이다. 또 보수주의자는 개인 총기 소유를 허용함으로써 효과적으로 방지할 수 있는 피해의 종류를 논한다면 진보주의자에게 더 잘 통할 것이다.[41]

정치적 대화는 거의 항상 기반 가치에 뿌리를 박고 있다. 따라서 상대방의 기반 가치가 나와 다르면 풀어나가기 굉장히 어렵다. 기반 가치가 다르면 사안을 바라보는 프레임이 달라지고, 중시하는 점도 달라지며, 쓰는 표현까지 달라진다. 그래서 서로 생각이 일치해도 각자 딴 얘기를 할 가능성이 크고, 생각의 공통점을 찾기 어려워진다. 그렇게 가치관의 차이로 인해 사안에 대한 오해가 커지면 도덕적, 정치적 대화는 어려워진다. 게다가 그런 의견 충돌은 명료한 사고보다 감정을 먼저 건드리는 경우가 많아 양쪽 모두를 답답하게 할 수 있다.[42]

어렵긴 하지만, 이 문제를 해결할 수 있는 거의 유일한 방법은 최선을 다해 상대방의 용어(도덕적 용어 포함)를 이해하고 도입하는 것이다. 앞서 2장에서 우리 쪽 극단주의자와 선 긋기를 이야기할 때도 다룬 주제이지만, 이제 더 본격적으로 들어갈 차례다.[43] 가령 '충성'이라는 가치는 내게 별 의미가 없다 해도, 상대방이 보수주의 입장에서 주장하고 있다면 상대에게는 아마 의미가 클 것이다. 그러므로 만약 '국가 연주 중 무릎 꿇기(미국프로풋볼 선수 콜린 캐퍼닉이 트럼프 정부의 흑인 등 유색 인종에 대한 차별에 반대하며 시작한 퍼포먼스-옮긴이)' 시위에 대한 상대방의 입장을 이해하고 싶으면, 상대방이 국가에 대한 충성이라는 가치에 호소하고 있다는 점을 이해할 필요가 있다. 그런 도덕적 차이를 넘지 못한다면 서로를 이해하게 될 가능성은 희박하다. 서로 이해하려면 적절한 도덕 기반을 활용해 대화의 도덕적 프레임을 바꾸자. 그러면 원활한 소통의 길이 열릴 것이다.

| 프레임 바꾸기 |

도덕적 프레임 바꾸기의 효과를 훨씬 높이려면, 다른 도덕적 언어를 구사하는 법을 배우자. 비록 나와 상대방이 같은 말을 쓴다 해도, 상대방이 가령 정통파 유대교도이고 내가 자유분방한 히피라면 각자 사용하는 도덕적 언어는 다를 것이다. 언어란 매우 상징적이어서, 사람은 도덕적으로 예민한 사상을 마주하면 각종 도덕적 직관이 발동되기 마련이다. 그러므로 내가 '충성'이나 '안보'처럼 도덕적으로 민감한 단어를 쓸 때 상대방은 내 의도와 전혀 다른 뜻으로 들을 수도 있다. 독실한 이슬람교도라면 '영혼'이라는 단어를 히피나 무신론자와는 달리 도덕적으로 민감하게 들을 수 있다.

내가 쓰지 않는 도덕적 어휘를 익혀서 이해하고 구사할 수 있게 된다면, 도무지 메울 수 없을 것 같은 도덕적 간극도 메울 수 있다.[44] 여느 외국어를 배우는 것과 마찬가지로, '보수어' 또는 '진보어'를 구사하거나 타 종교의 풍부한 상징을 이해하려면 시간과 노력, 그리고 '원어민'과의 대화 연습이 필요하다. 다른 도덕적 언어의 구사력과 이해력을 높이기 위한 전략과 기법 몇 가지를 아래에 소개한다.

1. 나와 다른 도덕적 관점을 접해보고, 나와 상반된 견해를 가진 사람들을 만나본다.

- 나와 도덕적 관점이 다른 사람이 쓴 자료를 읽어보고, 어떤 도덕에 어떤 식으로 호소하는지 찬찬히 살펴본다. 내 관점에서 목표 방향으로 '살짝' 나아간 관점의 자료를 이용하면 가장 쉽다.
- 시간 차를 두고 진행되는 온라인 소통보다 실시간으로 진행되는 대면 대화를 나눠본다. 대면 대화는 피드백을 즉시 받을 수 있기 때문에 더 '생생'하고 숙고할 시간이 적다.
- 다른 종교를 가진 사람이나 종교가 없는 사람을 친구로 사귀어보고, 그들의 도덕적 언어를 들어본다.
- 도덕관이 다른 친구와 대화 연습을 해본다(친구들이 모두 나와 똑같은 도덕적 믿음을 갖고 있다면, 친구 관계를 넓히는 것을 고려해보자).

2. 특정 단어와 용어에 주목한다.

- 상대방에게 왜 특정 단어를 썼는지 물어본다. 가령 상대방이 '공평'이라는 단어를 쓰면, 왜 '평등' 대신 '공평'이라고 했는지 물어본다. 상대방이 '신앙'이라는 단어를 쓰면, 왜 '믿음', '신뢰', '신념' 대신 '신앙'이라고 했는지 물어본다.

- 상대방이 특정 단어를 어떻게 쓰는지 기억해둔다. 다음에 비슷한 신념을 가진 사람과 대화할 때 도움이 될 수 있다.

3. 내 도덕적 언어를 외부인의 관점에서 살펴본다.

- '인종차별주의자' 같은 단어를 내가 어떻게 쓰는지 파악해보고, 다른 사람의 용법과 비교해본다. 의미가 불일치하는 점을 발견할 수도 있고, 더 나아가 세계관의 '공약불가능성 incommensurability'이 드러날 수도 있다. 공약불가능성이란 두 관점이 서로 전혀 달라서 어느 쪽이 옳거나 그르다고 판단할 기준 자체가 없는 것을 뜻한다. 예를 들면 한 사람은 공평을 가장 중시하고 또 한 사람은 자유를 가장 중시하는 경우다. 어쨌든 스스로 '인종차별주의자'라는 단어를 무슨 뜻으로 쓰고 있는지 생각해보고, 그 정의에 강하게 반대하는 사람은 무슨 뜻으로 쓰는지 알아보자. 그다음, 그 차이가 어디에서 기인하는지 생각해본다.

4. 이해의 폭을 넓힌다.

도덕적 기반 이론의 기초와 도덕적 직관의 과학적 원리에 관해 읽어본다. 특히, 하이트의 저서 『바른 마음』을 읽고 생각해본다.[45] 도덕적 견해가 엇갈리는 사람들 간의 차이점을 확실히 이해해본다.[46]

상대방이 쓰는 도덕적 언어를 씀으로써 가능하면 같은 정체성을 어느 정도 공유하도록 한다. 자명한 예를 들자면, 가톨릭교도와 대화할 때는 성체성사에 쓰는 제병을 '과자'라 하지 않고 '성체'

라고 불러야 하겠고, 좀 더 섬세한 예로 진보주의자가 보수주의자와 대화할 때는 국가나 애국심 측면으로 돌아가서 논하면 좋을 것이다. 보수주의자가 진보주의자와 대화할 때는 자신이 위해를 최소화하면서 최대한 많은 사람에게 두루 공정한 해법을 추구한다는 점을 상기시켜주면 좋다.

| 대화의 도덕적 프레임을 바꾸는 방법 |

상대방과 대화 중 도덕적 프레임을 바꾸는 방법을 알아보자. 쉽지는 않겠지만, 차근차근 익혀보도록 한다.

1. 도덕적 핵심어를 사용한다.

상대방이 보수주의자라면 '지도력', '가족', '책임' 등을 거론한다.[47] 상대방이 진보주의자라면 '소외층', '빈곤층', '희생자', '피해' 등에 호소한다. 양쪽에서 다 민감하게 받아들이는 '자유 liberty', '예의', '평등', '공정' 등의 주제를 꺼내는 경우, 상대방 쪽에서 사용하는 용법에 맞게 단어를 사용한다. 가령 '평등'이라는 말을 상대방 쪽에서 어떻게 사용하는지 파악하여 같은 식으로 사용한다.

2. 단어를 바꿔본다.

이렇게 묻는다. "[X]라는 단어(가령 '평등')를 [Y]라는 단어(가령 '공평')로 대체해도 문장의 의미가 바뀌지 않는 예가 있는가?"

'없다'고 하면, "그럼 [X]라고 하지 않고 [Y]라고 한 이유는 무엇인가?"라고 물어본다. '있다'고 하면, 그 문장을 말해달라고 하고 완벽한 동의어가 정말 맞는지 생각해본다. 사람은 사용하는 단어에 따라 특정한 관점에 갇히기 쉽다. 위의 질문들이 일종의 반증질문 역할을 해줄 수 있다. 목적은 상대방에게 자신의 단어 선택을 돌아보게 함으로써 자신이 머무는 도덕적 하부구조에 의심을 품게 유도하는 것이다.

3. 공약불가능한 도덕적 견해 차이가 있다면, 다른 도덕적 언어를 배울 기회로 삼는다.[48]

상대방이 반증 조건을 제시하지 못하고 확신 정도가 10이라면, 상대방이 단어를 사용하는 방식에 주목하자. 그리고 다양한 단어가 결합하여 하나의 도덕적 세계관을 형성하는 방식에 주목하자. 새로운 도덕적 언어를 배울 수 있는 공짜 기회라고 생각하자.

도무지 말이 통하지 않을 것 같은 대화에는 보통 한 가지 공통점이 있다. 실제로는 개인의 정체감에 기반한 도덕적 믿음이 핵심이지만, 겉으로는 사실(또는 주장·비난·과시·협박 등)의 차원에서 펼쳐진다는 점이다. 다시 말해, 얼핏 보기엔 특정한 쟁점(이슬람 이민자), 사상(이슬람 이민자에 맞서 이른바 '서구적 가치'를 수호),[49] 또는 사실(이슬람 국가 출신 이민자 통계)을 논하는 것 같지만, 잘 들여다보면 그 핵심은 상대방이 자신을 어떤 사람으로 인식하는가, 즉 나는 좋은 사람이고 좋은 사람은 이렇게 믿는다는 것이다. 그야말로 가장 까다로운 대화라 할 수 있다. 외견상으로는 도덕이 주제가 아닌 것 같지만, 사실 관건은 어떤 자질, 믿음, 태도, 행동을 지니면 '좋은 사람' 또는 '나쁜 사람'이 되는가, 그리고 그중에서 올바른 견해를 지니는 게 왜 중요한가 하는 것이기 때문이다.

도덕적 대화를 풀어나가기가 대단히 어려운 이유는, 도덕적 믿음이란 개인적 정체성 그리고 공동체의 문제와 밀접하게 엮여 있기 때문이다. 다시 말해, '내가 나를 어떻게 보는가?', '나 자신을 어떤 사람이라고 생각하는가?', '내가 좋은 평판을 얻고 싶은 집단에 얼마나 긴밀히 소속되어 있는가?' 하는 문제들과 따로 떼어 생각할 수 없다. 더군다나 자기 생각을 바꾸지 않는 게 미덕이라고 생각하고 소속된 공동체에서 자신의 믿음을 강화해주고 있다면, 도덕적 영역에서 대화 상대의 생각을 바꾸기란 거의 불가능하다. 이렇게 생각을 바꿀 의향이나 여지가 없는 상태를 철학에서는 '인식적 폐쇄'라고 하고, 일반적으로는 '확신' 또는 '신념'이라고도 한다.[50]

흔히 도덕적 문제는 의심의 여지가 없고 해답이 분명하다고 생각하기 쉽다. 그러다가 자신의 도덕적 인식 원리를 돌아보게 하는 질문을 받고 나서야, 비로소 이게 얼마나 어마어마하게 복잡한 문제인지 절감하게 된다. 그럴 때는 평소에 합리적이고 호의적이던 사람도 입을 닫거나 생각을 더 강하게 고수하거나 혹은 불쾌하다는 반응을 보일 수 있다. 그러므로 여유를 갖고 임하자. 그런 복잡성을 미처 인지하지 못하는 현실이 근거 없는 도덕적 확신의 확산을 낳고, 구성원들이 다양한 도덕적 인식 원리를 이해할 수 있는 문화의 등장을 가로막는다. 하지만 이 장에서 설명한 기법과 전략을 활용한다면, 그러한 난관을 거의 다 극복할 수 있을 것이다.

무식보다 부끄러운 것은 배울 마음이 없는 것이다.

_벤저민 프랭클린

불가능한 대화는 없다

이제 우리에게는 내 생각을 말하고 남을 이해하고 나를 이해시킬 수 있는 도구가 쥐어졌다. 아무리 어려운 대화도 풀어나갈 수 있는 방책이 갖춰져 있다. 하지만 배운 것을 활용하지 않으면 안 된다. 이 책의 기법들은 실천하지 않으면 의미가 없다. 그 과정에서 성공과 실패를 거듭할 마음의 준비를 하자. 꾸준히 정진한다면 성공의 빛이 보일 것이다.

이 책에 소개된 기법 중 일부는 여러분의 주 무기가 될 것이다. 실력이 늘어감에 따라, 활용도가 낮은 대목을 다시 읽어보고 더 많은 기법을 자기 것으로 만들길 강하게 권한다. 기초부터 달인 수준까지 모든 기법을 소화하고 나면, 까다로운 대화에도 당당히 응할 만반의 준비가 될 것이다. 그러나 급할 필요는 없다. 천천히 시작하자. 보유 기술을 차곡차곡 늘리고, 무엇이 통하고 통하지 않는지 살펴보고, 연습하고, 말하고, 듣고, 배우자. 무엇보다, 주도적으로 나서자. 움츠러들 이유도, 의견 표명을 꺼릴 이유도, 의견 차이를 두려워할 이유도 없다. 검증을 마쳤고 근거에 기반한 대화 기법이 우리 손안에 있다. 이제 남은 일은 시작하는 것뿐이다.

이 책이 나오기까지 너무나 많은 분의 도움이 있었다. 모두에게 진심으로 감사드린다. 지금까지 두 저자와 기꺼이 말이 통하지 않는 대화를 나눠주었고 앞으로도 나눠줄 모든 이에게 진심으로 감사의 마음을 전한다.

|주석|

프롤로그

1. 이 책에 실린 정치 관련 예시는 미국의 정치적 맥락에서 가져온 것이 많다. 이와 관련해 유의할 용어가 있다. 먼저, 'liberal'은(엄밀하게는 '자유주의'로 옮기지만, 이 번역서에서는 '진보주의'로 옮겼다-옮긴이) 프랭클린 루스벨트 대통령의 1930년대 뉴딜 정책 때부터 이어져온 좌파 정치사상을 가리킨다. 세계적인 맥락에서는 '진보주의'나 '사회민주주의'에 대응된다고 볼 수 있다. 또, 'libertarian'은(이 번역서에서 '자유지상주의'로 옮겼다-옮긴이) 개인의 자유에 큰 중점을 두는 미국식 정치적 자유지상주의를 뜻한다. 세계적으로는 흔히 '자유주의'로 지칭되는 사상과 공통점이 있다.

1장

1. 대화 목표 관리와 전략적 추론에 관한 상세한 설명은 다음을 참고: Mbarki, Bentahar, & Moulin, 2008; Waldron et al., 1990. 더 쉽게 쓰였고 덜 학술적인 입문 자료로는 Heinrichs, 2017 (특히 pp. 15 - 26)이 있다.

2. 바로 앞에 언급한 것과 같은 행동이 심리적으로 안전한 환경을 만들기 위한 기본 요소다. 다음을 참고: Edmondson, 2003; Edmondson & Roloff, 2008, pp. 187 - 188.
   에이미 에드먼슨Amy C. Edmondson은 팀 작업 생산성의 맥락에서 '심리적으로 안전한 환경'을 정의하길, "누구도 실수하거나 질문하거나 혹은 도움을 청했다는 이유로 벌을 받거나 창피를 당하지 않는" 환경이라고 했다(Edmondson, 2003, p. 267). 안전하고 신뢰감 있는 환경에서는 "자기 보호에 덜 집중"하게 되므로(Edmondson & Roloff, 2008, p. 188), 생산적 논의에 집중하면서 진정으로 진실을 모색하게 될 가능성이 크다. 일대일 대화의 맥락에서 보자면, 심리적으로 안전하고 신뢰감 있는 환경을 조성하는 가장 좋은 방법은 대화 상대를 적이 아닌 파트너로 간주하는 것이다.

다른 한편으로, '심리적으로 안전한 환경'을 좁게 해석해 일부 비판 방식을 자제하는 이른바 '안전 공간safe space'으로 생각하는 경우도 있는데, 이는 용어의 남용이다. 진실에 더 가까이 가려면 의견에 대한 비판은 필요하다. 여기서 관건은, 비판하더라도 벌을 주거나 창피를 주지 않는 방식이어야 한다는 것이다. 설령 상대방의 말이 마음에 들지 않는다고 해도 그런 방식으로 비판할 이유는 없다. 심리적 안전을 충분히 제공하되, 상대방을 어린애 취급하는 형태로 과도하게 제공하지 않는 균형 역시 필요하다. 그런 형태의 안전은 집단사고와 착각을 유발할 수 있으며, 진정한 진실 모색과 거리가 멀다.

신뢰는 심리적으로 안전한 환경의 핵심이다. 신뢰가 없다면 생산적 논의는 거의 기대할 수 없다. 그러나 상대방을 나와 같은 '도덕적 팀'으로 간주하는 시각은 신뢰를 확보하는 방법으로 바람직하다고 할 수 없다. 그런 시각은 일종의 '불신 우회 기제'로 작용한다. 다시 말해, 합당한 이유 없이도 상대방을 신뢰하게 되는 결과를 낳는다. 참고로 이 점은 종교 조직에서 성적 학대가 자주 일어나는 이유가 되기도 한다. 다시 말해, 자신과 같은 도덕적 팀으로 여겨지는 상대방을 과도하게 신뢰하는 현상과 관련이 있을 수 있다.

신뢰를 저버리지 않는 환경에서도 얼마든지 서로의 견해에 비판과 이의를 제기할 수 있다. 따라서 심리적 안전 환경을 비판이 사라진 '안전 공간'으로 생각할 이유는 없다.

3. Ekman, 2003, pp. 73–76. 참고로, 본 저자는 에크먼이 제시한 일부 결론, 특히 표정과 감정의 연관성과 관련한 결론에 논란이 있음을 인지한다. 한 예로 Lisa Feldman Barrett (2017)을 참고하라. 이 책에서는 해당 결론에 바탕을 둔 에크먼의 연구는 전혀 근거로 삼지 않았다.

4. Habermas, 1985, pp. 22–27, 40, 122–145, 149–150; Stone, Patton, &

Heen, 2010, pp. 37 – 38.

5. 협력적 목표(예: 깊은 대화 나누기)는 개인적 목표(예: 상대방을 이기기, 내 똑똑함을 과시하기)와 다를 수 있다.

6. Fisher, Ury, & Patton, 2011, pp. 163 – 168; Stone, Patton, & Heen, 2010, pp. 41 – 42, 52 – 53, 92 – 93, 244 – 257.

과업 갈등이나 정책 차이처럼 서로 간의 의견 차이가 있다 하더라도 그 것이 근본적으로 무해하거나 더 나아가 유익한 종류가 있고, 그렇지 않은 종류가 있다. 공격, 극언, 공개적으로 창피를 주겠다는 위협 등이 그 예다. 후자는 정치적 좌파와 우파에 모두 존재하는 콜아웃(call-out, 질책) 문화 (올바르지 않다고 간주하는 행동을 한 인물을 온라인과 소셜미디어 또는 현실 세계에서 집단으로 지적하고 비판하는 문화-옮긴이), 망신 주기 같은 행동에 서 전형적으로 나타난다. 참고로 최근에는 콜아웃 문화가 비종교적 우파 보다는 좌파에서 더 두드러지는 경향이 있지만, 이는 과거부터 종교적 우 파의 특징이었던 경우가 많다. 또한 우파는 상대방을 질책하는 대신 고립 시키거나 따돌리는 '셧아웃(shut-out, 배척) 문화'의 성향이 있다.

7. Friedersdorf, 2017.

8. Stone, Patton, & Heen, 2010, pp. 182 – 183.

9. Bennion, 1959, p. 23. 이 말을 누가 했는지는 논란이 있지만, 이 문헌에서 는 아리스토텔레스가 한 말로 보고 있다.

10. Stone, Patton, & Heen, 2010, pp. 166 – 167.

11. Habermas, 1985, pp. 22 – 27, 40, 122 – 145, 149 – 150.

12. Amy C. Edmondson, 2003, pp. 264 – 265에서 흥미로운 구절을 아래 인 용한다. 이 구절에서는 조직 내 협업 연구에서 밝혀진 중요한 주제 몇 가 지를 하나로 엮어내고 있다.

"이 연구에서, 최고경영팀 내에 신뢰가 있으면 관계 갈등이 줄어들면서 팀 내의 과업 갈등(문제를 해석하는 관점과 결정 사항에 대한 생산적인 의견 상충)이 도출안을 개선하는 데 도움이 되는 것으로 나타났다. 따라서, 레 너드 바튼(1995)이 '창조적 마찰'이라고 명명한 바 있는 과업 갈등은, 심리적 안전이라는 완충막 내에서 존재해야 비로소 논의, 혁신, 생산적 집단 사고로 이루어지는 학습 풍토를 조성한다고 볼 수 있다." 심리적 안전이 전제되지 않은 과업 갈등은 파괴적이며 공격, 극언, 공개적 모욕 위협 등의 특징을 보인다. 이와 비슷하게, 바사드 등(2001)은 심리적 안전이 갈등의 분노 유발 효과를 완화한다는 사실을 발견했다. "심리적 안전이 충족된다면 집단 구성원들은 목표를 높게 세우고 학습과 협업의 순환을 통해 목표를 향해 나아갈 수 있다."

여기서 말하는 신뢰, 심리적 안전, 잘 통제된 의견 상충의 유익성 등의 주제는 West, Tjosvold, and Smith (2003)에 수록된 여러 논문과 이를 엄선한(에드먼슨의 논문 포함) West, Tjosvold, and Smith (2005)에서도 반복적으로 나타난다.

13. Stone, Patton, & Heen, 2010, pp. 145, 146, 156, 157, 206-208.

14. Stone, Patton, & Heen, 2010, pp. 131-146, 155-158, 177.

15. 매그너보스코는 피터의 저서 『신앙 없는 세상은 가능하다』(Boghossian, 2013)에 소개된 기법을 활용해 처음 만나는 사람과 그 사람의 굳은 신념을 주제로 대화한 영상을 온라인에 올리고 있다. 영상은 다음 주소에서 볼 수 있다(https://www.youtube.com/user/magnabosco210).

16. Boghossian, 2013.

17. Magnabosco, 2016a.

18. Fisher, Ury, & Patton, 2011; Phelps-Roper, 2017.

19. Grubb, 2010, p. 346; Kellin & McMurty, 2007.

20. Zunin & Zunin, 1972, pp. 6-9, 15.

21. Civility, 2015.

22. Lowndes, 2003.

23. Miller, 2005, p. 281.

24. 라포르 형성 방법에 대한 더 자세한 설명은 인질 협상가 크리스 보스의 명저 『우리는 어떻게 마음을 움직이는가』(Voss & Raz, 2016, pp. 23-48)를 참고.

25. 덴마크의 텔레비전 방송국 TV2에서 〈우리의 공통점All That We Share〉이라는 제목의 광고를 제작해 인터넷에서 인기를 끈 적이 있다. 사람들 간에 생각보다 공통점이 많음을 재치 있게 보여주는 영상이다(Zukar, 2017).

26. Stone, Patton, & Heen, 2010, pp. 139 – 140.

27. 이 원칙을 능숙하게 적용한 사례로는 방송인 프레드 로저스Fred Rogers 가 1969년 미국 상원 통신 소위원회에 출석해 답변한 영상을 참고 (BotJunkie, 2007).

28. Stone, Patton, & Heen, 2010, pp. 85 – 108, 163 – 184.

29. Stone, Patton, & Heen, 2010, pp. 207 – 208.

30. Stone, Patton, & Heen, 2010, pp. 25 – 43, 137 – 140, 196 – 197.
    더 정확히 말하면, 메시지 전달은 논쟁적 대화, 특히 도덕적 견해가 엇갈리는 대화에 효과가 없다. 메시지 전달은 상대방이 이미 나에게 동의하는 사람일 때만 효과를 볼 수 있다. 한편 그런 일방적 대화를 '설교' 등의 표현으로 깎아내리는 데는 이유가 있다. 도덕적 견해가 나와 다른 상대에게 메시지를 전달하려는 시도는 실패하기 마련이다. 실패의 원인은 꼭 메시지의 내용 때문이 아니다. 밑바탕에 깔린 전제가 다르거나 상대방의 도덕적 언어로 말하지 못했기 때문이다. 가령 보수주의자에게 도움을 주려면, (보수주의자의 기반 가치와 상충하는) 진보적 메시지를 전한다는 것은 보수주의자에게 자신의 보수적 도덕 정체성에 의문을 가져보라고 요구하는 것과 같다. 이는 무리한 요구이며, 메시지가 무시되는 결과를 낳기 일쑤다(이 문제는 6장에서 자세히 다룬다). 보수 쪽에서 지난 수십 년간 제기해온 진보 언론 비판, 그리고 지금 진보 쪽에서 답습하고 있는 우파 언론 비판 역시, 메신저를 공격하고 메시지를 무시하는 행동의 예다.

31. Lewin, 1998, pp. 115 – 116.

32. Lewin, 1947.

33. Lewin, 1947.

34. 메신저를 공격하지 말라는 조언도, 공격하려는 충동도, 역사가 길다. 기원전 5세기에 소포클레스가 쓴 비극 『안티고네』에는 이런 구절이 나온

다. "나쁜 소식을 가지고 오는 메신저를 좋아하는 사람은 없다"(Sophocles, trans. 1891, line 277). 옛날에 왕이나 봉건 영주의 포고를 마을에 전하고 다니는 관원을 살해하면 흔히 반역죄로 처벌받았다("Top town crier…" 2010 참고).

지그문트 프로이트도 메신저 공격 충동을 설명한 것으로 잘 알려져 있다 (Freud, 1936/1991, pp. 454‒455). 프로이트는 그러한 충동이 "괴롭거나 견디기 어려운 것을 물리치는" 방법의 하나로, 무력감이 드는 것을 막기 위한 방어적 반응이라고 했다. 그에 따르면 메신저를 공격하는 행위는 자신이 원치 않는 정보와 거리를 두는 효과가 있을 뿐 아니라, 정보의 전달자에게 힘을 과시하는 기능을 한다.

현대에는 종양학 문헌에서 그러한 견해를 뒷받침해주는 예가 발견된다. 특히 의사에게 암 진단을 선고받은 환자의 반응이 그 예다. 1999년 《종양학 연보Annals of Oncology》에 실린 의학심리학자 멜리나 가텔라리 등의 연구에 따르면, 환자의 부인 심리는 오해를 초래하고 "메신저를 공격하는" 결과를 낳는다(Gattellari et al., 1999). 이에 대한 해결책으로는 의사의 커뮤니케이션 능력을 높이는 방안이 제시되었다.

이 책의 목적에 비추어 볼 때도 마찬가지다. 우리가 메신저 역할을 자처하며 상대방이 전혀 원치 않는(특히 상대방의 정체성이나 안전감에 배치되는) 메시지를 전한다면, 상대방은 '메신저 공격' 충동을 느끼게 된다. 다시 말해, 메시지를 통째로 부정할 뿐 아니라 우리, 그리고 우리가 대변한다고 여겨지는 집단을 적대시하게 된다. 더 자세한 논의는 메시지의 역효과에 관한 문헌을 요약한 에릭 호로위츠Eric Horowitz의 글을 참고(Horowitz, 2013).

35. Plato, ca. 380 BCE/2006, 77c‒78b.
36. 누구나 좋은 의도를 가졌다는 사실의 예외라면, 사이코패스와 반사회적 인격장애가 있다. 그렇다 해도 우리가 정치나 도덕 문제를 놓고 대화할 상대방이 대부분 선의를 가졌고 도우려는 의도를 가졌다는 논점이 부정되지는 않는다(Becker, 2015, 특히 pp. 51‒57; Neumann & Hare, 2008).

37. 참고: Stone, Patton, & Heen, 2010, pp. 45 - 53. 우리는 자기 자신에게 너그럽게 대하고(의도의 부정적 성격을 축소하고 잘못은 사과로 넘기는 등), 남들에 대해서는 훨씬 나쁘게 짐작하는 경향이 있다. 정치적 견해가 엇갈리는 대화는 거의 항상 도덕적 견해도 엇갈리는 대화다. 우리는 자기 자신과 도덕관이 다른 사람은 나쁜 사람이라고 생각하는 경향이 있다. 일단 나쁜 사람이라고 생각하면 그가 뭘 하든 의도가 악하리라고 생각하기 마련이다.

38. 웨스트보로 침례교회에 소속되었다가 결별한 메건 펠프스로퍼는 TED 강연에서 같은 논지로 말했다(Phelps-Roper, 2017). 스톤 등의 저서 『우주인들이 인간관계로 스트레스받을 때 우주정거장에서 가장 많이 읽은 대화책』(Stone, Patton, & Heen, 2010)도 3장 전체를 이 주제에 할애하고 그 점을 책 전체에 걸쳐 꾸준히 강조하고 있다. 우리가 상대방의 의도를 거의 항상 실제보다 나쁘게 짐작한다는 점은 아무리 강조해도 지나치지 않다. 상대방의 의도를 나쁘게 짐작하면, 원활하고 유익하며 예의 있는 대화를 하기는 어렵다.

39. Stone, Patton, & Heen, 2010, pp. 46 - 48.

40. Doherty, Horowitz, & Dimock, 2014; Norton, 2002.

41. 믿음의 도덕성을 판단하는 기준이라면, 의도가 전부는 아니다. 믿음이 결과적으로 초래한 행동도 중요하고 믿음이 옳은지 그른지도 중요하다. 예를 들어, 2008년 미국 대선에서 매케인이 공화당 후보이기 때문에 매케인에게 투표한 행동은, 오바마가 흑인이기 때문에 매케인에게 투표한 행동에 비해 분명히 도덕적으로 더 용인될 만한 행동이다. 결과적으로 취한 행동은 같지만, 차이가 있다. 행동의 의도가 드러나지 않는다고 해도 마찬가지다(Harris, 2010 참고). 같은 예로 말하자면, 우리의 대화 상대가 매케인의 공약이 더 우수했기 때문에 매케인에게 투표했다고 생각하자.

42. Stone, Patton, & Heen, 2010, pp. 51 - 52.

43. Stone, Patton, & Heen (2010, pp. 244 - 249)에서 '나쁜 의도를 가진 상대방과의 대화'라는 실로 어려운 문제를 논하고 있다. 이른바 "거짓말하거

나 혹은 행패 부리거나, 자기 목적을 이루기 위해 고의로 대화를 엇나가게 하는" 상대다(p. 244). 저자의 조언은 다음과 같다. "나쁜 행동에 보상을 주지 말고 '맞대응tit-for-tat' 전략으로 상황을 악화시키지 말라."

이와 관련된 여담으로, '맞대응' 전략은 게임이론에서 이른바 '반복되는 죄수의 딜레마' 게임에 임하는 매우 성공적인 전략이다(고안자는 아나톨 래퍼포트). '죄수의 딜레마' 게임에서는 두 명의 참여자가 각기 협력 또는 배신(가령 상대방과 공범으로 저지른 범죄를 자백하는 행위)을 택할 수 있다. 약간 단순화해 설명하자면, 세 가지 경우의 수가 있다. 두 사람 다 협력을 택하면 두 사람이 어느 정도의 보상을 나눠 갖는다. 한 사람이 배신하고 한 사람은 협력하면, 배신자가 보상을 모두 가져간다. 둘 다 배신하면 둘 다 아무것도 얻지 못한다. '반복되는 죄수의 딜레마'는 이 게임을 여러 판 반복하는 것으로, 여기서 맞대응 전략은 일단 처음엔 협력을 택하고 상대방이 배신할 때마다 다음 판에서 배신으로 보복하는 방식이다. 이 전략은 '배신의 무한 반복'에 빠질 위험이 있다. 두 사람 다 상대방의 배신을 배신으로 갚으면서, 게임이 끝까지 아무 소득 없이 가는 상황이다.

가령 상대방이 도덕적 열성분자로서 내 견해가 근본적으로 '악하다'고 생각하는 경우나 인터넷 분탕꾼인 경우, '승리'하고 나를 망신 주려고 작정한 경우 등 대화 상대가 진정으로 나쁜 의도를 가졌다면 어떻게 해야 할까? 상대방이 배신 위주 전략 또는 무조건 배신 전략을 취하고 있으며 내가 배신하면 자기도 더 크게 배신하여 보복할 사람이라고 생각해보자. 그런 게임은 내가 상대를 용서하고 협력을 시도할 때마다 상대에게 보상을 주는 결과가 되고, 절대 이길 방법이 없다. 따라서 그런 게임은 피할 수 있으면 피하는 것이 바람직하다.

스톤 등(Stone, Patton, & Heen, 2010)은 진정으로 의도가 나쁜 상대방과 꼭 대화해야 하는 경우에는 이렇게 하라고 권고한다. 화제를 바꾸어 "상대방이 그런 의도와 행동이 어째서 정당하다고 생각하는지를 이해해보려고 노력"(p. 245)하는 것이다. 그러면 대화가 좀 더 나아질 수 있고, 아니면 상대방이 다른 전략을 취하도록 유도할 수 있으며, 그도 아니면 대화를 피해야 할 이유가 분명해질 수 있다(상대방이 분탕꾼 또는 행패꾼일 때).

44. 이 인용문을 제공해준 샘 해리스Sam Harris에게 감사드린다.

45. Hess, 2017.

본 저자를 포함해 소셜미디어에 신물이 난 사람이 많다. 그렇다 보니 반대 의견을 표명한 사람을 분탕꾼으로 일축하기 쉽다. 타인의 의도가 불순하다고 생각하거나, 내 견해만이 정확히 옳고 조금이라도 다른 의견은 옳지 않다고 생각하는 성향 때문이기도 하다. 소셜미디어에서는 누가 분탕꾼이고 누가 아닌지 정확히 판단하기가 대단히 어렵다. 그러한 이유로, 또 이후의 장에서 언급하는 이유로, 논쟁적 주제에 관한 대화는 소셜미디어상에서 벌이기보다 직접 만나서 하는 게 훨씬 바람직하다.

46. Boghossian, 2013.

47. 답답한 감정으로 인한 '감정 불응기emotional refractory period'에는 상대방의 의도를 곡해하기 쉽고 따라서 자기 믿음을 바꾸기 어려워진다고 심리학자 폴 에크먼은 지적한다(Ekman, 2003, pp. 39 - 40, 113, 120). 이러한 답답함이나 분노에 관한 기본적 사실을 생각해보면, 화난 사람이 자기 믿음을 바꾸기 어려운 이유를 짐작할 수 있다. 에크먼은 분노가 상대방의 죄책감, 수치심, 당혹감을 유발하기 쉽다고 말한다. 그러므로 화난 사람은 자기 체면을 지키려는 본능이 발동하여 믿음을 고치기 어려워질 것이다(p. 113). 분노는 믿음의 고착화를 막기는커녕 조장한다. 두 사람 간의 대화 분위기에 죄책감, 수치심, 분노가 섞여들면 역화 효과가 일어나, 화난 사람이 자기 믿음에 더 굳게 매달릴 가능성도 높다. 역화 효과를 촉발하는 핵심 요인은 체면을 지키려는 충동일 때가 많다. 결과적으로, 상대방의 생각을 바꾸려는 시도가 오히려 믿음을 굳히는 역효과를 낳는다(Horowitz, 2013).

마지막으로, 신뢰가 부족한 환경에서는 대화 참여자들이 진실을 모색하기보다는 옳지 않음을 알면서도 자기 생각을 옹호하게 되기 쉽다(Ekman, 2003, pp. 38 - 39, 111, 115; Stone, Patton, & Heen, 2010, pp. 25 - 43). 에크먼(2003)은 특히 "화가 화를 부른다"(p. 111)라고 말한다. 분노에 휘말리면

'캡슐화된' 사고에 빠지면서 견해가 더 바람직하지 않은 쪽으로 변질되기 쉽다. 게다가 분노는 불쾌함 또는 자기 견해가 받아들여지지 않아서 발생하는 답답함에서 기인하므로, 대화보다는 '승리' 욕구를 부추긴다. 이런 요인들이 겹치면서(Boghossian, 2013, pp. 49-50, 70, 83-84 참고) 신념이 단단히 고착되고 대화 상대와의 사이에 벽이 쌓인다.

48. Hogarth & Einhorn, 1992.

49. Jost et al., 2003.

50. Johnson-Laird, Girotto, & Legrenzi, 2004; Schlottmann & Anderson, 1995.

51. Ekman, 2003, pp. 116, 144, 147. 에크먼은 분노로 인해 상대방과의 관계가 돌이킬 수 없이 손상되는 일도 많다고 지적한다. 대화 중 발생한 분노를 풀어나가는 데는 적절한 때와 방식이 있다. 에크먼은 "불만을 토로해야 할 필요도 있지만, 분노가 한창 달아올랐을 때는 하지 말 것을 권한다"(p. 147)라고 한다. 또 이렇게 설명하고 있다. "상대방과 대립하는 발언은 상대에게 악담하거나 화를 표출하라는 초청이며, 상대방이 그리한다면 나에게나 화난 상대에게나 좋을 것이 없다. 불만이나 불쾌함을 떨쳐버리라는 말이 아니라, 우선 분노의 순간이 지나간 다음에 해결을 모색하는 게 유리하리라는 말이다"(p. 144). Stone, Patton, and Heen (2010)에서도 같은 지적을 하고 있다(pp. 125-126). 추가로 참고: Goulston, 2015, pp. 33-44.

52. 이 주제는 Malhotra, 2016b에서 상세히 다루고 있다.

53. Vlemincx et al., 2016, pp. 132-134.

2장

1. Stone, Patton, & Heen, 2010, pp. 166-167.

2. Ekman, 2003, pp. 111, 120.

3. 철학자 로버트 윌슨과 심리학자 프랭크 카일은 '설명 능력의 착시현상'이라는 용어를 최초로 쓴 것으로 보이는 논문에서 이를 가리켜 "설명의 그

림자와 여울"이라고 부르고 있다(Wilson & Keil, 1998).

4. Kolbert, 2017; 추가로 참고: TedX Talks, 2013.

'읽지 않은 장서 효과'를 가장 크게 겪는 사람은 더닝-크루거 효과(Kruger & Dunning, 1999)에 빠질 가능성도 가장 높다. 더닝-크루거 효과는 제대로 된 전문가는 필요한 문헌을 상당히 많이 읽었으므로 이러한 '읽지 않은 장서 효과'가 발생하지 않고 자신감을 어느 정도만 느끼지만, 아는 게 거의 없거나 전무한 사람은 읽지 않은 장서 효과가 최대로 나타나서 실제보다 큰 자신감을 느끼는 현상을 가리킨다. 어느 정도는 알지만 전문가는 아닌, 그 중간의 사람들은 자신감이 크게 떨어진다. 자기가 모르는 게 얼마나 많은지 깨달을 만큼은 알게 되면서, 읽지 않은 장서 효과를 벗어난 셈이다.

5. Rozenblit & Keil, 2002.

6. Rozenblit & Keil, 2002.

7. Fernbach et al., 2013.

극단주의는 고착된 믿음과 밀접한 연관이 있다. 따라서 정치적 견해를 온건화한다면 예의 바르고 생산적인 대화를 촉진하고, 사람들의 생각 변화를 유발하는 계기가 될 수 있다. 극단적인 정치적 견해를 온건화할 때의 장점은 거기에 그치지 않는다. 사회 전체의 건전성이 향상될 만한 이유가 또 하나 있다. 극단주의자들은 지도자를 열렬히 신뢰하며 추종하는 경우가 많다. 다시 말해 극단주의자들은 기만과 조종에 잘 휘둘린다.

예를 들면 미국의 보수 극단주의자 중에는 진보 정치인이 '총을 빼앗아 갈' 수 있다는 언질만 있어도, 총기와 탄약 구매에 거금을 쏟아붓는 이들이 많다. 총을 빼앗는 일이 일어나리라고 볼 특별한 이유가 없음에도 말이다. 좌파 극단주의자들은 무엇이건(이를테면 화요일에 타코 먹기 문화 같은 것도) 인종차별적 동기나 저의가 깔린 것으로 해석할 여지만 있으면, 자신들의 가치에 지대한 위협이 된다고 간주한다. 또 양쪽 극단주의자들 모두 자기 진영의 도덕적 지도자라는 이들이 판매하는 엉터리 보충제와 치료약에 거금을 지출하는 것으로 보인다.

또한 극단주의자들은 지도자가 제시하는 논지를 숙달하고 있으며, 믿음이 단단히 고착되어 있다. 또 문자 그대로의 해석을 채택하는 경우가 많고, 사상적 지도자의 지시에 따라 투표한다. 극단적인 정치적 견해를 온건화한다면, 유권자들이 기만과 조종에 덜 취약해지는 효과를 기대할 수 있다. 그렇게 되면 시민사회 전반에 골고루 혜택이 있을 것이다.

8. Fernbach et al., 2013.

9. James Randi Educational Foundation, 2013.

10. 포틀랜드 주립대학에서 진행된 행사의 영상(Freethinkers of PSU, 2018)에서 녹취함.

11. Devitt, 1994.

12. Boghossian, 2013.

13. 상세한 설명은 Haidt, 2012, 특히 7장을 참고.
    '공정'이라는 도덕 기반은 조금 복잡한 면이 있다. 하이트는 공정성이 진보주의자와 보수주의자 양쪽에게 모두 중요하지만, 그 방식이 다르다고 설명한다. 진보주의자는 기회의 공정성, 즉 누구에게나 공정한 기회가 주어지는 것을 중시한다. 보수주의자는 보상의 정당성 측면에서 공정성을 중시한다. 다시 말해, 표면상의 성취보다 더 많은 보상을 받는 것을 특히 불공정하다고 간주한다. 보수주의자는 개인에게 돌아가는 보상이 개인의 기여에 비례해야 한다고 본다. 진보주의자는 누구에게나 참여 기회가 공정하게 주어져야 한다고 보며, 누구도 다른 사람이 누리지 못하는 이점을 과도하게 누려서는 안 된다고 생각한다.

14. 이 문제를 극복하기는 쉽지 않다. 상대방의 도덕적 언어(6장 참고)를 이해해야 한다. 또 지나치게 개인적으로 여겨질 수 있는 질문도 포함하여 질문을 많이 던져야 한다. 결국 이는 인내심을 가져야 하는 일이다. 한편 이런 상황은 당파적 입장이 다른 두 사람이 대화를 나눌 때 흔히 부딪히는 문제이기도 하다. 연구에 따르면, 기본적인 정치 용어를 놓고도 서로의 말뜻을 오해하는 일이 흔하다. 이를테면 '자유주의, 보수주의, 민주당적, 공화당적, 진보주의, 자유지상주의, 복지, 자유' 같은 용어들이다(Devitt,

1994). 무엇이든 너무 당연시하지 말고 답답하더라도 아주 기초적인 개념부터 풀어나가야 할 가능성을 염두에 두는 것이 좋다.

15. 샘 해리스가 2017년 1월 자신의 팟캐스트에서 조던 피터슨Jordan Peterson과 대화하면서 이 기법을 대단히 능숙하게 구사한 바 있다. 두 사람이 '진리'라는 개념의 의미를 놓고 근본적인 의견 차이를 보이는 장면에서다 (Harris, 2017).

16. Dennett, 2006, pp. 200‒248.

17. 사람은 '근거'에 기반해 부정확한 결론을 믿기가 대단히 쉬운데, 이는 '확증 편향confirmation bias'과 '바람직성 편향desirability bias'이라는 두 가지 편향 때문이다(Tappin, van der Leer, & McKay, 2017). 우리는 자기가 이미 믿는 것(확증 편향) 또는 믿고 싶은 것(바람직성 편향)을 뒷받침하는 근거만을 찾아서 받아들이고, 특별하게 또는 유일하게 믿는 경향이 있다. 여기 보인 예시는 바람직성 편향을 주로 보인다. 도덕적 믿음의 경우 흔히 나타나는 현상이다(Haidt, 2012).

18. Boghossian, 2004, p. 213에서 변형하여 가져옴.

19. Voss & Raz, 2016, pp. 150‒165.

20. Voss & Raz, 2016, pp. 150‒165.

21. Stone, Patton, & Heen, 2010, p. 172.

22. Stone, Patton, & Heen, 2010, pp. 167‒168.

23. 그렇게 보면 이 속담은 결국 자신의 미덕을 알릴 줄 알아야 한다는 뜻이 된다. 도덕 영역에 적용한다면, 이 속담의 교훈은 사람들은 내 의견에 별로 관심이 없으며, 관심을 얻으려면 '상대방이' 생각하는 옳은 가치관을 가진 사람으로 보여야 한다는 것이다.

24. 도덕적 부족의 고착화 현상을 잘 보여주는 예의 하나로, 최근 12~15년 사이 부상한 신무신론 운동New Atheism Movement이 있다. 신무신론 운동가들은 종교적 부족주의와 관련된 수많은 문제가 전혀 없음을 자부했으나, 결국 그렇지 않음이 여러 방면에서 드러났다(Lindsay, 2015 참고).
2000년대 초에 샘 해리스와 리처드 도킨스 등은 종교적 온건주의자가 종교적 극단주의에 대해 이행해야 할 책무가 있다고 주장했다. 해악이 지대한 극단주의 · 광신 · 근본주의의 씨앗 역할을 하는 종교적 신념과 경전을 정상으로 되돌릴 책무가 있다는 것이었다(Dawkins, 2006, p. 345; Harris, 2004, p. 20). 그 주장 자체는 논리적으로 타당했다. 그러나 이는 많은 무신론자, 특히 무신론 운동가들 사이에 종교 신자에 대한 불신의 씨를 뿌렸다. 이들은 '유신론자'를 자신들과 경쟁하는 도덕적 부족으로 간주하고 왜곡 · 과장했다(Lindsay, 2015, pp. 57-59 참고). 그 결과 인류의 가장 시급한 과제 중 하나인, 급진적 · 근본주의적 쿠란 해석이 장악한 현실을 타개하려는 노력이 심각하게 저해되었다. 많은 무신론 운동가는 주류 이슬람 사상을 개혁하고 자유화하려고 나선 자유주의 무슬림들을 당연하고도 꼭 필요한 우군으로 보기는커녕, 그들의 신앙을 문제 삼아 그들과 맞서 싸웠다(Harris & Nawaz, 2015).

25. 견해가 엇갈리는 상대방과 대화할 때, 내 쪽 극단주의자와 선을 그어 대화 상대와의 도덕적 합의점을 명확히 해둔다면 중요한 공통 기반이 조성된다. 상대방이 내가 충성하리라고 짐작하는 도덕적 부족과 나를 분리하는 효과도 있다. 이는 대단히 중요한 점이다. 상대방이 나의 부족적 충성심을 경계할 때, 내 쪽의 가장 극단적 · 호전적인 구성원과 명확히 선을 긋는 자세는 강력한 '고비용 신호costly signal'가 된다. 자신이 소속된 집단을 배신하는 행위에는 위험이 따르기 때문이다(Boghossian & Lindsay, 2016).

고비용 신호는 보통 모종의 대가를 치름으로써 집단에 대한 헌신을 증명하는 지표 역할을 한다. 이를테면 이상한 사람처럼 보일 위험을 무릅쓰고 집단의 극단적 · 비현실적 교리에 헌신하고 있음을 보여주는 행위 등이다. 그러나 여기서 논하는 유형의 고비용 신호는 특별한 효과가 있다. 내 쪽 사람들의 분노 또는 배제 위험을 감수하여 내가 상대방과의 열린 대화에 전념하고 있음을 증명하는 것이기 때문이다. 그러면 상대방은 귀중한 공통 기반을 제시해준 나를 더 신뢰할 수 있을뿐더러, 상대방이 나를 더 합리적이고 생각이 열린 사람, 더 나아가 정직한 대화에 전념하는 사람으로 보도록 유도할 수 있다. 게다가 상대방은 나를 경쟁 집단의 일원이 아닌 하나의 개인으로 보게 되면서, 내가 당파성에 매몰된 견해만 고집하리라는 우려를 내려놓을 수 있다. 더 자세한 내용은 Thomson, 2011, pp. 80 – 81을 참고.

26. 스톤 등은 대화 상대와의 공통 기반을 찾는 일이 얼마나 중요한지 설명한다(Stone, Patton, & Heen, 2010, pp. 14 – 16). 하이트의 도덕심리학 연구도 이와 결이 통한다. 하이트는 "도덕은 사람들을 뭉치게도 하고 눈멀게도 한다morality binds and blinds"라고 했다(Haidt, 2012. 워낙 중요한 점이기에 하이트는 이 구절을 저서 『바른 마음』 전체에 걸쳐 언급하고 있으며 책 내용의 3분의 1 정도를 요약할 때도 제시한다). 극단주의자의 존재를 인정하면 상대방과의 (도덕적) 합의점을 제시하여 신뢰를 높일 수 있을 뿐 아니라, 내 쪽의 가장 두려운 참여자와 도덕적으로 선을 그음으로써 상대방이 갖고 있을 수 있는 왜곡·과장된 이미지에 연루되는 것을 막을 수 있다. 논쟁적인 도덕적 주제를 놓고 견해가 엇갈리는 대화를 할 때는, 상대방이 내 견해를 뻔하리라고 지레짐작하지 않을수록 생산적 논의의 여지가 커진다.

27. 타협이 모든 경우에 가능하지는 않다. 예컨대, 미국 남북전쟁은 노예제도를 놓고 타협이 불가능했기에 치러졌던 것으로 널리 받아들여진다. 절충안이 있을 수 없는, 어느 한쪽으로 결정해야 할 문제였다. 이 경우에 대해서는 본 저자도 동의한다. 그러나 현실을 온전히 인지하자. 타협이 불가능했기에 벌어진 결과는 '끔찍한' 전쟁이었다. 유혈 충돌보다 더 나쁜, 중대한 도덕적 불의만이 전쟁을 '정당하게' 만드는 역할을 할 수 있다. 철학자들의 분석에 따르면, 그러한 사안은 이른바 '정당한 전쟁 이론'의 한 요소를 이룬다. 대화나 타협이 실제로 가능하다면, 타협 없는 극단주의를 옹호할 좋은 논거는 존재하지 않는다. 목적이 극단적 수단을 정당화하는 것은 실로 이례적인 상황에 국한된다. 그리고 목적이 아무리 내게 중요하게 느껴진다고 하더라도, 대부분의 상황은 이례적이지 않다.

28. 메건 펠프스로퍼는 소셜미디어(특히 트위터)를 주축으로 나누었던 대화

덕분에 자신이 소속되었던 교회를 떠날 수 있었다고 말한다. 또한 트위터라는 플랫폼의 장점을 극찬하며, 특히 말을 멈추고 대화를 잠시 접어놓았다가 얼마 후에 재개할 수 있는 점을 높이 평가한다. 그동안 감정을 가라앉히고, 생각하고, 조사하고, 다른 견해를 수용할 수 있다는 것이다. 대면 대화는 즉각 대답해야 한다는 압박감이 크므로 그렇게 하기가 쉽지 않다 (Phelps-Roper, 2017).

29. Ekman, 2003.

30. 좌우 반전된 물음표(⸮)가 그 예다. 옛날에 '퍼컨테이션 포인트percontation point'라는 이름으로 불렸고 때로는 '반어 부호irony mark'라는 이름으로 불린다. 한 번도 널리 보급되지는 못했다.

31. 이 은유의 출처는 크리스 보스(Voss & Raz, 2016)다.

32. Horowitz, 2013; Nyhan, Reifler, & Ubel, 2013.

33. 여러 문헌이 독립적으로 이 결론을 뒷받침하고 있다. 예컨대 Horowitz (2013), Malhotra (2016b), Nyhan, Reifler, & Ubel (2013), Stone, Patton, & Heen (2010, pp. 114-115) 등. 본 저자의 경험으로도, 온라인 공개 게시판에서 또는 대면 대화 상대가 둘 이상인 상황에서 개입을 시도할 때는 개입의 어려움이 상당히 가중되었다. 그 주원인은 남들 앞에서 옳음을 확인받을 때 자부심을 느끼는(그리고 남들 앞에서 틀렸음이 드러날 때 수치를 느끼거나 '체면을 구기는') 효과다.

34. 소셜미디어 게시글은 공개성을 띠므로 이른바 '서약 및 일관성 효과commitment and consistency effect'가 크게 작용한다. 심층적으로 연구된 주제로, 이전에 내놓았던 견해나 서약에 비추어 일관된 방향으로 사고가 치우치는 강력한 편향 효과를 가리킨다. 공개적 발언을 하고 나면 보는 관객, 특히 본인이 중요시하는 관객을 의식할 때 자신이 이전에 밝힌 견해에 비추어 일관성을 유지하려는 강력한 심리적 충동이 촉발된다. 이는 압력을 받아도 입장을 고수하고 생각을 바꾸지 않는 현상을 초래한다. 참고: Huczynski, 2004, p. 181; O'Reilly & Chatman, 1986; Vuori, 2013.

35. Phelps-Roper, 2017.

36. 소셜미디어에서 가장 흔하게 나타나는 패턴의 하나는 감정 분출의 반복 고리다. 예컨대 이런 식이다. 누군가가 분노 또는 인지부조화를 쏟아내는 게시물을 올린다. 그러면 다른 사람이 분노와 인지부조화를 더 촉발하는 주장을 댓글로 단다. 여기에 또 다른 댓글이 달리면서 앙갚음이 반복된다. 이 같은 상황은 관계 단절이나 폭력적 위협으로 끝나기도 한다. 만약 누군가의 게시글과 상반되는 정보를 꼭 제시하고 싶어서 그렇게 한 거라면, 그리고 거기에 상대방이 논쟁을 한층 가열시키는 반응을 했다면, 거기서 대화를 멈추자. 대화를 이어가지 말자. 특히 공개 게시글에서는 절대 금물이다. 일반적으로 말해 우리가 상대해야 할 대상은 사람이지, 그 사람의 인지부조화가 아니다.

37. 현재 우리 사회 환경의 험악한 대화 분위기는 소셜미디어 피드(여러 게시물이 연속된 흐름으로 제시되는 것-옮긴이)가 지속적으로 역화 효과를 일으키는 데서 기인한다는, 설득력 있는 주장이 있다. 역화 효과는 자기가 가진 신념과 상충하는 근거에 의해 신념이 오히려 더 강해지는 역설적 현상을 가리킨다. 그 원리는 이렇다. 피드를 보다 보면 터무니없는 게시글을 계속 접할 수밖에 없고, 그때마다 그런 견해에 충격받아 더 큰 반감을 갖는 역화 효과가 일어나는 것이다. 따라서 이렇게 권고한다. 이왕이면 조심하는 쪽을 택하자. 개인 페이스북 페이지를 종교적·정치적 주제를 논하는 공간으로 삼지 말자(Barlett, 2017 참고).

38. 우리는 자신의 기존 믿음(특히 도덕적 믿음)에 부합하지 않는 정보를 접하면 불편한 느낌이 들 때가 많다. 상충하는 두 믿음을 동시에 보유함으로써 일어나는 불편감을 인지부조화라고 하며, 우리 뇌는 인지부조화를 해결하기 위해 엄청난 공을 들인다. 예컨대 사회심리학자 리언 페스팅거 Leon Festinger는 우리가 인지부조화를 해결하기 위해 기존의 믿음을 합리화할 때가 많음을 보여주었으며, 소셜미디어에서는 그런 예가 허다하게 관찰된다(Festinger, 1957).

자신의 기존 생각이 옳다고 확신하고 생각이 맞는 동료를 모으는 것도 인지부조화에 대응하는 방책이다. 또 우리는 자신의 믿음을 표명함으로써

자기 귀로 듣거나 눈으로 보는 과정에서 믿음을 강화한다. 아니면 인지부
조화를 일으키는 원인에 맞서 반론을 펼침으로써 그것이 틀린 이유를 스
스로 확인하면서 안심하기도 한다(Festinger, 1957). 예컨대 창조론자들은
시간과 창의력을 엄청나게 들여 진화생물학의 허점이나 약점, 결점이라
고 하는 것들을 밝혀냈다.

생각이 맞는 동료를 규합하면 믿음이 더 강화되는 효과가 있다. 목표
는 지지감을 느끼는 것이며, 그러한 규합 행동은 때로 '미덕 과시virtue
signaling'의 형태를 띠기도 한다. 이는 자신의 도덕적 가치관과 부족적 신
념을 공공연하게 드러내는 행위를 가리킨다. 그런 행위를 통해 생각이 맞
는 사람을 끌어모으고 지지를 얻음으로써, 그 믿음을 중심으로 형성된
공동체에서 자신의 지위를 높일 수 있다(Campbell & Manning, 2018, pp.
48 – 58; Peters, 2015).

인지부조화를 완화하기 위한 합리화의 목적은, 자기 생각이 바뀌지 않게
막는 것이다(Jarcho, Berkman, & Lieberman, 2010, p. 1). 또한 공개적인 합
리화 행위는 다른 사람들을 인지부조화 상태로 끌어들여 그 사람들이 또
소셜미디어상에서 감정을 분출하는 결과로 이어질 수 있다. 소셜미디어
상의 대화에서 가장 해악이 큰 패턴 두 가지가 바로 이것이다. 즉, 분노의
증식과 합리화의 반복 고리다(Kolbert, 2017).

합리화의 반복 고리는 우리가 터무니없는 정치적 주장을 접하고 소셜미
디어에서 그것을 합리화하면서 시작된다. 그와 다른 견해를 가진 누군가
가 우리의 게시글을 보고 인지부조화를 느끼고, 그에 맞서 자신의 견해를
합리화한다. 그 합리화가 내 합리화를 다시 촉발하고, 그렇게 반복되면서
합리화의 반복 고리가 만들어진다. 합리화의 반복 고리는 예의를 훼손하
며, 관계를 단절시키는 격론으로 번질 수 있다.

39. 한 예로, "2016년은 백인 진보주의자들이 미국의 불공평성 · 인종차별
성 · 성차별성을 깨달은 해2016 Was the Year White Liberals Realized How Unjust,
Racist, and Sexist America Is"라는 제목의 기사(Anderson, 2016a) 참고. 물론
이 문제는 섬세하게 들여다볼 필요가 있으며, 진보좌파의 주장에는 일리

가 있다. 퓨 연구 센터는 출구조사를 통해 2016년 대선 투표를 인구통계
학적으로 분석하며 1980년 이후 가장 큰 격차가 나타난 항목이 많았다고
밝혔다. 그러나 이러한 패턴이 어느 정체성 집단 자체의 탓이라거나 투표
동기가 정체성 관련 우려에 명확히 기반을 두고 있다는 전제는, 일견 그
럴듯하나 옳지 않다. 사실을 냉철하게 관찰하여 얻은 결론이라기보다 책
임 전가에 따른 결론이다. 개인의 측면에서 사고하기보다 인구통계적 정
체성 집단의 측면에서 사고하는, 더 광범한 문제의 전형적인 예를 보여주
고 있기도 하다. Tyson & Maniam, 2016을 참고.

40. Tavernise, 2017.

41. 《뉴욕 타임스》는 대선 바로 다음 날 기사에서 이 문제를 요약해 보여주었
다(Rogers, 2016). 기사는 같은 날 좌파 웹진《슬레이트》에 실린 L.V. 앤더
슨 부편집장의 평론 "백인 여성, 자매애와 세계를 저버리고 트럼프에 투
표"(Anderson, 2016b)를 언급했다. 앤더슨과《슬레이트》는 본 저자가 이
글을 쓰는 현재까지 그러한 비난 논조를 유지하고 있는 것으로 보인다.
위에 언급한 두 자료는 2016년 대선 이후 이러한 식의 주제를 내세운 어
마어마한 양의 문헌 중 극히 일부일 뿐이다. 이러한 시각이 얼마나 만연
한지 궁금한 독자는 '백인 여성 트럼프 투표white women elect Trump' 같은
키워드로 구글 검색을 해보기 바란다.

42. Filipovic, 2016.

43. Stone, Patton, & Heen, 2010, pp. 60, 65.

44. Stone, Patton, & Heen, 2010, pp. 58 - 82.

45. 기여 분석은 피해자 탓하기와 다르다(Stone, Patton, & Heen, 2010, pp. 69 -
70). 기여 분석은 관련 당사자들의 행위 또는 행위 부재가 상황에 어떻게
기여했는지 따져보는 것이다. 탓하기는 누군가가 잘못을 행했다는 전제
에서 이루어진다. 탓할 만한 잘못을 전혀 하지 않고도 문제에 기여하는
경우는 흔히 발생한다(Stone, Patton, & Heen, 2010, pp. 50 - 53, 120 - 121).
예를 들면, 도심 흑인 공동체에 고유한 폭력 문제가 있음을 인정하는 것
은 폭력을 낳은 사회구조적 환경을 그 공동체의 탓으로 돌리는 것과 다르

다. 어떤 문제는 따져보면 악순환의 결과인 경우가 많으며(A라는 문제가 B라는 문제를 낳고, B가 다시 A를 조장함으로써 문제가 확대·고착됨), 전반적인 기여 체계를 인정하는 일은 그러한 덫에서 벗어나는 소수의 해결책 중 하나다. 그런가 하면 원인이 여럿인 문제도 많다. A, B, C라는 요인이 결합해 D라는 문제를 일으키지만 A, B, C가 모두 충족되지 않으면 D가 일어나지 않는 경우다. 예를 들면 화재가 일어나려면 연료, 산소, 열이 모두 필요하다.

기여 체계의 한 요소를 적법하지 않은 것으로 규정한다면('피해자 탓하기') 이 같은 문제는 풀기가 더 어려워진다. 개인이나 집단을 탓하는 습관을 버리고 총체적 기여 체계에 주목하여 문제 해결의 가능성을 높이자.

46. Stone, Patton, & Heen, 2010, pp. 60 – 64, 67.

47. 당파성이 국가 전체에 해로운 영향을 미친다는 생각은 존 스튜어트 밀의 『자유론』에 명료하게 표현되어 있다. 밀은 이렇게 적었다(이 구절이 포함된 문단에 책 전체에서 유일하게 '당파적partisan'이라는 단어가 언급되어 있다). "실로 지대한 해악은, 진실을 이루는 부분들 간의 격렬한 충돌이 아니라 진실의 절반을 조용히 은폐하는 행위다. 사람들이 양쪽 이야기를 다 들을 수밖에 없는 상황이라면 늘 희망이 있다. 사람들이 한쪽 이야기에만 주목할 때, 착오는 편견으로 굳어지고 진실은 부풀려져 거짓이 되어 진실의 구실을 하지 못하게 된다(Mill, 1859, p. 97)."

48. 헨리 타이펠Henri Taifel, 존 터너John Turner 등의 사회심리학자들은 이렇게 외집단(개인이 소속되어 있지 않은 집단)을 깎아내려 내집단(개인이 소속된 집단)의 지위를 높이는 현상을 이른바 '사회 정체성 이론'으로 설명했다(Tajfel, 2010). 사회 정체성 이론을 대략 설명하면, 개인의 도덕적 지위는 그 개인이 동일시하는 집단의 도덕적 지위와 밀접하게 엮여 있다는 것이다. 예를 들어 어떤 사람이 자신을 보수주의자로 생각한다고 해보자. 보수주의자들을 좋은 사람으로 볼 만한 이유가 하나라도 늘어날수록, 자신도 좋은 사람이라고 믿을 이유가 늘어난다. 자신이 '좋은' 집단의 일원이 되기 때문이다. 이 같은 행동은 정치와 종교 분야에서 광범하게 나타나

며, 심지어 스포츠에서 라이벌 관계의 선수나 팀을 응원하는 팬들 사이에
서도 흔히 나타난다. 이 현상은 최악의 경우 '편협한 이타주의'로 알려진
효과를 낳는다. 이는 내집단에는 부당할 정도의 관용, 호의, 특별 대우를
베풀고, 외집단은 불신하거나 심지어 부당할 만큼 적대적으로 대하는 것
을 가리킨다.

49. Stone, Patton, & Heen, 2010, pp. 200, 245.

50. Stone, Patton, & Heen, 2010, p. 76.
'기여 변수를 규명하는' 행위가 '탓하는' 행위로 오해될 때가 많다. 그러
므로 어떤 문제의 기여 요인을 규명할 때는 주의하자. 다음과 같이 묻는
것은 피하자. "과음한 것이 강도를 당하는 데 기여했을 수 있다고 생각
해?" 강도 사고의 피해자를 탓하는 것으로 오해될 수 있다. 그러나 그런
추론은 오류다. [X]가 [Y]에 기여한다는 말은 [X]가 [Y]의 가능성을 높
이는 한 요인이라는 말일 뿐이다. '과음' 행위가 강도의 표적이 되는 데
기여한 하나의 변수였을 수 있다. 그렇다고 해서 피해자가 자기가 강도를
당한 데 대해 도덕적 책임이 있다는 말은 아니다. 민감한 상황이라면, 전
체적인 상황을 이루는 요인 중 어떤 것이 나쁜 결과에 기여했을 수 있느
냐고 묻는 것이 안전하다.

51. Boghossian, 2006.

52. Phelps-Roper, 2017.

53. Horowitz, 2013.

54. Boghossian, 2013; Horowitz, 2013; Nyhan, Reifler, & Ubel, 2013.

55. Loftus, 2013.

56. Hubbard, 2007, p. 178.
이러한 속성은 일반적으로 어느 두 분파(특히 종교의 경우) 간에도 성립한
다. 각 분파는 다른 분파의 믿음을 근거와 신빙성이 없다고 보거나 더 나
아가 기이하다고 본다. 더 자세한 내용은 Loftus, 2013을 참고.

57. Loftus, 2013.

58. 이 표현은 철학자 월터 카우프만Walter Kaufmann이 신앙을 정의한 다음

의 구절에서 따왔다. "합리적인 사람이라면 누구에게서나 충분히 동의를 끌어낼 만한 근거에 기반하지 않은, 강렬하면서 보통 굳건한 믿음(Kaufmann, 2015, p. 3)."

59. Stone, Patton, and Heen (2010)은 특별히 어떤 대사나 표현을 써야 할지 고민하기보다는 대화에 집중하고 진정성 있게 임하라고 조언한다. "상대방은 내 말과 태도뿐 아니라 내 머릿속도 읽어낸다. 자세에 진정성이 없다면 무슨 말을 해도 소용없다. 상대방에게 거의 예외 없이 전해지는 것은 내가 진정으로 궁금해하는지, 내가 진정으로 상대방에게 관심을 두는지 하는 것이다. 의도가 진실하지 않다면 아무리 말에 신경 쓰고 태도를 좋게 해봤자 도움이 되지 않는다. 의도가 좋다면 말을 어눌하게 해도 문제가 될 게 없다(pp. 167–168)."

60. Stone, Patton, & Heen, 2010, pp. 85–108, 163–184.

61. Stone, Patton, & Heen, 2010, pp. 163–184.

62. 읽지 않은 장서 효과를 고려하면, 배우는 자세로 전환하는 방법은 대화의 예의·친절함·라포르를 유지하면서 의심을 불어넣는 비장의 무기가 될 수도 있다.

63. Johnson et al., 2018, p. 418.

64. Edmondson, 2003, p. 257을 참고: "어떤 사람이 업무 환경에서 그런 대인 관계적 위험을 얼마나 쉽게 감수할 수 있다고 느끼는가 하는 체감도를 가리켜, 본 저자는 '심리적 안전'(Edmondson 1999, 2002)이라는 용어를 사용한 바 있다. 심리적으로 안전한 환경에서는 실수하더라도 남들에게서 질책을 받거나 평가가 깎이지 않으리라는 믿음이 있다. 또한 도움·정보·의견을 청한다고 해서 남들에게 질책을 받지 않으리라는 믿음이 있다. 그런 믿음이 있으면 앞에 말한 여러 위험을 감수할 자신감이 생겨 그에 따른 학습의 혜택을 누릴 수 있게 된다."

65. Edmondson, 2003, p. 256.

66. 추가적인 설명은 에드먼슨의 저술을 참고. "리더는 심리적 안전을 촉진하는 행동으로 학습에 유리한 환경을 조성할 수 있다. 독재적 행동, 접근을

허락하지 않는 태도, 취약점을 인정하지 않는 자세는 팀원들이 학습 행위
로 인한 대인관계적 위험 감수를 꺼리게 되는 요인으로 작용할 수 있다
(Edmondson, 2003, p. 265)."

67. Bradberry, n.d.

68. Bradberry, n.d.

69. TED, 2014.

70. Heinrichs, 2017, p. 64.

3장

1. Harvard Second Generation Study, 2015. 다음도 참고: Ware, 2012.

2. Lindsay, 2016; Ware, 2012.

3. Aristotle, trans. 1980, The Nicomachean ethics VII. 2 1156a4 – 5.

4. 정치적 믿음은 대체로 도덕적 믿음이다. 정치적 믿음은 대개 굳건한 우
   정의 기틀로 삼을 만하지 못하지만, 인간관계의 성패를 좌우할 수 있다
   (Aristotle, trans. 1980, The Nicomachean ethics VII).

5. 여러분이 만약 죽음을 앞둔 자신을 돌봐주는 소중한 이의 정치적 소속이
   중요할 것 같다는 생각이 든다면, 자신에게 중요한 것이 무엇인지 재검토
   해보길 강력히 권한다. 호스피스 간호에 관한 문헌(예: Ware, 2012)을 읽
   으면 생각에 큰 변화가 올 수도 있다.

6. Stone, Patton, & Heen, 2010, pp. 140 – 144, 153 – 154, 182 – 183.

7. Galef, 2017; Tavris & Aronson, 2008.

8. Horowitz, 2013.

9. 특히 도덕적 사안에 관해서라면, 의견이 다르다고 해서 꼭 추론 오류를
   범한 것은 아니다. 사람은 저마다 다른 시작점에서 출발하여 거기서 논리
   적으로 파생되는 믿음에 도달하곤 한다. 예를 들면 태아가 얼마나 성장해
   야 한 명의 사람으로 간주할 수 있느냐 하는 전제부터가 다를 수 있다.

10. 연구에 따르면 믿음을 고수할 때 도파민이 급증하는 것으로 관찰된다
    (Kolbert, 2017). 이로써 사람들이 우정이 깨질 위험을 무릅쓰면서도 자기

생각이 옳음을 증명하려고 매진하는 이유를 부분적으로 설명할 수 있다.

11. Chambers, 2009, pp. 147 – 148.

12. Ebenstein, 2013.

13. Fisher, Ury, & Patton, 2011, pp. 19 – 20, 200.

    여기에 덧붙여, 더글러스 스톤 등은 어떤 대화에서건 '세 개의 스토리(이
    야기)'가 있다고 말한다. 내가 보는 스토리, 상대방이 보는 스토리, 외부자
    의 눈에 보일 만한 스토리다. 그리고 이 중에서도 '세 번째 스토리', 즉 외
    부자 관점을 까다로운 대화의 출발점으로 잡을 것을 권하고 있다. 우선
    내 입장과 상대방의 입장 사이에 놓인 차이를 최대한 자세히 이해한 다
    음, 상대방이 보는 관점을 말해달라고 청한다. 그런 다음, 상황이 허락한
    다면 내가 보는 관점을 제시하라는 것이다. Stone, Patton, & Heen, 2010,
    pp. 147 – 162, 그리고 특히 Loftus, 2013을 참고.

14. Stone, Patton, & Heen, 2010, pp. 137 – 138, 180 – 183.

15. 스톤 등은 대화 중 감정을 인정하는 것의 중요성을 강조하며 저서의 5장
    에 '내 감정의 주인이 되자(감정의 노예가 되지 않으려면)'라는 제목을 붙였
    다(참고: Stone, Patton, & Heen, 2010, pp. 85 – 108, 170 – 171, 188 – 189). 또
    에크먼은 이렇게 말했다. "상대방의 분노를 그냥 흡수하거나 상대방의 분
    노에 전혀 대응하지 않는 것은 도움이 되지 않는다"(Ekman, 2003, p. 124).

16. '퇴로'는 고대 중국의 병법서 『손자병법』에서 기원한 용어로, 윌리엄 유리
    의 저서를 통해 유명해졌다(Ury, 1992).

    생각을 바꾸려면 먼저 잘못된 믿음을 갖고 있었음을 인정해야 한다. 이
    때 굴욕감을 느끼는 사람이 많다. 굴욕감은 자신이 어리석거나 부도덕한
    사람으로 여겨진다는 생각에서 기인할 때가 많다. 그러나, 그릇된 믿음을
    가졌다고 어리석거나 부도덕한 사람이 되는 것은 아니다. 믿음이 잘못되
    었을 뿐이다. 관점을 사람에게서 주장, 즉 믿음으로 이동한 것에 유의하
    자(Boghossian, 2002).

17. Malhotra, 2016a, 2016b.

18. Malhotra, 2016a.

19. Fisher, Ury, & Patton, 2011, pp. 18 – 19.

20. Horowitz, 2013.

21. Fisher, Ury, & Patton, 2011, p. 15; Horowitz, 2013.

22. Fisher, Ury, & Patton, 2011, pp. 16 – 17.

23. Malhotra, 2016a, 2016b.

24. Stone, Patton, & Heen, 2010, p. xxix.

25. Fisher, Ury, & Patton, 2011, p. 56.

26. Malhotra, 2016a, 2016b; Parsons & Zhang, 2014, p. 363; Stone, Patton, & Heen, 2010, pp. 125 – 126, 196 – 197.

    가톨릭의 고해성사가 '타락한' 이에게 퇴로를 만들어주는 일종의 도덕적 초기화 과정이라는, 설득력 있는 주장이 있다. 그러나 고해성사의 효과는 생각을 바꾼다기보다 도덕 집단에 대한 소속감을 다시 느끼게 해주는 것이다. 참고: Ariely, 2012.

27. Fisher, Ury, & Patton, 2011, pp. 23 – 24.

28. Mullins, 2002; Stone, Patton, & Heen, 2010, pp. 30 – 37.

29. 「출애굽기」 21:7 – 11, 『킹제임스성경』(아래 한국어 구절은 개역개정판에서 따왔다-옮긴이).

    7 사람이 자기의 딸을 여종으로 팔았으면 그는 남종 같이 나오지 못할지며

    8 만일 상전이 그를 기뻐하지 아니하여 상관하지 아니하면 그를 속량하게 할 것이나 상전이 그 여자를 속인 것이 되었으니 외국인에게는 팔지 못할 것이요

    9 만일 그를 자기 아들에게 주기로 하였으면 그를 딸 같이 대우할 것이요

    10 만일 상전이 다른 여자에게 장가들지라도 그 여자의 음식과 의복과 동침하는 것은 끊지 말 것이요

    11 그가 이 세 가지를 시행하지 아니하면 여자는 속전을 내지 않고 거저 나가게 할 것이니라

    미국에서 가장 큰 개신교 교단인 남침례회Southern Baptists는 노예제도를 지지하였기에 그 견해 차이 때문에 다른 침례교회에서 분리되어 나왔다

는 사실도 언급해둘 만하다.

30. 종교적 주장은 특히 넘어서기가 어려우며 '의심할 만한 이유'를 제시하는 방법은 종교 영역에서 효용이 제한적일 수 있다. 정치 영역에서 극히 단순화한 예를 들면 이런 것이 있다. "나는 전에 불법 이민을 강하게 반대하는 입장이었는데, 불법 이민자가 내국인보다 범죄율이 낮은 데다 내국인이 피하거나 꺼리는 일을 맡는다는 사실을 알고는 생각을 바꿨어."

31. Borowsky, 2011, p. 5.

32. Borowsky, 2011, p. 5.

33. 협상가는 이 전략을 통해 일종의 "대화 주도권과 담론 통제력"을 어느 정도 획득함으로써 결국 "인질범의 투항"을 끌어냈다(Borowsky, 2011, p. 16).

34. Borowsky, 2011, p. 5.

35. Fisher, Ury, & Patton, 2011, p. 47; Stone, Patton, & Heen, 2010, pp. 156–157, 174, 211–216.

36. 인질 협상가는 흔히 '공동 운명체' 관점을 활용하여 인질범과 협상한다 (Borowsky, 2011, p. 5; Taylor & Donohue, 2006).

37. Fisher, Ury, & Patton, 2011, p. 23.

38. 어떤 표현을 쓰느냐에 따라 입원 환자를 대하는 태도도 달라진다(Kelly & Westerhoff, 2010). 좋은 예로 환자를 '중독자'나 '약물 남용자'로 부르는 것과 '약물 사용 장애 환자'로 부르는 것의 차이를 들 수 있다. "'약물 사용 장애 환자'보다 '약물 남용자'는 그 사람 자체에 잘못이 있으며 처벌 조치를 받아야 한다는 개념에 더 부합했다. 흔히 사용되는 이 두 용어 중 어느 쪽이 제시되었느냐에 따라 숙련된 정신건강 전문가들조차도 판단에 체계적 차이를 보인다. '약물 남용자'라는 용어는 편견을 영구화할 수 있다. (Kelly & Westerhoff, 2010, p. 202)."

39. 대화 중 등장하는 사안의 프레임을 바꾸면 대화의 원활한 흐름을 유지할 수 있다. 스톤 등은 "프레임 바꾸기는 모든 분야에서 통한다. 상대방이 말하는 그 어떤 것도 프레임을 바꾸어 '배우는 대화'를 시도할 수 있다"라면서, 이렇게 덧붙인다. "끈질긴 자세가 필요하며, 생산적 논의가 이어질 수

있도록 끊임없이 대화의 프레임을 바꿀 준비를 해야 한다(Stone, Patton, & Heen, 2010, pp. 204 – 205)."

협상 중 프레임 바꾸기에 대한 견해는 Ury, 1992를 참고.

40. Fisher, Ury, & Patton, 2011, pp. 23 – 24; Stone, Patton, & Heen, 2010, pp. 204 – 205.

41. 참고: Gaertner et al., 1999.

42. 예컨대 주짓수 같은 무술에서는 힘에 힘으로 맞서는 방법을 권장하지 않으며, 힘을 역이용하거나 제거하고 유리한 각도에서 접근하도록 가르친다.

43. Ekman, 2003, p. 125.

44. Voss & Raz, 2016, pp. 96 – 112. 이 기법은 5장에 언급된 인질 협상 문헌에서 논하고 있다.

45. Voss & Raz, 2016, pp. 96 – 112.

46. Neiman, 2008.

47. 흑백논리는 미묘한 뉘앙스를 적절히 담아내지 못하는 데다가, 반쪽짜리 진실의 선전에 그친다. 원활한 대화를 가로막는 사고방식이다(Stone, Patton, & Heen, 2010, pp. 114 – 121).

48. 스톤 등은 '상대방은 관심이 높고 나는 관심이 낮은' 경우의 대처법을 설명하면서, 상황에 따라서는 대화를 마무리하는 게 최선의 전략일 수 있다고 제안한다(Stone, Patton, & Heen, 2010, p. 246). 단, 정치적 대화의 단골 문제인 감정적 강압 행위에는 굴복하지 말라고 당부한다. 타협과 예의를 거부하는 사람은 그런 식으로 자기 뜻을 관철할 때가 많다. 스톤 등은 대체로 행동주의적인 관점에서 이렇게 적고 있다. "까다로운 행동에 대처하는 장기적 전략으로는 도움이 되지 않는 방법이다. 굴복은 나쁜 행동을 보상하고, 보상받은 행동은 반복되기 마련이다(p. 242)."

49. Stone, Patton, & Heen, 2010, pp. 39 – 40, 174 – 176.

50. 이 영리한 척도 활용법을 제시한 사람은 판매 설득 전문가 대니엘 핑크다(Big Think, 2014).

51. 이상을 포함한 여러 기법의 활용 사례를 직접 보고 싶다면 앤서니 매그너보스코의 '길거리 인식론' 유튜브 채널을 강력히 추천한다(https://www.youtube.com/user/magnabosco210).

52. 상대방에게 내 확신도를 높일 방법을 설명해달라고 청함으로써 상대방의 읽지 않은 장서 효과를 드러낼 수 있다(Fernbach, 2013; Stone, Patton, & Heen 2010, p. 200은 대화가 교착 상태에 빠졌을 때도 이 기법을 쓰는 것이 좋다고 말한다). 읽지 않은 장서 효과와 '메타인지적 판단' 및 '이성적 사고에 관한 논쟁 이론'의 관련성은 다음을 참고: Bromme, Thomm, & Ratermann (2016).

53. 앞서 언급했듯이, 이 놀랄 만큼 흔한 문제는 읽지 않은 장서 효과에서 기인한다. 예를 들어 2016년 미국 대선에서는 정치적 좌우를 막론하고 '환태평양 경제동반자협정TPP'이라는 무역협정에 반감을 보였다. 우파는 도널드 트럼프의 자국 우선주의 경제 노선에 따라 당연히 협정을 반대했다. 좌파는 버니 샌더스의 반세계화 포퓰리즘을 따라 역시 반대했고, 그 반대가 어찌나 완강했는지 협정을 지지했던 민주당 후보 힐러리 클린턴은 반대 입장으로 선회해야 했다(입장 변경은 표를 많이 잃는 결과를 초래했다). TPP에 대해 워낙 강한 감정을 가지고 있어 그 단일 이슈만 놓고 투표하는 사람들도 있었다.

협정안이 비판받은 주된 이유 하나는 비전문가가 이해하기 너무 복잡하다는 것이었다. 그런데 그렇게 복잡한 건 당연했다. TPP는 대규모 국제 무역협정이기 때문이다. TPP의 복잡함과 난해함은 수혜자 결정 등에서 투명성이 부족하다는 인식을 불러일으켰다. 그러나 대부분의 유권자는 TPP를 진정으로 정확히 이해하고 의견을 가질 수가 없는 상황이었다. TPP는 워낙 복잡해 세계에서 몇 안 되는 전문가만이 제대로 이해하고 의견을 가질 수 있었다고 해도 과언이 아니다. 그러나 TPP는 정치적 좌우에서 모두 중대한 이슈로 간주하였고, 자신의 이해도에 비추어 턱없이 강한 의견을 가진 사람이 많았다.

54. Nichols, 2017; TedX Talks, 2013; Wilson & Keil, 1998.

55. 인질 협상에도 이와 비슷한 전략이 쓰인다. 더 자세한 내용은 다음을 참고: Grubb, 2010, p. 344; Fisher, Ury, & Patton, 2011.

56. 대화를 하다 보면, '사실 논쟁'으로 격하되어 각자 스마트폰을 열심히 찾게 될 때가 많다. 대화 중 양립 불가능한 사실을 찾아 서로 무기로 쓰려고 나서는 상황이 되었다면, 진짜 문제는 '사실'(가령 어느 해의 총기 사고 사망자 수, 복지 수급 인구, 여성 및 소수자 CEO의 비율 등)이 아닌 경우가 많다. 실제로 문제가 되는 것은 도덕, 정체성, 이념 등 서로 겹치는 개념들이다.

하버드 협상 프로젝트 등의 전문가들은 그런 상황에서 전략을 바꾸는 게 좋다고 지적한다. 정체성 문제를 직접 논하거나, 공정하고 객관적인 기준의 요건을 논하는 것이다(Fisher, Ury, & Patton, 2011, p. 47; Stone, Patton, & Heen, 2010, pp. 14 – 15, 126 – 127, 214). 그런 문제를 논하려면 이런 질문을 던져볼 수 있다. "권총 사고 사망자 수가 그 두 배이건 절반이건 그게 중요해? 만약 찾아보니 우리 생각보다 다섯 배가 많다 한들, 아니면 10분의 1이라 한들, 너나 나나 그것 때문에 생각이 바뀔 일이 있어?"

마지막으로, 공정하고 객관적인 기준을 찾으려는 시도는 일종의 아웃소싱이다. 어떤 출처를 인정하거나 인정하지 않는 것에서 개인의 도덕적 정체성이 드러날 때가 많다.

57. Boghossian, 2013, p. 78.

같은 질문이 종교/무신론 논쟁에서도 자주 제기된다. 신에 대한 믿음을 정당화할 충분한 근거란 어떤 것이고, 어떤 자료를 참고해야 하느냐 하는 것이다. 본 저자의 경험으로 볼 때, '어떤 자료를 믿어야 하느냐' 하는 질문은 어디까지나 추상적인 차원에서, 주제와 거리를 두고 논해야 한다. 방어해야 할 특정 견해를 갖고 있으면 정보의 신뢰도를 판단하는 데 편향이 작용하기 때문이다. 어떤 근거 · 자료 · 권위 등을 믿어야 하느냐의 문제로 넘어갈 때는, 마치 철학자처럼 추상적으로 논하거나 주제와 완전히 떨어진 사례를 거론하는 게 최선이다. 예를 들어 정치적 주제를 놓고 대화하고 있을 때, 내가 흐름을 끊고 그 신문이 믿을 만한지 어떻게 알 수 있느냐는 질문을 던졌다고 하자. 먼저 근거·자료·권위의 수용 기준에 대해 어느 정도 합의를 보고 나서, 그다음에 그 합의된 기준을 의견이 부딪치는 특정 사례에 적용해본다.

58. 아웃소싱 시도를 할 때 상대방이 적의나 어이없다는 반응을 보일 수도 있다. 모든 정보원은 편향되어 있다거나, 더 음모론 쪽으로 가서 모든 정보원은 일루미나티·유대인·외계인 등이 장악하고 있다고 주장할 수도 있다. 모든 것은 가짜 뉴스이며 진보 언론, 우파 언론, 주류 언론 등의 복합체를 통째로 불신해야 한다고 주장할 수도 있다. 아예 더 극단적으로 가면, '대안' 매체를 포함해 모든 매체를 믿지 않는 사람도 있다(Ingram, 2017; Mitchell et al., 2014; Parker, 2016; Swift, 2016; Thompson, 2016). 이의 경우라면, 아웃소싱을 시도한 결과 대화 상대의 인식 원리에 관해 무언가 귀중한 사실을 배우게 된 셈이다. 바로, 인식 원리가 손상되어 있다는 사실이다. 그렇다면 대화를 계속할지 재고해봐야 할 수도 있고, 아니면 상대방의 인식 원리를 배우는 자세로 완전히 전환하는 방법도 있다. 즉, 상대방이 어떻게 자신의 믿음에 도달했는지에 대화의 초점을 온전히 맞추는 것이다.

59. Boghossian, 2013; Nichols, 2017.

60. Friedersdorf, 2017.
대릴 데이비스를 다룬 2017년 수상작 다큐멘터리 영화 〈우발적 예의 Accidental Courtesy: Daryl Davis, Race & America〉와 데이비스의 저서 『은밀한 관계Klan-destine Relationships: A Black Man's Odyssey in the Ku Klux Klan』를 강력히 추천한다. 또 피보디상과 에미상을 수상한 디야 칸Deeyah Khan 감독의 다큐멘터리 영화 〈백인의 권리White Right: Meeting the Enemy〉도 적극 추천한다.

61. Steenburgh & Ahearne, 2012.

62. Loftus, 2013.

63. Fisher, Ury, & Patton, 2011, p. 47.

64. Kaufmann, 2015, p. 3과 비교: "신앙이란, 합리적인 사람이라면 누구에게

서나 충분히 동의를 끌어낼 만한 근거에 기반하지 않은, 강렬하면서 굳건한 믿음을 뜻한다."

65. Stone, Patton, & Heen, 2010, p. 177.

4장

1. Boghossian, 2017.

2. Magnabosco, 2016a.

3. 래퍼포트 규칙을 지키지 말아야 할 중요한 예외를 6장에서 언급한다. 이념가, 즉 자기 믿음을 바꿀 의향이나 여지가 없는 사람과 대화할 때는 래퍼포트 규칙을 적용하지 말 것을 권한다. 오히려 상대방의 확신을 강화하고 굳힐 우려가 있다.

4. Dennett, 2013, p. 33.

5. Dennett, 2013, pp. 33 - 34.

6. Jennings & Greenberg, 2009; Trotter, 1995, p. 4.

7. Answers in Genesis, 2014.

8. Anomaly & Boutwell, 2017.
   종교적 영역에서는, 믿음과 상충하는 근거를 접할수록 믿음을 더 강화할 수도 있다(Batson, 1975).

9. Tappin, van der Leer, & McKay, 2017.

10. Shermer, 2012.

11. Coyne, 2009; Masci, 2019.

12. 사람들은 진실을 믿는 것보다 집단에 융화되는 것을 더 중시하는 경향이 있다. 흔히 자신이 속한 이념적 부족과 생각이 다른 사람은, 설령 진실에 근거한 생각이라 해도 생각 차이를 감추는 경향이 있다. 이런 특성은 중대한 문제를 초래할 수 있다. 특히 배심원들에게 나타날 수 있는 문제는 하퍼 리의 소설 『앵무새 죽이기』의 클라이맥스 법정 장면에서 생생하게 묘사된 바 있다. 그런 현상은 법학 분야의 연구로도 뒷받침된다(참고: Lee, 1960; Waters & Hans, 2009). 마지막으로, 중요한 책이지만 평가가 충분히

이루어지지 않은 티무르 쿠란Timur Kuran의 저서(Kuran, 1997)를 적극적으로 추천한다. 쿠란은 사람들이 자신의 정치적 선호와 자신이 아는 것을 사실과 다르게 전하게 되는 메커니즘을 연구한다.

13. 많은 문자주의 기독교 신자들은 진화론이 성경의 아담과 이브 이야기의 신뢰성을 직접 부정하는 것으로 보며, 따라서 원죄와 예수의 속죄까지 부정한다고 본다. 이 점은 문자주의자들이 진화론을 받아들이는 데 넘어설 수 없는 도덕 차원의 걸림돌이 된다. 아무리 과학적 근거를 많이 제시해도 이들의 생각을 바꿀 수 없다. 이들이 먼저 타당한 생물학적 사실을 받아들이면서도 동시에 예수에 대한 신앙을 통해 구원을(그리고 영생을) 얻는 것이 가능하다는 확신을 갖기 전에는 불가능하다.

14. Flynn, Nyhan, & Reifler, 2017; Nyhan & Reifler, 2010.

15. Martí et al., 2018.

16. Magnabosco, 2016b에서 따와 다듬었다.

17. Cahill & Farley, 1995, pp. 77 – 79. 같은 문헌 96쪽에서는 1978년 전일본 불교회에서 수정 순간에 영혼이 생겨남을 선언했다고 언급한다. '영혼 입주ensoulment'가 어느 시점에 일어나느냐 하는 것은 신학적 논쟁이 그치지 않는 주제로, 여러 종교 교단, 특히 기독교 교단들은 수정 순간에 일어난다는 견해를 채택하곤 했다.

18. 『옥스퍼드 영어사전Oxford English Dictionary』.

19. Boghossian, 2017.

20. 이 반증 개념은 철학/인식론에서 '논파 가능defeasible' 또는 과학철학에서 '반증 가능falsifiable'이라고도 한다. 두 용어의 의미는 정확히 같지 않지만, 이 책에서는 두 용어의 취지를 모두 대략 포함하는 의미로 '반증 가능disconfirmable'이라는 표현을 사용한다.

논파 가능성과 반증 가능성falsifiability의 차이는, 후자는 경험적 질문 즉, 검증 가능한 질문만을 대상으로 한다는 점이다. 반증 가능성을 설명하기 위해 철학자들이 흔히 드는 예가 '모든 백조는 희다'라는 가설이다. 희지 않은 백조가 단 한 마리라도 발견되면 그 가설은 반증된다.

도덕적 믿음은 경험적이지 않지만 논파 가능할 수 있다(단, 윤리학자들 사이에서는 이 점에 대해 논란이 있음을 언급해둔다). 예를 들어, 플라톤의『국가』에는 '정의'가 '빚을 갚는 것'으로 정의된 후에 소크라테스가 질문을 던지는 대목이 나온다. 소크라테스의 물음은, 어떤 사람에게서 칼을 빌렸는데 칼을 돌려주면 그 사람이 칼로 살인을 저지르리라고 생각될 때 칼을 돌려주는 것이 정의롭냐는 것이다(Plato, ca. 331/trans. 1992). 다시 말해, '빚을 갚는 일'은 불의가 되는 예가 있으므로 항상 정의로울 수는 없고, 따라서 '정의'의 정의가 될 수 없다는 지적이다. 소크라테스가 한 질문의 핵심은 어떤 사람이 살인을 저지르려고 했다는 조건이 '정의는 빚을 갚는 일'이라는 믿음을 훼손하기에 충분하냐는 것이다.

21. 일부 신학자는 "스스로 확증하는 하나님의 영의 증거"(Craig, 2008, p. 46)는 논파 가능하지 않다고 주장한다. 다시 말해 자체적으로 정당화되며, 그릇됨을 보일 수 있는 조건이 존재하지 않는다는 것이다.

22. Shklovskiĭ & Sagan, 1966.

23. 반증 사례를 많이 인지할수록 믿음을 수정할 가능성이 커짐을 보여주는 근거가 일부 있다(Koriat, Lichtenstein, & Fischhoff, 1980; Wynn & Wiggins, 2016, pp. 32–34). 다시 말해, 반대되는 예와 근거를 제시함으로써 믿음을 반증 가능하게 만들 수 있다는 것이다. 그러나 이 말은 오해의 소지가 있는데, 여기서 말하는 믿음은 세상에 관한 기술적 사실descriptive fact로서 정서적·도덕적 가치가 없기 때문이다. 그리고 Koriat 등의 연구에 대해서는 결과를 재현하는 연구가 더 필요하다.

24. 더 자세한 설명은 우리 두 저자의 논문(Boghossian & Lindsay, 2018)을 참고. 책임 있는 믿음 형성이 소크라테스식 질문법의 요소와 어떤 관련이 있는지 자세히 논하고 있다.

25. 철학에서는 잘못된 믿음을 형성하는 이유가 꼭 인식 원리가 부적절해서가 아니라는 점이 잘 알려져 있다. 인식 원리는 적절하지만, 정보가 불완전하거나 부정확해서 그럴 수 있다는 것이다. 쉽게 말해, "고장 난 시계도 하루에 두 번은 맞는다(잘못된 인식 원리로도 우연히 옳은 답을 찾을 때가 있

다)"라는 속담을 생각해보자. 여기에 덧붙여서 이렇게 말할 수 있다. "하지만 정확히 가는 시계는 시간을 잘못 맞춰놓으면 절대 맞을 수 없다." 인식 원리가 정확하더라도 부정확하거나 불완전한 정보에서 출발하면 진실에 도달하기가 거의 불가능하다는 뜻이다(Lindsay, 2015). 이 문제를 극복하려면 '믿음 형성' 프레임으로 전환해 새 정보를 받아들인 다음, 기존의 적절한 인식 과정에 반영해 넣어야 한다.

26. Ury, 1992, pp. 65 – 66. '만약 …라면What if' 질문을 던지기 전에 상대방이 직접 반증 조건을 생각해내게 하자. 우리 생각엔 어떤 특정한 질문을 던지면 의심을 꼭 불어넣을 수 있을 것 같아도, 상대에게는 통하지 않을 수 있다. 그러므로 상대방이 먼저 반증 조건을 생각해내게 한 다음에 내 예시를 제시하자.

27. 비현실적인 반증 조건과 터무니없이 비현실적인 반증 조건을 가르는 기준은 다소 자의적이다. 반증 조건의 현실성이란 연속선상에 존재하는 개념이다. 비현실적이냐 터무니없이 비현실적이냐를 나누는 경계선은 흐릿하다. 그 기준은 우선 대부분의 합리적인 사람들이 터무니없이 비현실적이라고 생각할지 여부이다. 다음으로 조건을 충족시키려면 얼마나 많은 근거가 필요할 것인가다. 이렇게 말할 수 있는 이유는, 터무니없이 비현실적인 반증 조건을 제시하는 이유로 가장 흔한 것이 뭔가 다른 동기(가령 개인적 정체성이나 도덕적 맹목)에 가로막혀 더 합리적인 조건을 고려하지 못한다는 점이기 때문이다.

여기에는 예외도 존재한다. 입자물리학자에게 힉스입자의 존재에 관해 생각을 바꾸게 될 조건은 무엇이냐고 물었다고 하자. 그러면 완벽히 진실하고 지극히 신중하면서도 터무니없이 비현실적이라고 볼 수밖에 없는 답이 나올 수 있다. 이를테면 이런 것이다. "입자물리학이라는 개념 자체가 통째로 잘못된 것일 경우." 어떤 진실한 대답을 내놓아도 터무니없이 비현실적일 수밖에 없는 이유는, 힉스입자의 관찰을 뒷받침하는 근거가 너무나 압도적이어서 터무니없이 비현실적인 반증 조건만이 그 지식 주장의 수정을 정당화할 수 있기 때문이다. 그러나 우리가 일상 대화에서

상대할 믿음의 대부분은 그토록 엄격한 근거 기준을 갖춘 전문가의 믿음
이 아닐 것이다. 또 만약 정말 그런 대화를 하게 된다면, 그야말로 질문하
고 배울 기회다.

마지막으로, 상대방이 자신의 믿음이 흠 없이 완벽한 근거 기준에 따라
성립한다고 생각하는 경우가 있을 수 있다. 이는 착각일 때가 많다. 어떤
근거 기준은 전문가만이 확인할 수 있는 요인들을 필수 요건으로 한다.
다시 말해, 사용하는 모형이 완성도가 높고 강력하며 예측 능력이 있어
야 하고, 근거를 수집하는 방법이 엄밀하고 재현 가능해야 한다(Stenger,
Lindsay, & Boghossian, 2015). 한편 모든 질문에 답을 줄 수 있다고 주장하
는 모형은 완성도가 낮은 경우가 많고(가령 신학), 그런 모형에서 근거로
주장되는 것들은 엄밀하지도 재현 가능하지도 않은 경우가 많다(가령 간
증이나 계시에 의존).

28. 샘 해리스의 정곡을 찌르는 질문이 생각나는 대목이다. "상대방이 근거
를 중시하지 않는다면, 근거를 중시해야 한다는 점을 입증하기 위해 어떤
근거를 제시할 수 있을까요? 상대방이 논리를 중시하지 않는다면, 논리
의 중요성을 보이기 위해 어떤 논리를 제시할 수 있을까요?"(TubeCactus,
2011).

29. Dennett, 2006, pp. 200-248.

30. Nyhan & Reifler, 2010.

31. Harrington, 2013.

32. Boghossian, 2012, pp. 715-718.

33. Boghossian, 2013, pp. 59-62.

34. Boghossian, 2013, pp. 60-61; FFRF, 2013.

이와 관련하여 태핀 등이 바람직성 편향이라고 명명한 현상도 주목할 만
하다(Tappin, van der Leer, & McKay, 2017). 주어진 근거가 '바람직한' 결과
에 부합하면 개인의 믿음을 그에 맞추어 '갱신'하는 현상이다. 예수의 유
골이라고 주장되는 것이 제시된 경우라면, 유골이 누군가 다른 사람의 것
이기를 바라는 마음으로 인해 개인은 그러한 결론에 부합하는 근거를 과

대평가하게 된다.

35. ABC News, 2004.

36. Longsine & Boghossian, 2012; Swinburne, 1990, 1997, 2001, 2005.

37. Chapple & Thompson, 2014.

38. Ury, 1992, pp. 66 – 67.

39. 십계명과 도덕성의 일반적인 연관성을 능숙하게 활용하는, 유명한 전도
용 소책자가 있다(Comfort, 2006, pp. 291 – 293). 대략 다음과 같은 내용
이다.

목사: 거짓말하는 사람을 뭐라고 하지요?

전도 대상자: 거짓말쟁이요.

목사: 거짓말을 한 번이라도 한 적이 있습니까?

전도 대상자: 네….

목사: 그럼 당신은 무엇이 됩니까?

전도 대상자: 거짓말쟁이요.

목사: [좀도둑질, 욕설 등 다른 도덕 위반 행위에 대해 같은 패턴을 반복
한 후] 거짓말쟁이, 도둑, 함부로 욕하는 사람을 가리켜 성경에서 뭐
라고 하는지 알고 있습니까? 지옥에 떨어질 죄인이라고 하고 있습
니다. 당신은 스스로 거짓말쟁이에, 도둑에, 욕하는 사람이라고 했지
요. 성경 말씀대로 지옥에 가고 싶습니까?

전도 대상자: 아니요….

목사: 그렇다면 좋은 소식이 있습니다. 지옥에 가지 않아도 됩니다. 예수님
을 당신의 주인이자 구세주로 여기고 영접하면, 예수께서 죄를 사하
여 주실 것이고, 천국에서 예수님과 함께 영생을 살 수 있다는 걸 아
십니까?

이렇게 전도 대상자를 스스로 도덕적 실패자라고 믿게 만든 다음, 교의
주입을 시작한다.

40. Boghossian, 2017; Stone, Patton, & Heen, 2010, p. 213.

41. Leonard & Yorton, 2015, pp. 21 – 22.

42. Leonard & Yorton, 2015; Stone, Patton, & Heen, 2010, pp. 39 - 40.

43. 두 견해가 상충하는 것으로 보인다고 하여 반드시 서로 모순인 것은 아니다. 서로 모순인 두 견해는 양립할 수 없지만, 상충하는 것으로 보이는 두 진술은 상충하는 이유가 관점의 차이에서 비롯되었다면 양립할 수 있다. 상대방은 수프가 '너무 뜨겁다'고 생각하고 나는 '적당하다'고 생각한다면, 적절한 수프 온도에 대한 관점이 서로 다르기 때문일 수 있다. 또 상대방은 핵발전을 화석연료와 비교하는 관점에서 아주 깨끗한 발전 방식이라고 말하는데, 나는 핵폐기물의 위험성 때문에 그리 깨끗한 발전 방식이 아니라고 말할 수 있다. 이 경우에는 핵폐기물은 매우 위험하다는 것을 인정하고, 또 대기오염을 크게 유발하는 화석연료와는 다른 종류의 '더러운' 문제이므로 다른 대안에 비해 깨끗함을 동시에 인정할 수 있을 것이다.

44. Ury, 1992, p. 51.

45. Voss & Raz, 2016, pp. 150 - 165.

46. Ury, 1992, p. 51. 첨언: 유리는 그의 저서 『혼자 이기지 마라』에서 'opponent(적, 상대로 번역된다-옮긴이)'라는 단어를 썼지만, 본 저자는 대화와 관련해 'partner(파트너, 협력자로 번역된다-옮긴이)'라는 단어를 쓸 것을 권한다. 유리는 비록 책 전체에 걸쳐 'opponent'라는 단어를 쓰고 있으나, 특히 집중적으로 다루는 '협상'을 포함해 모든 대화를 공동의 협력 작업으로 보는 것이 중요함을 분명히 하고 있다(가령 p. 84).

47. Ury, 1992, p. 51.

48. Stone, Patton, & Heen, 2010, pp. 194 - 195, 205.

49. Ekman, 2003, p. 111: "분노의 가장 위험한 특징 하나는 분노가 분노를 낳는다는 점이다. 그리고 순환 현상으로 인해 양상이 급속히 악화될 수 있다. 상대방의 화에 화로 대응하지 않는다는 것은 거의 성자 수준의 인품이 필요한 일이다. 특히 상대방의 분노가 부당하고 독선적으로 보일 때는 더욱더 그렇다."

50. Ekman, 2003, pp. 115, 120.

51. 이브 스타Eeve Starr의 칼럼에서 인용함(Starr, 1954). 첨언: 풍자 작가 앰브로스 비어스Ambrose Bierce가 한 말로 널리 인용되고 있으나, 정확히 누가 처음 한 말인지는 분명치 않다.

52. 컴퓨터가 말썽을 부릴 때 얼마나 화가 치미는지 한번 생각해보자. 가령 문서 작성 프로그램에서 주석 번호가 일련번호로 제대로 매겨지지 않아 해결하느라 시간을 한참 들여야 한다거나 하는 경우가 있다(본 저자가 지금 이 주석을 타이핑하기 직전에 벌어진 일이다). 그럴 때는 '이 망할 프로그램이 왜 하라는 대로 작동하지 않는 거야' 하는 마음이 든다. 컴퓨터란 본래 워낙 효율적인 기계이기에 '이 쉬운 게 왜 안 되나?' 하는 생각이 들 수 있다. 그러다 보면 답답함 또는 분노가 밀려온다. 이런 현상에는 이유가 있다. 대화 중에도 마찬가지다. 폴 에크먼은 갓난아기도 무언가 물리적 장애물에 방해받았을 때 분노 반응을 보인다고 지적한다. 발달심리학자들은 물리적 방해물이야말로 "갓난아기의 분노를 가장 효과적으로 유발하는 상황"이라고 말한다(Ekman, 2003, p. 110).
대화 상대의 의도에 관해 어떤 믿음을 가짐으로써 대화에서 느껴지는 답답함을 키우거나 줄일 수 있다. 바로 상대방의 말과 의견에 선의 또는 도움을 주려는 의도가 깔려 있으리라고 생각하는 것이다. 상대방의 답답해 보이는 행동이 본의가 아니리라 생각해도 좋다. 반면 상대방이 (가령 내 감정을) 무시하는 태도로 나온다거나 고의로 도발 또는 불쾌함을 유발하고 있다고 생각하면 답답함이 증폭될 것이다. 도덕적·정치적 견해가 갈리는 대화에서 무언가가 꽉 막히는 느낌은 흔히 일어난다. 정치적 대화 중에 '상대편'이 생명, 자유, 행복 추구 등을 가로막는 정책을 지지하는 것처럼 생각될 때면 흔히 분노가 일어날 수 있다.

53. Ekman, 2003, p. 125.

54. 일단 대화에 화가 스며들면, 화에 화로 맞서지 않기란 힘든 일이다. 그러다 보면 결국 "용서받을 수 없는 말"이 입 밖으로 나올 수 있다(Ekman, 2003, p. 115). 에크먼은 자신의 저서에서 이렇게 지적하고 있다. "분노는 인간관계를 일시적으로, 때로는 영구히 훼손하는 일이 잦으며, 분노의 보

복을 초래할 때가 많다."(p. 120). 여기에 본 저자는 덧붙여서, 분노는 믿음의 고착화 그리고 무슨 수를 써서라도 믿음을 방어하려는 절박감을 유발한다고 말하고 싶다. 그 절박감은 화가 많이 날수록 커진다. 그래서 에크먼은 "분노에 따른 행동은 하지 않는 편이 대개는 낫다"라면서, "화가 났을 때는 화를 표현함으로써 분노의 원인에 대응하는 것이 최선일지도 생각해보아야 한다. 그러나 대부분 그 방식은 최선이 아니다"라고 한다. 에크먼의 결론은 특히 명심해둘 만한데, 다음과 같다. "불만의 토로는 화가 가라앉은 다음에 하면 문제 해결이 더 쉬울 것이다(p. 120)."

55. Ury, 1992, pp. 27－29를 참고. 또한, 아래 사실 역시 Ekman, 2003에서 확인할 수 있다.

"감정은 우리가 아는 지식을 활용하지 못하게 막는 역할을 하기도 한다. 감정적인 마음 상태가 아니라면 쉽게 바로 이용할 수 있지만, 감정이 일어날 때는 이용할 수 없는 정보가 있다. 우리는 적절치 않은 감정에 휩싸이게 되면 현재 상황을 현재 느끼는 감정에 부합하는 쪽으로 해석하고, 그 감정에 부합하지 않는 지식은 무시해버린다."

"우리는 감정에 따라 세상을 다르게 바라보고 타인의 행동을 다르게 해석한다. 우리는 어떤 감정이 들 때 그 감정에 이의를 제기하지 않는다. 그 대신 감정을 확증하는 근거를 찾으려고 한다. 현재 상황을 현재 느끼는 감정과 일관되는 쪽으로 판단함으로써 감정을 정당화하고 유지하려고 한다."(Ekman, 2003, pp. 38－39)

에크먼은 이를 제리 포더Jerry Alan Fodor가 주창한, 세계관에 따른 정보 캡슐화 개념에 비유한다. 포더의 견해는 개략적으로 말해, 어떤 세계관과 상반되는 정보는 그 세계관을 뒷받침하는 정보에 비해 접근하고 통합하기가 쉽지 않다는 것이다(Fodor, 1983). (이는 철학에서 말하는 '진리정합론'과 비슷한 면이 있다.) 에크먼의 관점은, 감정이 우리의 인지를 장악하여 감정이 주도하는 세계관에 일시적으로 가둔다는 것이다. 그 세계관 안에는 해당 감정을 확증하거나 정당화할 수 있는 방식으로 정보가 캡슐화되어 있다. 특히 분노, 혐오, 공포가 그러한 감정의 예다. 에크먼은 특정 감정이 그런 특성을 그리 강하게 띠는 이유에 대해 추측을 제시하지 않지만, 그런 감정에 수반되는 창피함이 모종의 역할을 하는 것인지도 모른다.

56. Ekman, 2003, pp. 38-39, 65; Fodor, 1983.

57. Ekman, 2003, pp. 38-39, 65; Fodor, 1983.

58. Ekman, 2003, pp. 38-39, 65; Fodor, 1983.

59. 분노에 따른 감정 불응기는 화를 되씹는 반추 현상을 초래할 수 있다. 그로 인해 분노가 지속되거나 심지어 더 커지곤 한다. 오하이오 주립대학 커뮤니케이션 심리학 교수 브래드 부시먼Brad Bushman에 따르면, 화난 상태에서 감정 분출을 시도하면 화가 해소되기보다 반추가 일어날 때가 많다(Bushman, 2002). 반추를 극복하는 방법은 몇 가지가 있다. 잠시 쉬면서 긴장을 풀거나 명상하는 방법도 있고(Jain et al., 2007), 자연 속에서 장시간 산책하는 방법도 있다(Bratman et al., 2015).

60. 에크먼에 따르면, "감정 신호는 우리에게 그 원천을 알려주지 않는다는 점을 기억하자. 상대방이 화난 것은 알겠는데 그 이유는 정확히 알 수 없을 때가 있다. 우리에게 화난 것일 수도 있고, 자기 자신에게 화난 것일 수도 있고, 우리와 관계없는 뭔가가 막 생각나서 화가 나는 것일 수도 있다"(Ekman, 2003, p. 56). 스톤 등도 상대방의 배경 스토리나 의도를 우리가 모른다고 간주하라고 조언한다(Stone, Patton, & Heen, 2010, pp. 30-37, 46-53). 즉, 상대방이 대화 중에 기분 나빠한다고 하더라도 우리가 꼭 뭔가 말을 잘못하거나 부적절하게 해서는 아니다.

61. Ury, 1992, pp. 17, 32-33.

62. Voss & Raz, 2016, p. 204.

63. Ury, 1992, pp. 27-29, 인용문은 p. 29.

64. Ury, 1992, p. 108 등; Voss & Raz, 2016, pp. 29-31, 47.

65. Ury, 1992, pp. 37-39.

66. Ury, 1992, p. 43.

67. Voss & Raz, 2016, p. 44.

68. Ekman, 2003, pp. 133 – 135.

69. Ury, 1992, pp. 27 – 28.

우리는 자신의 도덕적 반응을 자각하고는 합리화하곤 한다. 그런 성향으로 인해, 자신의 분노가 정의롭다고 느껴지면 분노를 스스로 정당화하고 지속하거나 증폭하곤 한다(Haidt, 2012, p. 76). 그러므로 의지력이 강한 독자라면, 소셜미디어상의 논쟁적 대화를 피하라는 일반 수칙에 예외를 둘 수 있다. 본 저자는 사적으로 대화할 것을 강력히 권하지만, 디지털 매체를 통한 커뮤니케이션은 충분한 시간을 두어 감정을 가라앉히고 곰곰이 생각해본 다음 응답할 수 있다는 장점이 있다. 따라서 대면 대화로는 원만히 진행하기가 거의 불가능한 대화도 진행할 수 있다.

70. 에크먼을 비롯한 문헌에서는, 삶의 배경에 깔린 '대본script'(한마디로, 과거의 나쁜 사건이나 트라우마와 관련된 감정이 해소되지 않고 남아 있는 것)이 분노 촉발 요인을 증폭하거나 더 오래가게 만들 수 있다고 지적한다. 그러한 촉발 요인을 미리 알아두거나 극복하면 분노를 방지하는 데 도움이 될 수 있다(Ekman, 2003, pp. 38 – 51). 또 스톤 등(Stone, Patton, & Heen, 2010, pp. 34 – 36)은 우리가 대화 상대의 배경 이력과 세계관을 알지 못하거나 그에 대해 비현실적인 전제를 할 때가 많다고 지적한다. 다시 말해, 상대방은 보통 우리의 분노 촉발 요인을 알지 못하므로, 분노 촉발 요인을 미리 조치해두는 것은 우리의 책임이다.

71. 제임스가 한번은 어느 공사 감독과 대화할 일이 있었다. 공사 감독이 말하길, 자기는 20대들을 힘든 공사 현장에 데려와 용돈도 좀 벌게 하고 대학에 왜 가야 하는지 가르쳐주곤 한다고 했다. 한여름 후덥지근한 더위 속에 힘든 노동을 시키고는 교훈을 들려준다는 것이다. 대략 이런 식이었다. "불볕더위 속에 죽을 고생을 며칠 시키고 나서, 옛날엔 이렇게 말하곤 했죠. '대학 갈래 아니면 평생 땡볕에서 ○○(흑인 비하 단어)처럼 일할래?' 그런데 요즘은 그런 말 하면 안 되잖아요. 그래서 이러죠. '대학 갈래 아니면 평생 땡볕에서 멕시코 사람처럼 일할래?'"
그는 비하 단어를 나름 신경 써서 배제했다는 데 자부심을 느끼는 게 분명했고, 자기가 불쾌한 표현을 쓴다기보다 솔직하게 이야기한다고만 생각하는 듯했다. 공사 감독이 말을 마치고 나서 제임스는 이렇게 말했다. "멕시코 사람처럼 일한다는 말도 적절한 표현은 아니에요." 중요한 점은, 제임스가 이 말을 한 것은 공사 감독의 말뜻을 이해한다고 밝힌 다음이었다는 것이다. 그러고 나서 그 부분을 이야기한 것이다. 공사 감독은 제임스의 설명이 옳음을 인정하고, 앞으로는 '뼈 빠지게 일한다'라는 말로 바꿔보겠다고 했다. 제임스는 상대방의 말을 진작에 끊고 바로 그가 쓴 표현을 '질책'할 수도 있었지만, 그랬으면 상대방에게 문제점을 인지시키는 데 소득이 없었을 것이다. 만약 말을 끊고 그런 말은 부적절하다고 했거나, 더 나아가 상대방이 인종차별주의자임을 암시하거나 단언하여 상대방을 정체성 차원의 방어 태세로 내몰았다면 공사 감독이 과연 행동을 바꾸었을지는 확실히 알 수 없다.

72. Parrott, 2001, p. 343.

73. Dittmann, 2003, p. 52.

74. Stone, Patton, & Heen, 2010, pp. 208 – 210.

75. Ury, 1992, p. 76; Voss & Raz, 2016, pp. 56, 62.

76. Denson, DeWall, & Finkel, 2012; Ekman, 2003, pp. 39, 54, 115, 120.

77. Ekman, 2003, pp. 39, 54, 115, 120; Lerner & Tiedens, 2006.

78. Fisher, Ury, & Patton, 2011, p. 16.
이를 위해서는 '수동적手動的 감정이입'을 실천할 것을 권한다. 그러면 피셔 등이 말하는 '딱정벌레로 사는 느낌'을 아는 데 도움이 될 것이다(p. 16). 수동적 감정이입은 크리스 보스가 고위험 협상 성공의 필수 요건으로 제시하는 '전략적 감정이입'(Voss & Raz, 2016, pp. 51 – 54)과 비슷하지만, 조금 더 복잡한 방법이다. 전략적 감정이입에서 한 단계 더 나아가, 상상력을 총동원해 대화 상대가 느낄 만한 감정을 내가 느낀다고 상상해보고, 직접 느껴본다. 그런 다음 상황을 어떻게 진행하는 게 좋을지 생각해본다. 판단에 참고가 될 것이다.

79. Voss & Raz, 2016, esp. pp.140 – 161.

80. Voss & Raz, 2016, esp. pp.140 – 161.

81. 에크먼은 대화 상대가 자극받아 화를 냈을 때 대비해 유의할 점을 밝히고 있다. "어떤 사람이 남들 앞에서 모욕을 듣고 화가 머리끝까지 났다고 하자. 분노한 상태에서는 자기가 들은 말에 정말 모욕 의도가 있었는지 판단하기 어려울 것이다. 상대방에 대한 정보와 상대방이 한 말에 대한 정보 중에서 일부만 선택적으로 인지하는 상태다. 즉, 분노에 반하는 정보는 인지하지 못하고, 분노를 뒷받침하는 정보만 인지하게 된다. 상대방이 설명 또는 사과를 건네도 화난 사람은 그 정보(상대방이 사과했다는 사실)를 즉각 행동에 반영하지 못할 수 있다"(Ekman, 2003, p. 39). 대화 상대를 잘 모른다면 생각보다 큰 위험이 초래될 수도 있다. 에크먼에 따르면, "대개 감정 반응이 빠르고 강한 사람일수록 감정을 가라앉히기가 훨씬 어렵다(p. 48)."

82. Ekman, 2003, p. 118: "거의 모든 사람은 화났거나 격분했을 때 행동과 말을 자제할 수 있다고 본다." 화가 가라앉을 때까지 기다린 다음에 이메일이나 문자 메시지에 답하면, 적어도 더 신중한 표현을 선택해 의사를 전달할 수 있을 것이다. 또 에크먼이 조언하듯(pp. 54, 115, 120), 상대방의 의도와 동기를 부당하게 짐작하지 않고 나중에 후회할 말을 하지 않는 데도 도움이 될 것이다. 다시 말해, 화를 가라앉힌 다음에 답장하면 생산적이고 예의 있는 대화를 유지하고 촉진하는 데 훨씬 유리하다.

83. Chapman, 2015, p. 192.

84. Chapman, 2015, p. 192.

85. Voss & Raz, 2016, esp. pp. 49 – 73.

86. Kubany et al., 1992, pp. 505 – 516.

87. Voss & Raz, 2016, esp. pp. 26 – 48.

88. Rogers, 1975; Voss & Raz, 2016, esp. pp. 51 – 73.

89. 에크먼은 이 점을 아주 확실히 하고 있다. "상대방의 분노를 그냥 흡수하거나 상대방의 분노에 전혀 대응하지 않는 것은 도움이 되지 않는다. 상대방의 불쾌한 행동을 멈추게 하려면 상대방 본인이 자기의 무슨 행동이

불쾌함을 유발했는지 알아야 한다(Ekman, 2003, p. 124)." 스톤 등의 저서 『우주인들이 인간관계로 스트레스받을 때 우주정거장에서 가장 많이 읽은 대화책』에서 강조하는, 감정은 적절히 조치하지 않으면 사라지지 않고 남아서 계속 우리의 관심을 갈구한다는 점도 이와 통한다(Stone, Patton, & Heen, 2010, pp. 86-90). 상대방의 화를 흡수하면 분한 마음이 조용히 쌓이기 쉽다. 그렇게 되면, 그 감정도 인정하고 적절히 조치해주어야 한다 (Stone, Patton, & Heen, 2010, pp. 89-90).

5장

1. 존 스튜어트 밀은 아마도 이 방법을 권장할 것이다.

2. 변증법dialectic의 기원은 고대 그리스 철학자들이다. 고대 그리스에서 '디알렉티케'란 둘 이상의 사람이 합리적 논변을 통해 진리를 찾고자 나누는 대화를 뜻했다. 소크라테스의 대화 대부분도 그렇게 볼 수 있다. 즉, 질문을 던짐으로써 진실에 도달하려는 체계적 과정이었다(Boghossian, 2002, 2003). 사실 서양 사상사는 이성으로 실재를 이해하면서 상충하는 주장을 조화시키려는 시도 그 자체였다고 볼 수도 있다.

3. 참고: Fichte, 1794-1795/1970; Hegel, 2010. 간단히 줄인 내용은 Maybee, 2016을 참고.

4. Singer, 1983.

5. Haidt, 2012.

6 Kaplan, Gimbel, & Harris, 2016; Pascual, Rodrigues, & Gallardo-Pujol, 2013.

7. Ekman, 2003, pp. 133-135.

8. Lindsay, 2015.

9. Boghossian, 2002.

10. Cohen et al., 2007; Correll, Spencer, & Zanna, 2004; Horowitz, 2013.

11. Goulston, 2015, pp. 145, 188, 194.

12. Stone, Patton, & Heen, 2010, pp. 89-90.

로마 철학자 세네카는 『화에 대하여』에서 화는 이성의 적이라면서(Seneca, ca. 45 CE/trans. 1995, p. 21), 이렇게 말했다.

"인간은 서로 돕기 위해 태어났고, 화는 서로 파괴하기 위해 태어났다. 인간은 끼리끼리 뭉치려 하고, 화는 산산이 흩어지려 한다. 인간은 도우려 하고, 화는 해치려 한다. 인간은 모르는 사람도 구해주고, 화는 소중한 사람에게도 덤벼든다. 인간은 다른 인간을 위해 희생까지 감수한다. 화는 다른 화를 붙잡고 위험 속에 끌고 들어간다(Seneca, ca. 45 CE/trans. 1995, p. 23)."

세네카는 화와 같은 격정은 다스리려고 하는 것보다 내쫓기가 쉽다고 했다. 화는 너무 강하고 고집스러워 다스리기 어렵다는 것이다. 또 화와 같은 감정은 이성의 적임을 다음과 같이 날카롭게 설명했다.

"게다가 이성이란 것은 고삐를 쥐여줘도 감정과 분리되었을 때만 힘이 있다. 이성이 감정에 섞이고 물들면, 쉽게 내몰 수 있던 감정도 누르지 못한다. 한번 휘저어지고 뒤흔들리고 나면, 지성은 힘에 떠밀려 다니는 노예가 된다(Seneca, ca. 45 CE/ trans. 1995, p. 25)."

13. Stone, Patton, & Heen, 2010, pp. 97 – 98.

14. Stone, Patton, & Heen, 2010, pp. 97 – 99.

15. Stone, Patton, & Heen, 2010, pp. 91 – 94.

16. Stone, Patton, & Heen, 2010, pp. 94 – 97, 102 – 105.

17. Goulston, 2015, p. 105.

18. Spitzer & Volk, 1971.

19. Weinstein & Deutschberger, 1963.
    역할 부여의 효과성에 대해서는 근거가 상충한다. 회의적인 견해는 Turner et al., 2010을 참고. 역할 부여는 판매 직원과 사기꾼이 자주 사용하는 방법이라는 사실도 언급해둔다(Pratkanis, 2000, esp. pp. 201 – 203).

20. 역할 부여 기법은 본문에서 권장하는 방식으로만 활용할 것을 권한다. 특히 대화를 통한 개입에서 역할 부여를 활용할 때는 그 목적이 의심 주입, 선호 해법의 배제, 예의 촉진, 그리고 확신을 낮추고 더 겸허해질 수 있도

록 돕는 데 국한되어야 한다.

21. 1장에서 제2차 세계대전 중 쿠르트 레빈의 소 내장 요리 연구를 언급하면서 설명했듯이, 자발적으로 발상해낸 아이디어는 전달받은 메시지보다 훨씬 큰 힘을 발휘할 수 있다. 그 효과는 사회적 역할이 개입될 때 한층 더 두드러진다. 레빈에 따르면, 강연을 들려준 경우에 비해 조별로 아이디어를 생각해내게 한 경우 무려 12배 이상 더 효과적으로 행동 변화를 유발할 수 있었다고 한다(Lewin, 1947). 레빈의 연구는 사회적 역할이라는 변인과 해법의 자발적 발상이라는 변인을 분리해 살펴보지 않았지만, 그 점은 여기서 크게 중요하지 않다.

22. 대화에 효과적으로 적용할 수 있는 인질 협상 기법으로 주목할 만한 것으로는 SAFE, BCSM, REACCT 등이 있다(McMains & Mullins, 2014). 모두 근거에 기반하여 정립된 기법으로, 생사가 위태로운 대치 상황에서 긴장을 효과적으로 완화하는 기술을 사용하고 있다. 인질 협상 기법과 그 활용에 관한 더 자세한 정보는 이 절에 제시된 문헌들을 참고하기 바란다.

23. McMains & Mullins, 2014, p. 134.

24. 이 개념의 논의는 McMains & Mullins, 2014 제3장의 논의를 대체로 따랐다.

25. McMains & Mullins, 2014, p. 134.

26. 역시 McMains & Mullins, 2014의 제3장을 참고.

27. McMains & Mullins, 2014, p. 135.

28. McMains & Mullins, 2014, p. 135.

29. Hammer, 2007; Hostage Negotiation, 1987, p. 12.

30. Hostage Negotiation, 1987, p. 14.

31. Hostage Negotiation, 1987, p. 14.

32. Hostage Negotiation, 1987, p. 14.

33. Hostage Negotiation, 1987, p. 14.

34. 이 개입 기법은 본 저자가 문헌을 참고하여 내린 추론과 본 저자의 경험에만 근거한다는 점에서 실험적이다. 본 저자가 참고한 동료평가 문헌들

에는 직접 나타나 있지 않다.

35. Dennett, 2013, p. 33.

36. Boghossian, 2004.

37. Boghossian, 2013.

38. 의심에 대한 의심을 호소하는 방법의 좋은 예는 Uchtdorf, 2013을 참고.

39. 그런 행동을 하는 상대방은 믿음/인식론적 개입에 대해 아무것도 모르거
나 뭔가 다른 동기가 있는 것이다. 이를테면 내 말을 녹음하거나 자백 또
는 시인을 끌어내려는 동기 등이다.

40. 어떤 명제가 자기에게는 참이고 남에게는 참이 아니라는 주장이다. 이것
이 왜 오류인지에 대해서는 Swoyer, 1982를 참고하자. 상대방이 이런 주
장을 할 경우 숙련된 개입 전문가는 다음의 역대응 기법으로 무력화할 수
있다(기본 발상을 제공해준 앤서니 매그너보스코에게 감사드린다). 상대방이
어떤 명제가 자신에게 참이라고 하면, 상대방의 소지품(물병, 선글라스, 전
화기, 열쇠 등) 하나를 빌려달라고 한다. 그런 다음 이렇게 주장한다. "난
소지가 곧 소유라고 생각해. 그러니 이 물건이 이제 내 소유라는 명제가
내게는 참이야." 상대방이 이의를 제기하면, 바로 이렇게 묻는다(설명이
아니라 질문이어야 한다). "네게만 참인 명제가 있다면 내게만 참인 명제는
왜 있을 수 없지?" 또는 이렇게 물을 수도 있다. "'내게는 참이다'라는 입
장은 어떨 때 유효하고 어떨 때 유효하지 않은 거야?"

6장

1. 이념가는 부도덕하다기보다 초도덕적超道德的인 사람인 경우가 많다
(Pinker, 2008). 한 예로 미국 식민지 시대 칼뱅주의자들의 언어 폭력적 설
교를 들 수 있을 것이다. 가령 조너선 에드워즈의 '진노하시는 하나님의
손안에 있는 죄인'이라는 비난조의 설교는 유명하다.

2. 이는 스톤 등의 저서 『우주인들이 인간관계로 스트레스받을 때 우주정
거장에서 가장 많이 읽은 대화책』의 주요 테마다(Stone, Patton, & Heen,
2010, pp. 7–8에서 처음 소개한 후 나머지 장들 전체에 걸쳐 설명한다). 도덕

306

적 대화를 할 때는 보통 감정이 급격히 치밀기 마련이고, 감정을 유발하는 기저 이슈는 정체성이다.

정체성 대화란 대화 참여자들이 자신을 어떤 사람이라고 믿느냐를 주제로 나누는 대화다. 흔히 배우자 간 대화가 틀어지는 이유는 겉으로는 쓰레기를 누가 언제 내놓느냐를 놓고 언쟁하는 것 같아도, 실제로는 좋은 배우자란 어떤 사람인가를 놓고 언쟁하기 때문이다. 백신 반대 논쟁 역시 겉으로 의학 문제가 핵심인 것 같지만, 사실은 좋은 부모란 어떤 부모인가가 핵심이다. 종교적 논쟁은 좋은 사람이란 어떤 사람인가가 핵심인 경우가 많고, 대화 참여자마다 '좋은 사람'이란 개념 자체를 다르게 해석하면서, 흔히 각자 종교의 도덕 원리에 따라 정의하곤 한다(Lindsay, 2015, pp. 106－114).

정체성이란 복잡하다. 꼭 알아두어야 할 점은, 정체성이란 자기 자신에 관한 다종다양한 믿음으로 이루어져 있으며, 그 믿음 중 다수는 도덕적 믿음이라는 사실이다. 도덕적 믿음은 정체성을 이루는 믿음 중에서도 우리가 가장 민감하게 생각하는 핵심을 차지한다. 우리가 어떤 사람을 인종차별주의자라고 비판했거나 그 사람이 한 말이 인종차별적이라고 지적했다고 하자. 상대방이 자기가 질책받았음을 인정하고, 비난이 옳음을 깨닫고, 도덕적으로 부끄러움을 느끼고 견해를 바꾸었으면 하는 게 우리 바람일 것이다. 그런 일은 거의 일어나지 않는다. 인종차별적이라는 비난을 받고 나서 "맞아, 내가 잘못했어. 내가 인종차별적인 말을 했네. 취소할게"라는 식으로 나오는 사람은 거의 없다. 오히려 자신은 인종차별주의자가 아니라고 주장할 것이다. 그리고 우리의 비난을 부정하고 자신이 옳음을 머릿속으로 확인하기 위해 명백히 인종차별적인 견해를 더 굳게 고수하거나 새로 갖게 될 가능성도 있다.

상대방의 인종차별적 행위를 질책하면 우리는 '상대 스스로 자기가 나쁜 사람이었음을 자각하고 생각을 바꾸겠지!' 하고 기대할지 모른다. 그러나 상대방 입장에서는 부인이나 거부 또는 반론에 나서는 편이 훨씬 심리적으로 편하다. 그중 어느 쪽을 택하든 결과는 믿음의 고착화다. 아니면 상대방은 화를 내면서 비난을 쏟아낼 수도 있다. 바로 정체성에 바탕을 둔 기제가 곧 앞에서 논한 역화 효과(자신의 믿음과 상충하는 근거를 제시받았을 때 믿음을 오히려 강하게 고수하는 효과)가 일어나는 원리다. (참고: Trevors et al., 2016.) 타인의 생각을 바꾸려면 그 사람에게 낙인을 찍어 수치감을 주려고 하는 것보다 좋은 방법이 많이 있으며, 이미 앞에서 여러 방법을 상세히 다룬 바 있다(Horowitz, 2013도 참고).

3. 『우주인들이 인간관계로 스트레스받을 때 우주정거장에서 가장 많이 읽은 대화책』에서는 까다로운 대화에서 나타나는 정체성 문제를 다루는 탁월한 기법들을 권고하고 있다. 특히, 대화 중에 불거지는 나 자신의 정체성 이슈를 천천히 파악해보고, 만약 내 생각을 바꾸면 무엇이 위태로워지는지 자문해보라고 권고한다. 이 작업은 대화 중에 하기보다 그 이외의 시간에 해야 한다. 진지한 자기 성찰의 시간에만 가능한 작업이기 때문이다.

또, 상대방이 맞닥뜨릴 만한 정체성 이슈도 미리 알고 예상할 수 있어야 한다. 상황에 따라서는 정체성 이슈를 명시적으로 제기해볼 수도 있다. 예컨대 다음과 같이 질문한다. "이 주제는 당신에게 개인적인 의미가 큰 것 같다. 어떤 점 때문인지 말해줄 수 있는가?" 도덕적 대화에서 정체성 차원의 이슈를 다루기 위한 그 밖의 기법들은 『우주인들이 인간관계로 스트레스받을 때 우주정거장에서 가장 많이 읽은 대화책』 전체에 걸쳐 제시되어 있다(특히 Stone, Patton, & Heen, 2010, pp. 111 - 128을 참고).

4. 우리는 '본능적으로' 도덕적 판단을 내린다. 그래서 자기 믿음의 이유를 댄다는 게 얼마나 어려운지를 크게 과소평가한다. 여기에 대해선 진화적 설명이 가능하다. 바로 본능적으로 판단해야 '빨리' 판단할 수 있기 때문이다. 자세한 내용은 조슈아 그린의 『옳고 그름』(Greene, 2013)과 대니얼 카너먼의 『생각에 관한 생각』(Kahneman, 2011)을 참고. 더욱 자세한 논의는, 조금 어렵지만 유익한 정보가 담긴 카너먼, 슬로빅, 트발스키 편저 『불확실한 상황에서의 판단』(Kahneman, Slovic, & Tversky, 1982)을 참고. 각종 질문에 긴급히 답해야 하는 유동적 물리 · 사회 환경에서, 빠른 의사

결정은 대단히 중요하다. 불타는 집에 뛰어 들어가 개를 구출할 것인가 말 것인가? 그러나 우리의 본능은 올바른 답을 찾는 데 그리 능하지 못하다. 인간은 도덕적 판단을 순간적으로 내려야 하는 상황이 많기에, 꼼꼼히 따져보기 전에 도덕적 결정을 내리도록 진화했다(Greene, 2013, pp. 105 - 146; Shermer, 2012, esp. p. 6).

한마디로, 도덕적 사고는 도덕적 직관에 후행한다. 다시 말해 우리는 논리적으로 사고하여 도덕적 결론에 도달하는 것이 아니라, 이미 가진 도덕적 감정에 맞는 논리를 만들어낸다. 예를 들어 어떤 행위(가령 항문성교, 말고기 먹기)가 혐오스럽다는 도덕적 감정이나 직관이 있다면, 그런 행위가 '왜' 혐오스러운지 설명하는 이유를 궁리하여 찾아낸다. '사후 합리화'라고 하는, 매우 보편적인 행동이다. 누구나 그런 행동을 보인다. 이런 식으로 이해할 수도 있다. 우리 마음속에서는 무의식적으로 도덕적 결정이 먼저 내려지고, 그다음에 이성적 사고가 마치 변호인처럼 등장해 우리 본능이 왜 그렇게 느꼈는지 변론을 펴는 것이다(Haidt, 2012, pp. 48 - 50).

우리는 자신의 도덕적 입장을 이미 신중히 검토했다는 느낌이 있거나 그렇게 생각할지 몰라도, 그렇지 않음을 보여주는 근거가 압도적이다. 우리는 도덕적으로 예민한 문제(가령 10대 자녀가 성생활을 하고자 하는 경우 부모가 이를 지지해야 하는가)를 접하는 순간, 어느 한쪽으로 마음이 기운다. 도덕적 직관이 먼저 발휘되고, 그런 다음 직관을 정당화할 이유를 생각해 내는 것이다.

이런 이유로 도덕 문제에 관한 대화는 까다로울 수 밖에 없다는 사실을 쉽게 짐작할 수 있다. 도덕적 대화를 할 때 사람들은 자기가 주제에 관해 실제보다 훨씬 잘 알고 있다고 생각하고, 자기 믿음이 옳다고 강하게 느낀다. 또 자신이 정의롭다는 인식으로 꿋꿋하게 믿음을 고수하고, 자기 믿음이 누구에게나 자명하리라고 짐작하며, 혼란을 야기하는 정보에 자신이 어떤 식으로 반응하는 이유를 명확히 이해하지 못한다. 동시에, 신중한 검토 없이 직관적으로 형성한 믿음이라 할지라도 옹호하는 주장을 펼 마음의 준비가 되어 있다.

5. 하이트는 우리가 주로 세 가지 차원에서 심리·사회적 가치평가(우리와 타인을 사회적, 심리적으로 평가하는 것)를 한다고 말한다. 첫 번째는 혈통의 가까움이다. 두 번째는 평판 또는 사회적 지위다. 세 번째는 하이트가 비교적 모호하게 '신성神性, divinity'이라고 정의하는 개념으로서, 『행복의 가설』에서 매우 상세히 논하고 있다. 여기서 말하는 '신성'이라 함은 자신이 속한 도덕적 기틀, 공동체, 문화 내에서 느껴지는 도덕적 선善의 감각을 뜻한다(Haidt, 2006, pp. 181‐213; Lindsay, 2015, pp. 84‐85).

인간의 도덕적 직관은 단순히 인식에 선행하는 것을 넘어 대뇌변연계(감정, 동기부여, 행동 등 다양한 자율신경기능을 담당하는 뇌의 부분-옮긴이)와 직접 연계된 것으로 보인다. 다시 말해, 우리는 도덕적 직관에 대해 생각해보기에 앞서 감정적으로 반응한다. 이 주장을 뒷받침하는 가장 명백한 근거는, 신체적 역겨움(가령 부패 중인 동물의 사체에 가까이 갔을 때 드는 느낌)과 도덕적 역겨움(가령 악랄한 범죄 소식을 들었을 때 드는 느낌)이 동일한 신체 반응을 유발하며 그 생리적 발생 기제가 대체로 같다는 사실이다(Cohen et al., 2009, pp. 963‐976).

도덕적 역겨움과 신체적 역겨움 사이의 경계가 모호하다는 사실은, 우리가 때로 다른 문화권의 음식에 그 맛이나 건강함과 관계없이 역겨움을 느끼는 현상에서도 드러난다. 미국인의 관점에서라면, 고양이나 개를 먹는 것에 대한 역겨움이 좋은 예다.

그 밖에도 인간의 도덕적 직관이 지극히 감정적인 반응을 유발한다고 볼 명백한 이유가 몇 가지 있다. 예컨대 도덕적 분개심(도덕적으로 불쾌한 것을 보았을 때 유발되는 분노)은 매우 신속히 발생하며, 이는 인간에게서 가장 꾸준히 나타나는 특성의 하나라는 점이다.

6. Kaplan, Gimbel, & Harris, 2016.

7. 뿌리 깊은 도덕적 신념도 바뀔 수 있다. 예컨대 종교적 강경주의자가 이념을 버린 사례도 많다. 다음을 참고. Aspen Institute, 2015; Phelps‐Roper, 2017; Shelton, 2016.

8. 보통 그러한 비난과 멸칭에는 듣는 사람이 나쁜 사람이라거나 쓸모없는

사람이라는 암시가 깔려 있다. 이를테면 '인종차별주의자', '광신자', '쓰레기', '사기꾼', 그리고 사람을 해충이나 기타 멸시받는 동물로 묘사하여 비인간화하는 각종 멸칭 등이다. 또 어떤 인구집단을 싸잡아 혐오하는 사람, 나쁜 일이 일어나길 기원하는 사람, 사회를 혐오하는 사람이라는 등의 비난을 합당한 근거 없이 하기도 한다.

9. 예를 들면, 앞의 주석에서 언급한 비난과 멸칭 이외에도 반론을 내놓는 대신 상대방에게 수치감을 주려고 한다거나, 상대방의 말을 가로막고 자기 말을 하려고 한다거나, 자기 믿음이 너무 자명해 설명이나 근거가 필요 없다고 고집하는 행동이 있다. 심지어 "입 닫고 들으라"고 명령하는 경우도 있다.

10. 논쟁적 대화를 빗댄 '비둘기 체스'라는 비유가 잘 알려져 있다("Pigeon chess," 2016). 창조론자와의 대화를 가리켜 스콧 와이첸호퍼Scott Weitzenhoffer가 아마존 웹사이트(amazon.com)에 올린 유명한 댓글이 그 기원으로, 댓글 내용은 다음과 같다. "창조론자와 진화를 놓고 토론하는 것은 비둘기와 체스 두는 것과 비슷하다. 체스 말을 넘어뜨리고, 체스판 위에 똥을 싸고, 훌쩍 날아 자기들 무리로 돌아가서는 승리했다고 주장한다(Weitzenhoffer, 2005)."

    이 댓글을 확장한 비유도 가능하다. 이념가와 어떤 주제를 논하다 보면, 망치를 휘두르며 체스판을 깨부수는 사람과 체스를 두는 느낌이 들 수 있다. 비둘기 체스의 비유는 상대방이 게임(생명 다양성의 과학적 탐구)의 규칙을 전혀 모른다는 것을 빗대고 있다. 마찬가지로, 이념가는 오로지 자신의 도덕적 확신에만 기대는 외골수 열성분자라고 할 수 있다.

11. Whitney & Taylor, 2017.
    이념가와의 대화 시도는 정신적으로뿐만 아니라 때로는 신체적으로도 위험할 수 있다(Michel, 2017).

12. Beck, 2017; Haidt, 2012, pp. 161–166; Haidt, 2016; Stone, Patton, & Heen, 2010, pp. 25–43; Willer, 2016.

13. 도덕적 인식 원리에 집중하는 것은 일반적인 인식 원리에 집중하는 것과

비슷하다. 방법은 거의 동일한데, 다만 그 내용이 좀 더 섬세하고 복잡할 뿐이다. 다시 말해, 호기심을 갖고, 진정성 있고 명확한 질문을 많이 던지며 상대방이 자신이 안다고 하는 것을 어떻게 알게 되었는지에 집중하는 것이다. 그러나 도덕적 인식 원리를 탐문하는 일은 두 가지 이유에서 더 어렵다.

첫째, 도덕이란 복잡하다. 도덕은 인간이 최대로 번영할 수 있는 최선의 방안에 대한 추측을 다룬다. 그런데 인간의 최대 번영이라는 것을 어떻게 정의해야 할지도 알기 어렵고, 하물며 그토록 다양한 개인적 의견과 그토록 다양한 이해관계가 부딪치는 여러 문화를 아우를 최적의 방법을 찾기란 더더욱 어렵다. 게다가 도덕이 번영과 연관된다는 개념에 동의하지 않는 학자들도 있어서, 도덕의 출발점부터 서로 다르고 심지어 상충하기까지 하는 문제가 있다.

둘째, 도덕에는 개인적인 측면이 있다. 우리의 개인적 정체성과 공동체 내의 위치를 구성하는 것들은 상당 부분 우리의 도덕의식, 즉 어떤 행동이 좋고 어떤 행동이 좋지 않은가에 대한 판단과 직접 연관된다. 정체성과 관련된 것들은 쉽게 바뀌지 않는다. 특히 믿음을 수정하려면 자신의 행동이 잘못되었을 가능성을 인정해야 할 때는 더욱 바뀌기 어렵다. 더 큰 문제는, 개인적 정체성뿐 아니라 집단적 정체성이 도덕과 긴밀하게 연관되어 있다는 점이다. 우리는 우리 자체로 '좋은 사람'이 되는 것에도 관심이 있지만, 남들에게 '좋은 사람'으로 보이는 것에도 관심이 매우 많다. 이 관념의 뿌리는 고대로 거슬러 올라간다. 플라톤은 『국가』 제1권에서 트라시마코스라는 인물을 통해 그 관념을 기술한다. 단, 제2권에서는 플라톤의 형제 글라우콘과 아데이만토스가 같은 견해를 논하지만 지지하지는 않는다. 여기서 핵심이 되는 개념은 실제로 정의로운가, 표면상으로 정의로운가 하는 것이다. 또한 『고르기아스』에서 소크라테스는 그 견해에 반대하는 논변을 편다. 집단과 문화의 규범은 '좋은' 것과 '나쁜' 것이 무엇인지 알려주는 역할을 한다. 더욱 복잡한 문제는, 규범이 시대에 따라 바뀐다는 점이다. 사실 모든 문화는 그 문화가 가진 도덕적 관점과 일단의 관습 및 전통으로 대략 정의될 수 있다.

타인의 도덕적 인식 원리를 논하는 작업은 어려울 수 있다. 도덕이란 무척 복잡하기도 하지만, 즉각적이고 개인적이며 자의식 및 공동체 내에서의 융화와 연관되어 있기도 하다. 따라서 자신의 도덕적 인식 원리를 한 번도 깊이 생각해보지 않은 사람이 명확한 기초적 질문을 받았을 때 당황하라는 것은 쉽게 이해할 수 있다.

14. Cohen et al., 2007; Cohen, 2012.

15. 특히 이 단계를 위해서는 이 책 전반에 걸쳐 설명한 다른 기법들에 높은 비중으로 의존할 것을 권한다. 구체적으로 말하자면, 질문하고 듣기를 잘 활용하자. 특히 상대방의 견해에 반감이 들거나 도저히 이해할 수 없다는 생각이 들면 더욱 그렇게 하자. 여러 기법 중에서도 읽지 않은 장서 효과를 드러내는 기법들, 그리고 외부자 관점의 활용을 권한다.

논리적 추론으로 도덕적 결론에 도달하는 일은 엄청나게 복잡하며, 설령 성공한다고 하더라도 그 저변에 깔린 감정적 구조를 압도하는 것은 장시간이 걸리거나 아예 불가능할 수도 있다. 우리는 도덕적 직관에 의지해 진리에 도달할 수 있다고 생각하는 경향이 있어, 자신의 도덕적 추론 능력을 과대평가하기 쉽다.

16. Cohen et al., 2007; Cohen, 2012.

17. Horowitz, 2013.

18. 보통 '좋은 사람이 된다'는 것은 '특정한 종류의 좋은 사람'이 된다는 것을 뜻할 때가 많다. 예를 들어, 식사 습관에 관해 엄격한 믿음을 가진 사람은 자신을 건강한 사람 또는 건강에 대한 의식이 높은 사람으로 간주할 것이다. 백신 반대주의자는 자신이 좋은 부모라고 생각할 것이다. 나치 짓을 하는 사람을 두들겨 패려고 하는 사람은 자신이 억압받는 이들의 정의로운 보호자라고 생각할 것이다. 반정부 무력 투쟁을 벌이는 사람은 자신을 '자유' 같은 기본 원칙의 도덕적 수호자로 간주할 것이다. 가능하면 상황에 맞게 적절한 인정 발언을 해주어야 최대의 성과를 낼 수 있다.

19. 열성적인 상대방이 자신의 입장에 맞게 평소 만들어놓은 도덕적 결론을

되풀이할 기회를 주지 않는 방법이 있다. 밑바탕에 깔린 가치관에 관한 질문으로 최대한 일찍 전환하여 설교를 대화로 되돌리자.

20. Fisher, Ury, & Patton, 2011, pp. 23 - 30; Trepagnier, 2017.

21. 부활과 같은 신념의 합리적 근거를 충분히 제시하지 못하는 경향을 보여주는 사례의 하나로 E. P. 샌더스의 『역사적 인물로서의 예수Historical Figure of Jesus』를 들 수 있다(Sanders, 1993). 이 책에서는 고대 사료를 바탕으로 역사적 인물로서의 예수에 대해 내릴 수 있는 결론을 철저히 신중한 자세로 최소주의적, 회의적 관점에서 평가하여 제시하고 있다. 이를테면 요한복음을 역사적 유용성이 거의 없다는 판단과 함께 역사적 정보가 섞여 있는 신학적 선언으로 묘사하고 있다. 하지만 부활이라는 주제에 이르러서는 학자적 양심을 유지하지 못하는 모습을 보인다. 그의 결론은 '경위는 알 수 없으나 어쨌건 부활은 일어났다'는 것에 불과하다. 그 외의 면에서는 중요한 주제를 훌륭하게 다룬 저작임에도 불구하고, 기독교의 주장에 미미하게라도 회의가 있었던 독자라면 저자의 이와 같은 인식론적 도약을 마주하고 책에 대한 신뢰가 훼손되기 쉬울 것으로 보인다. 이런 현상이 일어나는 이유에 대한 흥미로운 해석으로는 Thomson & Aukofer, 2011을 참고.

22. 이 과정은 이렇게 생각해볼 수도 있다. 도덕적 추론이란 굉장히 복잡하고 도덕적 인식 원리는 워낙 견고함과 거리가 멀기 때문에, 우리가 하는 일은 상대방이 자신의 도덕적 태도와 관련해 읽지 않은 장서 효과를 들여다보게 유도하는 것이다. 다음을 참고: Fernbach et al., 2013; Rozenblit & Keil, 2002.

23. 우리가 가진 도덕적 믿음이 충분한 이유로 뒷받침되는 경우가 드물다면, 도덕적으로 겸허한 대화 태도를 더욱 연마할 필요가 있다. 다시 말해, 도덕적 대화에 임할 때는 우리가 출발점으로 삼은 원칙들이 절대적으로 확신할 수 없음을 알아야 한다. 또, 우리가 생각보다 그리 신중하고 엄밀하지 못한 방법으로 도덕적 믿음에 도달했을 수 있다는 자각을 받아들일 마음의 준비를 해야 한다. 안타깝게도 이 점을 명백히 인지하는 사람은 소

수에 불과하다. 자신의 도덕적 믿음을 이미 진지하게 성찰해본 사람, 자신의 도덕적 인식 원리가 가질 수 있는 약점을 생각해본 사람, 도덕적 추론이란 얼마나 복잡한 일인지 어느 정도 이해하는 사람, 자기 믿음을 논파할 수 있는 조건을 상상해볼 수 있는 사람만이 스스로 겸허해질 필요성을 느낀다.

따라서 우리는 상대방에게서 도덕적으로 겸허한 태도를 항상 기대할 수는 없다. 그런 태도를 강요할 수도 없다. 우리가 도덕적으로 겸허한 태도의 본보기를 보일 수는 있지만, 그마저도 쉽지 않다. 소크라테스의 말을 조금 바꿔 인용하자면, 자기에게 부족하다고 생각되지 않는 것을 원하는 사람은 없다. 자신에게 도덕적으로 겸허한 자세가 부족함을 알지 못하면, 왜 굳이 키우려고 하겠는가?

24. '정체성 격동'이라는 표현의 출처는 Stone, Patton, & Heen, 2010, p. 113.

25. Patton, 1998.

26. 모든 이념가가 대화에 응하지는 않는다는 점을 유념하자. 여러 가지 이유로 믿음이 너무나 확고부동하여 대화를 거부할 수도 있다. 이 책의 목적은 독자가 대화의 기술을 이해하고 원활한 대화를 할 수 있게 돕고자 함이지만, 상대방이 대화 파트너 역할을 완강히 거부한다면 억지로 대화를 강요할 수는 없다. 그럴 때는 대화를 포기하거나 다른 방법에 의존해야 한다. 지하디스트(이슬람 성전에 나선 무장 전사-옮긴이)들에게 신념을 버리게 할 수 있는 구체적 방법은 저자 피터의 강연을 참고(Säde, 2015).

27. 다소 반직관적인 현상인데, 자세한 설명이 궁금하다면 대중과학잡지사 《사이언티픽 아메리칸Scientific American》에서 출간한 전자책『다시 이성으로: 생각의 과학Return to Reason: The Science of Thought』의 제1부에 실린 글들을 읽어볼 것을 권한다(Pallotroni, 2018). 읽기 쉽고 유용한 정보가 가득한 책으로, 인간의 사고가 왜 지금과 같은 특징을 보이는지 이해하는 데 유익하다.

28. 이념가와 대화를 시도하다가 상대방이 정말 '미치광이'라는 생각이 든다면, 그리고 도저히 대화를 끝낼 수도 없다면, 정신과 의사이자 인질 협상

훈련가인 마크 고울스턴의 『토킹 투 크레이지』(Goulston, 2015)에 실린 기법들을 활용할 것을 권한다. '미치광이crazy'는 정신 건강에 문제가 있는 사람을 가리키는 낡고 저속한 용어이지만, 고울스턴은 극도로 화가 나 있거나 비합리적인 사람을 가리키는 말로 쓰고 있다. 언제 대화를 포기하고 자리를 뜨는 것이 좋은가 하는 문제에 관해서는, 같은 책의 제4장을 참고.

29. Friedersdorf, 2017; Goulston, 2015, pp. 43 - 74.
30. Stone, Patton, & Heen, 2010, pp. 202 - 206.
31. Graham, Nosek, & Haidt, 2012.
    조너선 하이트의 주장에 따르면, 종교와 정치는 도덕 심리적으로 유사하다. 하이트는 2017년 《디 애틀랜틱》에 실린 인터뷰에서 이렇게 말했다. "정치의 심리는 사실 종교의 심리와 같다. 선거를 이해하는 관건은 가장 효과적인 정책이 무엇인가에 있지 않다. 실제로 중요한 것은 우리가 진화를 통해 갖게 된, 종교를 믿는 심리 그리고 집단 간 갈등을 일으키는 심리, 이런저런 대상을 신성화하고 그 주위에 모이는 심리다(Florida, 2017)."
32. 하이트의 도덕 기반 이론은 그 차이를 매우 상세히 논하고 있다. 다음을 참고: Graham, Nosek, & Haidt, 2012; Haidt, 2012; Iyer et al., 2012.
33. Khazan, 2017.
    프랑스의 수학자이자 철학자 블레즈 파스칼은 지금으로부터 약 350년 전 『팡세』에서 같은 취지의 언급을 했다(Pascal, 1670/1958).
    "상대방의 오류를 보이고 고쳐주어 소득을 보려면, 그가 사안을 어느 쪽에서 바라보는지 알아야 한다. 그가 바라보는 쪽에서는 대개 옳기 때문이다. 그리고 그 옳음을 인정해주되, 옳지 않게 되는 쪽을 알려주어야 한다. 그러면 상대방은 자기가 착각한 것이 아니라 단지 모든 면을 보지 못한 것임을 알고 만족한다. 자기가 모든 것을 보지 못했다는 데 불쾌해할 사람은 없다. 하지만 누구나 착각하기는 싫어하는 법이다. 이는 아마 인간은 당연히 모든 것을 볼 수 없다는 사실, 그리고 당연히 자기가 보는 쪽에서는 오류를 저지를 수 없다는 사실에서 연유할 것이다. 우리 오감의 지각은 늘 옳기 때문이다(p. 4)."

34. Stone, Patton, & Heen, 2010, p. 202.

35. Haidt, 2012, pp. 180 – 216.

36. Haidt, 2012, p. 315.

37. 일부 진보적 가치는 전형적이지 않은 형태로 나타난다. 진보주의자는 다른 도덕 기반을 갖고 있지 않다기보다 완전히 다른 방식으로 이해하는 것일 가능성이 있다. 진보적 도덕 가치에 관한 하이트의 주장 중 일부는 서구 진보 사회가 'WEIRD(괴상한)' 하다는 논점에 기대고 있다. 'Western, educated, industrialized, rich, democratic(서구의, 교육받고, 산업화하였고, 부유하며, 민주적인)'의 머리글자를 따서 만든 말이다. 하이트에 따르면, WEIRD권 사회에서는 심리 · 사회적 가치 판단(우리가 판단하는 자신과 타인의 주관적 가치)의 적어도 한 일면이 사라진 것으로 보인다. 그가 말하는 사라진 요소는 이른바 '신성神性'이다. 그의 주장은 대략 WEIRD권 사회는 '정결' '권위' '충성'이라는 일부 도덕 기반에 무심할 뿐 아니라 직접적으로 의문을 제기하고 있는 듯하다는 것이다(Haidt, 2012).

그러나 현대의 WEIRD권 사회는 위의 도덕 기반에 대한 해석이 단지 다를 뿐이라고 추측할 만한 이유가 몇 가지 있다. 예를 들어, 일부 인구층에서는 (특정 종류의) '쿨함coolness'을 '정결'의 대체 기준으로 사용한다. 문화적으로 다소 어긋나는 행동을 가리켜 "Not cool!"이라는 표현을 일반적으로 쓰는 것에서도 그 현상을 엿볼 수 있다. 이는 WEIRD권 사회에서 문화적 '신성' 의식을 감시하고 강화하는 방식이다.

'권위'와 '충성'도 전통적이지 않은 다른 표현을 써서 이해할 수 있다. 급진 좌파에게서는 권위와 충성이라는 테마가 비록 통상적인 형태로서는 아니지만, 명백하게 도덕적으로 나타나는 것으로 보인다. 급진 좌파 집단은 흔히 매우 소규모이며 외부 권위를 전복한다는 일념을 품고 있다. 따라서 비교적 불안정한 특성을 띠며, 분열하여 파벌화되기 쉽다. 그럼에도 대의를 향해 강한 충성심을 흔히 품곤 한다. 그러한 충성은 사람보다는 관념과 이상을 대상으로 하며, 구성원들에게 강한 설득력이 있는 도덕적 논거의 권위에 기반을 두고 있다(Graham, Nosek, & Haidt, 2012를 참조).
'정결' 도덕 기반('순수'라고도 한다)도 같은 맥락에서 살펴볼 만하다. 급진
좌파 쪽에 도덕적 순수성을 지향하는 욕구가 존재하는 것은 틀림없지만,
이는 주로 이념적 순수성의 형태로 나타난다. 한 예로, 좌파 페미니스트
들 사이에서 과연 어떤 종류의 페미니즘이 올바른가를 놓고 수없이 벌어
지는 치열한 논쟁을 들 수 있다(상세한 논의는 Ferguson, 2010 참고).

38. Iyer et al., 2012.

39. Graham, Nosek, & Haidt, 2012; Haidt, 2012, pp. 180 – 216; Iyer et al., 2012.

40. Graham, Nosek, & Haidt, 2012; Haidt, 2012; Iyer et al., 2012.

41. 현재 미국에서는 보수주의자와 자유지상주의자가 총기 규제 논쟁에서 더 우위를 차지하고 있다. 보수 쪽은 개인 총기 소유를 허용함으로써 특정 종류의 위해를 가장 효과적으로 예방할 수 있다는 메시지를 성공적으로 전달하고 있지만, 진보 쪽의 논리는 보수주의자의 도덕적 공감을 사지 못하고 있다. 진보 쪽에서 내세우는 '개인 총기 소유는 (위해 관점에서) 득보다 실이 크다'는 논리는 옳을지 모른다. 하지만 그 주장이 미국 유권자들에게 먹혀들지 않는 이유는, 보수주의자와 자유지상주의자 쪽에서 민감하게 생각하는 근본 문제, 특히 '개인이 자신을 보호할 자유'에 대해 진보 쪽에서 명확한 대답을 내놓지 못하고 있기 때문이다.

42. Haidt, 2012.

43. 도덕관이 단단히 고착된 사람이라면, 상대방의 믿음이 자신의 믿음에 부합하지 않는 경우 상대방이 이념가가 아니어도 상대방을 이념가로 인식할 수 있다. 극단적으로 완고하지 않은 보수주의자라 해도, 진보주의자를 자칭하는 사람을 보면 필경 좌파 이념가이거나 아니면 최소한 급진 좌파적 견해에 공감할 것이라고 짐작하기 쉽다. 마찬가지로, 독실한 종교 신자들은 무신론자란 대부분이 분노에 차 있고 자신의 종교를 비난하거나 논박하려고 혈안이 되어 있다고 생각한다.
이념가들은 황색언론 기사 등에 단골로 등장해, 한 도덕 집단이 다른 도

덕 집단을 '이해'하게 하는 통로 구실을 한다. 예를 들면, 미국인들은 이슬람 극단주의와 테러리즘에 대해서는 잘 알아도 이슬람 신앙에 대해서는 잘 모른다. 그래서 무슬림을 보면 오로지 자기가 아는 쪽으로만 연관시킨다(이를 검증하려면, 이슬람은 곧 테러리즘이라고 생각하는 사람에게 수니파와 시아파의 차이가 무엇인지 물어보자. 아마 모를 가능성이 높다). 언론과 소셜미디어 이용자들의 이른바 '넛피킹nutpicking' 습관 때문에 문제는 한층 더 심각해진다(Drum, 2006). '넛피킹'이란 소수의 사람에게서 나타나는 최악의 사례만 입맛대로 뽑아서 한 집단 전체를 깎아내리려는 행위를 뜻하는 신조어다.

이는 대화 상대를 극단적인 쪽으로 간주하는 결과를 낳는다. 상대방이 나를 그렇게 간주할 뿐 아니라, 내가 만약 이념가라면 나도 상대방을 그렇게 간주하게 된다. 이로써 대화에 초래되는 어려움은 다음과 같다. 첫째, 상대방이 내가 실제보다 극단적인 견해를 신봉한다고 짐작하기 쉽다. 둘째, 상대방이 내가 속한 쪽의 섬세한 견해보다는 과장·왜곡된 극단적 견해를 잘 알고 있기가 쉽다. 예컨대 미국인은 이슬람에 대해 이슬람 테러리즘 외에는 거의 모르는 사람이 많고, 보수주의자는 진보주의자의 대부분이 사회주의자도 아니고 공산주의자도 아님을 알면 놀랄 사람이 많다. 또 진보주의자는 보수주의자의 대부분이 인종차별주의자가 아니며 모든 백인 우월주의에 전혀 공감하지 않음을 알면 놀랄 사람이 많다. 그리고 마지막으로 세 번째 결과는 상대방이 자기가 이념가로 여겨질까 봐 방어적 자세로 나올 수 있다는 것이다.

대화 참여자 중 이념가가 없을 때에도, 극단성을 간주하는 성향으로 인해 실제 이념가를 상대할 때와 똑같은 어려움이 거의 그대로 나타날 수 있다. 우리는 이와 같은 문제를 줄이기 위해 노력할 필요가 있다(한 가지 대처 기법은 앞에서 이미 논한 것처럼, 내 쪽 이념가들과 선을 긋는 것이다).

44. 더 자세한 논의는 다음을 참고: Heinrichs, 2017, pp. 220–228.
45. Haidt, 2012.
46. 더 자세한 논의는 다음을 참고: Graham, Nosek, & Haidt, 2012; Greene,

2013; Haidt, 2012; Iyer et al., 2012.

47. Khazan, 2017; Lakoff, 2010; Pascal, 1670/1958.

48. Stone, Patton, & Heen, 2010, p. 146.

49. 이슬람에 맞서 서구적 가치를 지킨다고 하는 주장은 그 의미가 명확지 않을 때가 많다. 기독교(그리고 유대교)와 관련된 종교적·도덕적 가치를 뜻하는 것인가, 아니면 개인적 자유·표현의 자유·정교분리·적법 절차 원칙 등의 계몽적 가치를 뜻하는 것인가? 주장하는 사람도 정확히 어떤 가치를 지키려고 하는지 명확한 개념이 없을 수 있다. 구체적으로 명시 가능한 가치를 지키고자 하는 뜻에서 행동하는 것은 아닐 가능성이 높다.

50. Boghossian, 2013.

| 참고문헌 |

ABC News. (2004, February 10). *Six in 10 take Bible stories literally, but don't blame Jews for death of Jesus* [PDF file]. Retrieved from https://abcnews.go.com/images/pdf/947a1ViewsoftheBible.pdf.

Altercasting. (n.d.). In *Oxford Reference*. Retrieved from http://www.oxfordreference.com/view/10.1093/oi/authority.20110803095405945.

Anderson, L. V. (2016a, December 29). 2016 was the year white liberals realized how unjust, racist, and sexist America is. *Slate*. Retrieved from http://www.slate.com/blogs/xx_factor/2016/12/29/_2016_was_the_year_white_liberals_learned_about_disillusionment.html.

Anderson, L. V. (2016b, November 9). White women sold out the sisterhood and the world by voting for Trump. *Slate*. Retrieved from http://www.slate.com/blogs/xx_factor/2016/11/09/white_women_sold_out_the_sisterhood_and_the_world_by_voting_for_trump.html.

Anomaly, J., & Boutwell, B. (2017, April 25). Why citing a scientific study does not finish an argument. *Quillette*. Retrieved from http://quillette.com/2017/04/25/citing-scientific-study-not-finish-argument/.

Answers in Genesis. (2014, February). *Bill Nye debates Ken Ham—HD (Official)* [Video File]. Retrieved from https://www.youtube.com/watch?v=z6kgvhG3AkI.

Aristotle. (1980). The *Nicomachean ethics*. Oxford, England: Oxford University Press. (Original work published third century BCE).

Aspen Institute. (2015, July 4). *Radical: My journey out of Islamist extremism* [Video File]. Retrieved from https://www.youtube.com/watch?v=Jlf7W_z3b8U.

Barlett, J. (2017, July 16). The backfire effect—why people don't listen on social media. *iNews*. Retrieved from https://inews.co.uk/opinion/comment/backfireeffect-people-dont-listen-social-media/.

Barrett, L. F. (2017). *How emotions are made: The secret life of the brain.* Boston, MA: Houghton Mifflin Harcourt.

Batson, C. D. (1975). Rational processing or rationalization? The effect of disconfirming information on a stated religious belief. *Journal of Personality and Social Psychology, 32*(1), 176–184.

Beck, J. (2017, March 13). This article won't change your mind: The facts on why facts alone can't fight false beliefs. *The Atlantic.* Retrieved from https://www. theatlantic.com/science/archive/2017/03/this-article-wont-change-your-mind/519093/.

Becker, S. (2015). *The inner world of the psychopath: A definitive primer on the psychopathic personality.* North Charleston, SC: CreateSpace.

Bennion, L. L. (1959). *Religion and the pursuit of truth.* Salt Lake City, UT: Deseret Book Company.

Big Think. (2014, May 21). *How to persuade others with the right questions: Jedi mind tricks from Daniel H. Pink* [Video File]. Retrieved from https://www.youtube. com/watch?v=WAL7Pz1i1jU.

Boghossian, P. (2002). Socratic pedagogy, race and power. *Education Policy Analysis Archives, 10*(3). Retrieved from http://epaa.asu.edu/ojs/article/view/282.

Boghossian, P. (2003). How Socratic pedagogy works. *Informal Logic: Teaching Supplement, 23*(2), 17–25.

Boghossian, P. (2004). *Socratic pedagogy, critical thinking, moral reasoning and inmate education: An exploratory study* (Doctoral dissertation, Portland State University). Retrieved from https://philpapers.org/rec/BOGSPC-2.

Boghossian, P. (2006). Socratic pedagogy, critical thinking, and inmate education. *Journal of Correctional Education, 57*(1), 42–63.

Boghossian, P. (2012). Socratic pedagogy: Perplexity, humiliation, shame and a broken egg. *Educational Philosophy and Theory*, 44(7), 710–720.

Boghossian, P. (2013). *A manual for creating atheists.* Durham, NC: Pitchstone Publishing.

Boghossian, P. (2017). What would it take to change your mind? *Skeptic*, 22(1).

Retrieved from https://www.skeptic.com/reading_room/what-evidence-would-it-take-to-change-your-mind/.

Boghossian, P., & Lindsay, J. (2016). The appeal of ISIS: Trust, costly signaling, and forming moral teams. *Skeptic*, 21(2), 54–56. Retrieved from https://www.skeptic.com/reading_room/the-appeal-of-isis-islamism-trust-and-costly-signaling/.

Boghossian, P., & Lindsay, J. (2018). The Socratic method, defeasibility, and doxastic responsibility. *Educational Philosophy and Theory, 50*(3), 244–253.

Borowsky, J. P. (2011). Responding to threats: A case study of power and influence in a hostage negotiation event. *Journal of Police Crisis Negotiations, 11*(1), 1–19.

BotJunkie. (2007, June 29). *Mister Rogers defending PBS to the US Senate* [Video File]. Retrieved from https://www.youtube.com/watch?v=yXEuEUQIP3Q.

Bradberry, T. (n.d.). 9 things that make you unlikable. *Forbes*. Retrieved from http://www3.forbes.com/leadership/9-things-that-make-you-unlikable/.

Bratman, G. N., Hamilton, J. P., Hahn, K. S., Daily, G. C., & Gross, J. J. (2015). Nature experience reduces rumination and subgenual prefrontal cortex activation. *Proceedings of the National Academy of Sciences, 112*(28), 8567–8572.

Bromme, R., Thomm, E., & Ratermann, K. (2016). Who knows? Explaining impacts on the assessment of our own knowledge and of the knowledge of experts. *Zeitschrift für Pädagogische Psychologie, 30*(2–3), 97–108.

Bushman, B. J. (2002). Does venting anger feed or extinguish the flame? Catharsis, rumination, distraction, anger, and aggressive responding. *Personality and Social Psychology Bulletin, 28*(6), 724–731.

Cahill, L. S., & Farley, M. A. (1995). *Embodiment, morality, and medicine*. Dordrecht, the Netherlands: Springer.

Campbell, B., & Manning, J. (2018). *The rise of victimhood culture: Microaggressions, safe spaces, and the new culture wars*. Cham, Switzerland: Palgrave Macmillan.

Chambers, A. (2009). *Eats with sinners: Reaching hungry people like Jesus did*. Cincinnati, OH: Standard Publishing.

Chapman, G. (2015). *Anger: Taming a powerful emotion*. Chicago, IL: Moody Publishers.

Chapple, I., & Thompson, M. (2014, January 23). Hassan Rouhani: Iran will continue nuclear program for peaceful purposes. CNN. Retrieved from http://www.cnn.com/2014/01/23/world/europe/davos-rouhani-peaceful-nuclear-program/index.html.

Cohen, A. B., Keltner, D., Oveis, C., & Horberg, E. J. (2009). Disgust and the moralization of purity. *Journal of Personality and Social Psychology, 97*(6), 963–976.

Cohen, G. L. (2012). Identity, belief, and bias. In J. Hanson (Ed.), *Ideology, psychology, and law* (pp. 385–404). Oxford, England: Oxford University Press.

Cohen, G. L., Sherman, D. K., Bastardi, A., Hsu, L., McGoey, M., & Ross, L. (2007). Bridging the partisan divide: Self-affirmation reduces ideological closed-mindedness and inflexibility in negotiation. *Journal of Personality and Social Psychology, 93*(3), 415–430.

Comfort, R. (2012). *The way of the master.* Orlando, FL: Bridge-Logos.

Correll, J., Spencer, S. J., & Zanna, M. P. (2004). An affirmed self and an open mind: Self-affirmation and sensitivity to argument strength. *Journal of Experimental Social Psychology, 40*(3), 350–356.

Coyne, J. A. (2009). *Why evolution is true.* New York, NY: Penguin.

Craig, W. L. (1994). *Reasonable faith: Christian truth and apologetics.* Wheaton, IL: Crossway Books.

Craig, W. L. (2008). *Reasonable faith: Christian faith and apologetics.* 3rd ed. Wheaton, IL: Crossway Books.

Davis, D. (2011). *Klan-destine relationships: A black man's odyssey in the Ku Klux Klan.* Far Hills, NJ: New Horizon Press.

Dawkins, R. (2006). *The God delusion.* New York, NY: Houghton Mifflin.

Dennett, D. C. (2006). *Breaking the spell: Religion as a natural phenomenon.* New York, NY: Viking Penguin.

Dennett, D. C. (2013). *Intuition pumps and other tools for thinking.* New York, NY: W. W. Norton.

Denson, T. F., DeWall, C. N., & Finkel, E. J. (2012). Self-control and aggression. *Current Directions in Psychological Science, 21*(1), 20–25.

Devitt, M. (1994). The methodology of naturalistic semantics. *Journal of Philosophy, 91*(10), 545–572.

Dittmann, M. (2003). *Anger across the gender divide. Monitor on Psychology, 34*(3), 52.

Doherty, C., Horowitz, J. M., & Dimock, M. (2014, January 23). Most see inequality growing, but partisans differ over solutions. Pew Research Center. Retrieved from http://www.people-press.org/2014/01/23/most-see-inequality-growing-but-partisans-differ-over-solutions/.

Drum, K. (2006, August 11). Nutpicking. *Washington Monthly*. Retrieved from https://washingtonmonthly.com/2006/08/11/nutpicking/.

Duggan, M. (2001). More guns, more crime. *Journal of Political Economy, 109*(5), 1086–1114.

Ebenstein, D. (2013). *I hear you: Repair communication breakdowns, negotiate successfully, and build consensus . . . in three simple steps.* New York, NY: AMACOM.

Edmondson, A. C. (2003). Managing the risk of learning: Psychological safety in work teams. In M. A. West, D. Tjosvold, & K. G. Smith (Eds.), *International handbook of organizational teamwork and cooperative working* (pp. 255–275). Chichester, England: Wiley.

Edmondson, A. C., & Roloff, K. S. (2008). Overcoming barriers to collaboration: Psychological safety and learning in diverse teams. In E. Salas, G. F. Goodwin, & C. S. Burke (Eds.), *Team effectiveness in complex organizations: Cross-disciplinary perspectives and approaches* (pp. 183–208). New York, NY: Routledge.

Ekman, P. (2003). *Emotions revealed: Understanding faces and feelings.* London, England: Weidenfeld & Nicolson.

Ferguson, M. L. (2010). Choice feminism and the fear of politics. *Perspectives on Politics, 8*(1), 247–253.

Fernbach, P., Rogers, T., Fox, C. R., & Sloman, S. A. (2013). Political extremism is supported by an illusion of understanding. *Psychological Science, 24*(6), 939–946.

Festinger, L. (1957). *A theory of cognitive dissonance.* Stanford, CA: Stanford University

Press.

FFRF. (2013, January 17). *Peter Boghossian—2012 National Convention* [Video File]. Retrieved from https://www.youtube.com/watch?v=9ARwO9jNyjA.

Fichte, J. G. (1970). *The science of knowledge: With the first and second introductions.* Trans. P. Heath & J. Lachs. Cambridge, England: Cambridge University Press. (Original work published 1794–1795)

Filipovic, J. (2016, November 8). The revenge of the white man. *Time.* Retrieved from http://time.com/4566304/donald-trump-revenge-of-the-white-man/.

Fisher, R., Ury, W. L., & Patton, B. (2011). *Getting to yes: Negotiating agreement without giving in.* New York, NY: Penguin.

Florida, R. (2017, April 26). If cities ruled the world. Citylab. Retrieved from https://www.citylab.com/equity/2017/04/the-need-to-empower-cities/521904/.

Flynn, D., Nyhan, B., & Reifler, J. (2017). The nature and origins of misperceptions: Understanding false and unsupported beliefs about politics. *Political Psychology, 38,* 127–150.

Fodor, J. A. (1983). *The modularity of mind: An essay on faculty psychology.* Cambridge, MA: MIT Press.

Freethinkers of PSU. (2018, February 25). *James Damore at Portland State (2/17/18)* [Video File]. Retrieved from https://www.youtube.com/watch?v=VCrQ3EU8_PM.

Freud, S. (1991). *On metapsychology: The theory of psychoanalysis: "Beyond the pleasure principle," "The ego and the id," and other works.* Edited by A. Richards, translated by J. Strachey. Harmondsworth, England: Penguin. (Original work published 1936)

Friedersdorf, C. (2017, February 13). "Every racist I know voted for Donald Trump." *The Atlantic.* Retrieved from https://www.theatlantic.com/politics/archive/2017/02/every-racist-i-know-voted-for-donald-trump/516420/.

Gaertner, S. L., Dovidio, J. F., Nier, J. A., Ward, C. M., & Banker, B. S. (1999). Across cultural divides: The value of a superordinate identity. In D. A. Prentice & D. T. Miller (Eds.), *Cultural divides: Understanding and overcoming group conflict* (pp. 173–212). New York, NY: Russell Sage Foundation.

Galef, J. (2017, March 9). Why you think you're right, even when you're wrong. *Ideas. Ted. Com.* Retrieved from http://ideas.ted.com/why-you-think-youre-right-even-when-youre-wrong/?utm_campaign=social&utm_medium=referral&utm_source=facebook.com&utm_content=ideas-blog&utm_term=social-science.

Gattellari, M., Butow, P. N., Tattersall, M. H. N., Dunn, S. M., & MacLeod, C. A. (1999). Misunderstanding in cancer patients: Why shoot the messenger? *Annals of Oncology, 10*(1), 39–46.

Goulston, M. (2015). *Talking to "crazy": How to deal with the irrational and impossible people in your life.* New York, NY: AMACOM.

Graham, J., Nosek, B. A., & Haidt, J. (2012). The moral stereotypes of liberals and conservatives: Exaggeration of differences across the political spectrum. *PloS One, 7*(12), e50092.

Greene, J. (2013). *Moral tribes: Emotion, reason, and the gap between us and them.* New York, NY: Penguin.

Grubb, A. (2010). Modern day hostage (crisis) negotiation: The evolution of an art form within the policing arena. *Aggression and Violent Behavior, 15*(5), 341–348.

Habermas, J. (1985). *The theory of communicative action.* Vol. 2. Translated by J. Habermas & T. McCarthy. Boston, MA: Beacon Press.

Haidt, J. (2006). *The happiness hypothesis: Finding modern truth in ancient wisdom.* New York, NY: Basic Books.

Haidt, J. (2012). *The righteous mind: Why good people are divided by politics and religion.* New York, NY: Pantheon.

Haidt, J. (2016, November). *Can a divided America heal?* [Video file]. Retrieved from https://www.ted.com/talks/jonathan_haidt_can_a_divided_america_heal?autoplay=true.

Hammer, M. R. (2007). *Saving lives: The S.A.F.E. model for resolving hostage and crisis incidents.* Santa Barbara, CA: Praeger.

Harrington, N. (2013). Irrational beliefs and socio-political extremism. *Journal of Rational-Emotive & Cognitive-Behavior Therapy, 31*(3), 167–178.

Harris, S. (2004). *The end of faith: Religion, terror, and the future of reason.* New York, NY: W. W. Norton.

Harris, S. (2010). *The moral landscape: How science can determine human values.* New York, NY: Free Press.

Harris, S. (2017, January 27). #62—What is true? A conversation with Jordan B. Peterson [Podcast]. Retrieved from https://www.samharris.org/podcast/item/what-is-true.

Harris, S., & Nawaz, M. (2015). *Islam and the future of tolerance: A dialogue.* Cambridge, MA: Harvard University Press.

Harvard Second Generation Study. (2015). Study of adult development. Massachusetts General Hospital and Harvard Medical School. Retrieved from http://www.adultdevelopmentstudy.org/grantandglueckstudy.

Hegel, G. W. (2010). *The science of logic.* Translated by G. D. Giovanni. New York, NY: Cambridge University Press. (Original work published in three volumes 1812–1816)

Heinrichs, J. (2017). *Thank you for arguing: What Aristotle, Lincoln, and Homer Simpson can teach us about the art of persuasion.* New York, NY: Three Rivers Press.

Hess, A. (2017, February 28). How the trolls stole Washington. *New York Times Magazine.* Retrieved from https://www.nytimes.com/2017/02/28/magazine/how-the-trolls-stole-washington.html?_r=0.

Hogarth, R. M., & Einhorn, H. J. (1992). Order effects in belief updating: The belief-adjustment model. *Cognitive Psychology, 24*(1), 1–55.

Horowitz, E. (2013, August 23). Want to win a political debate? Try making a weaker argument. *Pacific Standard.* Retrieved from https://psmag.com/want-to-win-a-political-debate-try-making-a-weaker-argument-446f21de17a1#.42pi40gwr.

Hostage Negotiation: A Matter of Life and Death. (1987). Darby, PA: Diane Publishing Co.

Hubbard, L. R. (2007). *Scientology: The fundamentals of thought.* Commerce, CA: Bridge Publications.

Huczynski, A. (2004). *Influencing within organizations.* London, England: Routledge.

Ingram, M. (2017, February 1). Most Trump supporters don't trust the media anymore. *Fortune*. Retrieved from http://fortune.com/2017/02/01/trump-voters-media-trust/.

Iyer, R., Koleva, S., Graham, J., Ditto, P., & Haidt, J. (2012). Understanding libertarian morality: The psychological dispositions of self-identified libertarians. *PloS One, 7*(8), e42366.

Jain, S., Shapiro, S. L., Swanick, S., Roesch, S. C., Mills, P. J., Bell, I., & Schwartz, G. E. (2007). A randomized controlled trial of mindfulness meditation versus relaxation training: Effects on distress, positive states of mind, rumination, and distraction. *Annals of Behavioral Medicine, 33*(1), 11–21.

James Randi Educational Foundation. (2013, October 25). *Peter Boghossian—authenticity—TAM 2013* [Video File]. Retrieved from https://www.youtube.com/watch?v=OGaj4j_az98&t=3s.

Jarcho, J. M., Berkman, E. T., & Lieberman, M. D. (2010). The neural basis of rationalization: Cognitive dissonance reduction during decision-making. *Social Cognitive and Affective Neuroscience, 6*(4), 460–467.

Jennings, P. A., & Greenberg, M. T. (2009). The prosocial classroom: Teacher social and emotional competence in relation to student and classroom outcomes. *Review of Educational Research, 79*(1), 491–525.

Johnson, K. E., Thompson, J., Hall, J. A., & Meyer, C. (2018). Crisis (hostage) negotiators weigh in: The skills, behaviors, and qualities that characterize an expert crisis negotiator. *Police Practice and Research, 19*(5), 472–489.

Johnson-Laird, P. N., Girotto, V., & Legrenzi, P. (2004). Reasoning from inconsistency to consistency. *Psychological Review, 111*(3), 640–661.

Jones, D. A. (2004). Why Americans don't trust the media: A preliminary analysis. *Harvard International Journal of Press/Politics, 9*(2), 60–75.

Jost, J. T., Glaser, J., Kruglanski, A. W., & Sulloway, F. J. (2003). Political conservatism as motivated social cognition. *Psychological Bulletin, 129*(3), 339–375.

Kahneman, D. (2011). *Thinking, fast and slow*. New York, NY: Farrar, Straus & Giroux.

Kahneman, D., Slovic, P., & Tversky, A. (Eds.). (1982). *Judgment under uncertainty: Heuristics and biases.* Cambridge, England: Cambridge University Press.

Kaplan, J. T., Gimbel, S. I., & Harris, S. (2016, December 23). Neural correlates of maintaining one's political beliefs in the face of counterevidence. *Scientific Reports, 6,* art. no. 39589. Retrieved from https://www.nature.com/articles/srep39589.

Kaufmann, W. A. (2015). *The faith of a heretic.* 2nd ed. Princeton, NJ: Princeton University Press.

Kellin, B., & McMurtry, C. (2007). STEPS—structured tactical engagement process: A model for crisis negotiation. *Journal of Police Crisis Negotiations, 7*(2), 29–51.

Kelly, J. F., & Westerhoff, C. M. (2010). Does it matter how we refer to individuals with substance-related conditions? A randomized study of two commonly used terms. *International Journal of Drug Policy, 21*(3), 202–207.

Khazan, O. (2017, February 1). The simple psychological trick to political persusion. The Atlantic. Retrieved from https://www.theatlantic.com/science/archive/2017/02/the-simple-psychological-trick-to-political-persuasion/515181/?utm_source=twb.

Killias, M. (1993). International correlations between gun ownership and rates of homicide and suicide. *CMAJ: Canadian Medical Association Journal, 148*(10), 1721–1725.

Kolbert, E. (2017, February 27). Why facts don't change our minds. *The New Yorker.* Retrieved from http://www.newyorker.com/magazine/2017/02/27/why-facts-dont-change-our-minds.

Koriat, A., Lichtenstein, S., & Fischhoff, B. (1980). Reasons for confidence. *Journal of Experimental Psychology: Human Learning and Memory, 6*(2), 107–118.

Kruger, J., & Dunning, D. (1999). Unskilled and unaware of it: How difficulties in recognizing one's own incompetence lead to inflated self-assessments. *Journal of Personality and Social Psychology, 77*(6), 1121–1134.

Kubany, E. S., Muraoka, M. Y., Bauer, G. B., & Richard, D. C. (1992). Verbalized anger and accusatory "you" messages as cues for anger and antagonism among adolescents. *Adolescence, 27*(107), 505–516.

Kuran, T. (1997). *Private truths, public lies: The social consequences of preference falsification.* Cambridge, MA: Harvard University Press.

Lakoff, G. (2010). *Moral politics: How liberals and conservatives think.* Chicago, IL: University of Chicago Press.

Lee, H. (1960). *To kill a mockingbird.* Philadelphia, PA: J. B. Lippincott.

Leonard, K., & Yorton, T. (2015). *Yes, and: How improvisation reverses "no, but" thinking and improves creativity and collaboration—lessons from the second city.* New York, NY: HarperCollins.

Lerner, J. S., & Tiedens, L. Z. (2006). Portrait of the angry decision maker: How appraisal tendencies shape anger's influence on cognition. *Journal of Behavioral Decision Making, 19*(2), 115–137.

Lewin, K. (1947). Group decision and social change. In T. Newcomb & E. Hartley (Eds.), *Readings in social psychology* (pp. 197–211). New York, NY: Holt, Rinehart & Winston.

Lewin, M. A. (1998). Kurt Lewin: His psychology and a daughter's recollections. In G. A. Kimble & M. Wertheimer (Eds.), *Portraits of pioneers in psychology* (Vol. III, pp. 105–120). Washington, DC: American Psychological Association.

Lindsay, J. (2015). *Everybody is wrong about god.* Durham, NC: Pitchstone Publishing.

Lindsay, J. (2016). *Life in light of death.* Durham, NC: Pitchstone Publishing.

Loftus, J. (2013). *The outsider test for faith: How to know which religion is true.* Amherst, NY: Prometheus Books.

Longsine, G., & Boghossian, P. (2012, September 27). Indignation is not righteous. *Skeptical Inquirer.* Retrieved from https://www.csicop.org/specialarticles/show/indignation_is_not_righteous.

Lowndes, L. (2003). *How to talk to anyone: 92 little tricks for big success in relationships.* New York, NY: McGraw-Hill.

Lukianoff, G., & Haidt, J. (2018). *The coddling of the American mind: How good intentions and bad ideas are setting up a generation for failure.* New York, NY: Penguin.

Magnabosco, A. (2016a, April 21). *Street Epistemology: Kari | Examining cardinal beliefs* [Video File]. Retrieved from https://www.youtube.com/

watch?v=JnF6MenyiEQ.

Magnabosco, A. (2016b, December). *Street Epistemology quick-clip: Sam | Weighing the soul* [Video File]. Retrieved from https://www.youtube.com/watch?v=5IgZSYaa zFc&feature=youtu.be.

Malhotra, D. (2016a, October 14). How to build an exit ramp for Trump supporters. *Harvard Business Review*. Retrieved from https://hbr.org/2016/10/how-to-build-an-exit-ramp-for-trump-supporters.

Malhotra, D. (2016b). *Negotiating the impossible: How to break deadlocks and resolve ugly conflicts (without money or muscle)*. Oakland, CA: Berrett-Koehler.

Martí, L., Mollica, F., Piantadosi, S., & Kidd, C. (2018). Certainty is primarily determined by past performance during concept learning. *Open Mind, 2*(1), 47–60. https://doi.org/10.1162/opmi_a_00017.

Masci, D. (2019, February 11). For Darwin Day, 6 facts about the evolution debate. *Fact Tank*. Pew Research Center. Accessed February 10, 2017. Retrieved from http://www.pewresearch.org/fact-tank/2017/02/10/darwin-day/.

Maybee, J. E. (2016, Winter). Hegel's dialectics. In *Stanford encyclopedia of philosophy*. Retrieved from https://plato.stanford.edu/entries/hegel-dialectics/.

Mbarki, M., Bentahar, J., & Moulin, B. (2008). A formal framework of conversational goals based on strategic reasoning. In *International conference on industrial, engineering and other applications of applied intelligent systems* (pp. 835–844). Berlin, Germany: Springer.

McMains, M., & Mullins, W. C. (2014). *Crisis negotiations: Managing critical incidents and hostage situations in law enforcement and corrections.* 5th ed. New York, NY: Routledge.

Michel, C. (2017, June 30). How liberal Portland became America's most politically violent city. *Politico*. Retrieved from http://www.politico.com/magazine/story/2017/06/30/how-liberal-portland-became-americas-most-politically-violent-city-215322.

Mill, J. S. (1859). *On liberty*. London, England: Longman, Roberts & Green.

Miller, L. (2005). Hostage negotiation: Psychological principles and practices. *International Journal of Emergency Mental Health, 7*(4), 277–298.

Mitchell, A., Matsa, K. E., Gottfried, J., & Kiley, J. (2014, October 21). Political polarization and media habits. Pew Research Center. Retrieved from http://www.journalism.org/2014/10/21/political-polarization-media-habits/.

Mullins, W. C. (2002). Advanced communication techniques for hostage negotiators. *Journal of Police Crisis Negotiations, 2*(1), 63–81.

Neiman, M. (2008). Motorcycle helmet laws: The facts, what can be done to jump-start helmet use, and ways to cap damages. *Journal of Health Care Law & Policy, 11*, 215–248.

Neumann, C. S., & Hare, R. D. (2008). Psychopathic traits in a large community sample: Links to violence, alcohol use, and intelligence. *Journal of Consulting and Clinical Psychology, 76*(5), 893–899.

Nichols, T. (2017). *The death of expertise: The campaign against established knowledge and why it matters.* New York, NY: Oxford University Press.

Norton, S. W. (2002). Economic growth and poverty: In search of trickle-down. *Cato Journal, 22*(2), 263–275.

Nyhan, B., & Reifler, J. (2010). When corrections fail: The persistence of political misperceptions. *Political Behavior, 32*(2), 303–330.

Nyhan, B., & Reifler, J. (2018, May 6). The roles of information deficits and identity threat in the prevalence of misperceptions. *Journal of Elections, Public Opinion and Parties.* Advance online publication. https://doi.org/10.1080/17457289.2018.1465061.

Nyhan, B., Reifler, J., & Ubel, P. A. (2013). The hazards of correcting myths about health care reform. *Medical Care, 51*(2), 127–132.

O'Reilly, C. A., & Chatman, J. (1986). Organizational commitment and psychological attachment: The effects of compliance, identification, and internalization on pro-social behavior. *Journal of Applied Psychology, 71*(3), 492–499.

Pallatroni, L. (Ed.). (2018). *Return to reason: The science of thought.* New York, NY: Scientific American Ebooks.

Parker, K. (2016, November 20). Fake news, media distrust and the threat to democracy. *Denver Post.* Retrieved from http://www.denverpost.

com/2016/11/20/fake-news-media-distrust-and-the-threat-to-democracy/.

Parrott, W. G. (2001). *Emotions in social psychology: Essential readings.* New York, NY: Psychology Press.

Parsons, R. D., & Zhang, N. (2014). *Counseling theory: Guiding reflective practice.* Los Angeles, CA: SAGE Publications.

Pascal, B. (1958). *Pascal's pensées.* New York, NY: E. P. Dutton. Retrieved from https://www.gutenberg.org/files/18269/18269-h/18269-h.htm. (Original work published 1670)

Pascual, L., Rodrigues, P., & Gallardo-Pujol, D. (2013, September). How does morality work in the brain? A functional and structural perspective of moral behavior. *Frontiers in Integrative Neuroscience, 7*, art. no. 65. Retrieved from https://www.frontiersin.org/articles/10.3389/fnint.2013.00065/full.

Patton, B. M. (1998). Difficult conversations. *Dispute Resolution Magazine, 5*(4), 25–29.

Peters, M. (2015, December 24). Virtue signaling and other inane platitudes. *Boston Globe.* Retrieved from https://www.bostonglobe.com/ideas/2015/12/24/virtue-signaling-and-other-inane-platitudes/YrJRcvxYMofMcCfgORUcFO/story.html.

Phelps-Roper, M. (2017, February). *I grew up in the Westboro Baptist Church. Here's why I left* [Video File]. Retrieved from http://www.ted.com/talks/megan_phelps_roper_i_grew_up_in_the_westboro_baptist_church_here_s_why_i_left.

Pigeon chess. (2016, December 27). *RationalWiki.* Retrieved from http://rationalwiki.org/wiki/Pigeon_chess.

Pinker, S. (2008, January 13). The moral instinct. *New York Times Magazine.* Retrieved from http://www.nytimes.com/2008/01/13/magazine/13Psychology-t.html.

Plato. (1992). *Republic.* Translated by G. M. A. Grube. Indianapolis, IN: Hackett. (Original work published ca. 380 BCE)

Plato. (2006). *Plato's Meno.* Edited by D. Scott. Cambridge, England: Cambridge University Press. (Original work published ca. 380 BCE)

Pratkanis, A. R. (2000). Altercasting as an influence tactic. In D. J. Terry & M. A.

Hogg (Eds.), *Attitudes, behaviour, and social context: The role of norms and group membership* (pp. 201–226). New York, NY: Psychology Press.

Rogers, C. R. (1975). Empathetic: An underappreciated way of being. *The Counseling Psychologist, 5*(2), 2–10.

Rogers, K. (2016, November 9). White women helped elect Donald Trump. *New York Times.* Retrieved from https://www.nytimes.com/2016/12/01/us/politics/white-women-helped-elect-donald-trump.html.

Rozenblit, L., & Keil, F. (2002). The misunderstood limits of folk science: An illusion of explanatory depth. *Cognitive Science, 26*(5), 521–562.

The RSA. (2012, August 15). *The truth about dishonesty—Dan Ariely* [Video File]. Retrieved from https://www.youtube.com/watch?v=ZGGxguJsirI.

Säde, R. (2015, October 6). *Peter Boghossian—Imagine No Religion 5, Islamism and doubt* [Video File]. Retrieved from https://www.youtube.com/watch?v=_I5-SUdBpaQ.

Sanders, E. P. (1993). *The historical figure of Jesus.* New York, NY: Penguin.

Schlottmann, A., & Anderson, N. H. (1995). Belief revision in children: Serial judgment in social cognition and decision-making domains. *Journal of Experimental Psychology: Learning, Memory, and Cognition, 21*(5), 1349–1364.

Seneca, L. A. (1995). On anger. In J. M. Cooper & J. F. Procopé (Eds.), *Seneca: Moral and political essays* (pp. 17–116). Cambridge, England: Cambridge Press. (Original work published 1st century CE)

Shelton, C. (2016, April). *Me, my mom and Scientology* [Video File]. Retrieved from https://www.youtube.com/playlist?list=PLGrPM1Pg2h713UyF8wjTT4L3tVqI d7KKW.

Shermer, M. (2012). *The believing brain: From ghosts and gods to politics and conspiracies—how we construct beliefs and reinforce them as truths.* New York, NY: St. Martin's Press.

Shklovskii, I., & Sagan, C. (1966). *Intelligent life in the universe.* San Francisco, CA: Holden-Day.

Singer, P. (1983). *Hegel.* Oxford, England: Oxford University Press.

Sophocles. (trans. 1891). *The Antigone of Sophocles.* Edited with introduction and notes by Sir Richard Jebb. Cambridge, England: Cambridge University Press. (At the Perseus Project)

Spitzer, S. P., & Volk, B. A. (1971). Altercasting the difficult. *American Journal of Nursing, 71*(4), 732–738.

Starr, E. (1954, November 3). Groucho Marx quotation. In Inside TV [column]. *Greensboro (NC) Record.*

Steenburgh, T., & Ahearne, M. (2012, July–August). Motivating salespeople: What really works. *Harvard Business Review.* Retrieved from https://hbr.org/2012/07/motivating-salespeople-what-really-works.

Stenger, V., Lindsay, J., & Boghossian, P. (2015, May 8). Physicists are philosophers, too. *Scientific American.* Retrieved from: https://www.scientificamerican.com/article/physicists-are-philosophers-too/.

Stone, D., Patton, B., & Heen, S. (2010). *Difficult conversations: How to discuss what matters most.* New York, NY: Penguin.

Swift, A. (2016, September 14). Americans' trust in mass media sinks to new low. Gallup. Retrieved from http://www.gallup.com/poll/195542/americans-trust-mass-media-sinks-new-low.aspx.

Swinburne, R. (1990). The limits of explanation: The limits of explanation [*sic*]. *Royal Institute of Philosophy Supplements, 27*, 177–193.

Swinburne, R. (1997). *Simplicity as evidence of truth.* Milwaukee, WI: Marquette University Press.

Swinburne, R. (2001). *Epistemic justification.* Oxford, England: Oxford University Press.

Swinburne, R. (2005). *Faith and reason.* Oxford, England: Oxford University Press.

Swoyer, C. (1982). True for. In M. Krausz & J. W. Meiland (Eds.), *Relativism: Cognitive and moral* (pp. 84–108). Notre Dame, IN: Notre Dame University Press.

Tajfel, H. (Ed.). (2010). *Social identity and intergroup relations* (European Studies in Social Psychology). 7th ed. Cambridge, England: Cambridge University Press.

Tappin, B. M., van der Leer, L., & McKay, R. T. (2017). The heart trumps the head: Desirability bias in political belief revision. *Journal of Experimental Psychology:*

General, 146(8), 1143–1149.

Tavernise, S. (2017, February 18). Are liberals helping Trump? *New York Times.* Retrieved from https://www.nytimes.com/2017/02/18/opinion/sunday/are-liberals-helping-trump.html.

Tavris, C., & Aronson, E. (2008). *Mistakes were made (but not by me): Why we justify foolish beliefs, bad decisions, and hurtful acts.* Boston, MA: Houghton Mifflin Harcourt.

Taylor, P. J., & Donohue, W. (2006). Hostage negotiation opens up. In K. Schneider & C. Honeyman (Eds.), *The negotiator's fieldbook: The desk reference for the experienced negotiator* (pp. 667–674). Washington, DC: American Bar Association.

TED. (2014, June 27). *How to speak so that people want to listen | Julian Treasure* [Video File]. June. Retrieved from https://www.youtube.com/watch?v=eIho2S0ZahI.

TedX Talks. (2013, November 14). *The illusion of understanding: Phil Fernbach at TEDxGoldenGatePark* [Video file]. Retrieved from https://www.youtube.com/watch?v=2SlbsnaSNNM.

Thompson, D. (2016, September 16). Why do Americans distrust the media? *The Atlantic.* Retrieved from https://www.theatlantic.com/business/archive/2016/09/why-do-americans-distrust-the-media/500252/.

Thomson, J. A., & Aukofer, C. (2011). *Why we believe in God(s): A concise guide to the science of faith.* Durham, NC: Pitchstone Publishing.

Top town crier to be crowned as Hebden Bridge hits 500. (2010, August 20). BBC News. Retrieved from http://news.bbc.co.uk/local/bradford/hi/people_and_places/arts_and_culture/newsid_8931000/8931369.stm.

Trepagnier, B. (2017). *Silent racism: How well-meaning white people perpetuate the racial divide.* New York, NY: Routledge.

Trevors, G. J., Muis, K. R., Pekrun, R., Sinatra, G. M., & Winne, P. H. (2016). Identity and epistemic emotions during knowledge revision: A potential account for the backfire effect. *Discourse Processes, 53*(5–6), 339–370.

Trotter, C. (1995). *The supervision of offenders—what works? A study undertaken in community based corrections, Victoria: First & second reports to the Australian*

Criminology Research Council, 1995. Melbourne, Australia: Social Work Department, Monash University.

TubeCactus. (2011, June 4). *That's soulless!—What evidence or logical argument can you provide?* [Video File]. Extract from Is the Foundation of Morality Natural or Supernatural? debate, William Lane Craig vs. Sam Harris, University of Notre Dame, Notre Dame, Indiana. Retrieved from https://www.youtube.com/watch?v=pk7jHJRSzhM&t=1m10s.

Turner, M. M., Banas, J. A., Rains, S. A., Jang, S., Moore, J. L., & Morrison, D. (2010). The effects of altercasting and counterattitudinal behavior on compliance: A lost letter technique investigation. *Communication Reports, 23*(1), 1–13.

2Civility. (2015). *Skill practice: Inquire, paraphrase, acknowledge* [Unpublished manuscript]. Illinois Supreme Court Commission on Professionalism.

Tyson, A., & Maniam, S. (2016). Behind Trump's victory: Divisions by race, gender, education. Pew Research Center. Retrieved from http://www.pewresearch.org/fact-tank/2016/11/09/behind-trumps-victory-divisions-by-race-gender-education/.

Uchtdorf, D. F. (2013, October). Come, join with us. Presentation at The Church of Jesus Christ of Latter-Day Saints, General Conference. Retrieved from https://www.lds.org/general-conference/2013/10/come-join-with-us?lang=eng.

Ury, W. (1992). *Getting past no: Negotiating with difficult people.* London, England: Random Century.

Vlemincx, E., Van Diest, I., & Van den Bergh, O. (2016). A sigh of relief or a sigh to relieve: The psychological and physiological relief effect of deep breaths. *Physiology & Behavior, 165,* 127–135.

Voss, C., & Raz, T. (2016). *Never split the difference: Negotiating as if your life depended on it.* New York, NY: HarperCollins.

Vuori, T. (2013). How closed groups can drift away from reality: The story of a knocked-out Kiai master. *International Journal of Society Systems Science, 5*(2), 192–206.

Waldron, V. R., Cegala, D. J., Sharkey, W. F., & Teboul, B. (1990). Cognitive and tactical dimensions of conversational goal management. *Journal of Language and Social Psychology, 9*(1–2), 101–118.

Ware, B. (2012). *The top five regrets of the dying: A life transformed by the dearly departing.* Carlsbad, CA: Hay House.

Waters, N. L., & Hans, V. P. (2009, September 1). A jury of one: Opinion formation, conformity, and dissent on juries. Cornell Law Faculty Publications. Retrieved from http://scholarship.law.cornell.edu/cgi/viewcontent. cgi?article=1113&context=lsrp_papers.

Weinstein, E., & Deutschberger, P. (1963). Some dimensions of altercasting. *Sociometry, 26*(4), 454–466.

Weitzenhoffer, S. D. (2005, March 16). Problem with debating creationists [review of *Evolution vs. creationism: An introduction* by Eugenie C. Scott]. Retrieved from https://www.amazon.com/review/R2367M3BJ05M82.

Wells, S. (2015). Hostage negotiation and communication skills in a terrorist environment. In J. Pearse (Ed.), *Investigating terrorism: Current political, legal and psychological issues* (pp. 144–166). Chichester, England: Wiley-Blackwell.

West, M. A., Tjosvold, D., & Smith, K. G. (Eds.). (2003). *International handbook of organizational teamwork and cooperative working.* Chichester, England: Wiley.

West, M. A., Tjosvold, D., & Smith, K. G. (Eds.). (2005). *The essentials of teamworking: International perspectives.* Chichester, England: Wiley.

Whitney, E., & Taylor, J. (2017, May 24). On eve of election, Montana GOP candidate charged with assault on reporter. *NPR.* Retrieved from http://www. npr.org/2017/05/24/529862697/republican-s-altercation-with-reporter-shakes-up-montana-race-on-eve-of-voting.

Willer, R. (2016, September). *How to have better political conversations* [Video File]. TED. Retrieved from https://www.ted.com/talks/robb_willer_how_to_have_better_political_conversations.

Wilson, R. A., & Keil, F. (1998). The shadows and shallows of explanation. *Minds and Machines, 8*(1), 137–159.

Wynn, C. M., & Wiggins, A. W. (2016). *Quantum leaps in the wrong direction: Where real science ends . . . and pseudoscience begins.* New York, NY: Oxford University

Press.

Zukar. (2017, February 1). *All that we share—ZUKAR Translations EN, FR, NL, PO, GE* [Video File]. Retrieved from https://www.youtube.com/watch?v=i1AjvFjVXUg.

Zunin, L. M., & Zunin, N. (1972). *Contact: The first four minutes*. New York, NY: Ballantine Books.

지은이   **피터 버고지언**Peter Boghossian

철학자. 오리건주에 있는 포틀랜드 주립대학 철학과 교수로 재직 중이다. 박사 논문 연구를 위해 교도소 수감자들과 함께 인생의 여러 난제를 놓고 대화했고, 그때 개발한 기법을 종교적 강경주의자, 광신자, 온갖 극단주의자들과 수천 시간에 걸쳐 이야기를 나누며 발전시켰다. 이성과 과학을 위한 리처드 도킨스 재단 등에서 다양한 강연 활동을 펼치며 이성과 과학적 사유의 확산에 노력하고 있다. 저서로 『신앙 없는 세상은 가능하다』가 있다.

제임스 린지 James Lindsay

수학 박사, 작가, 문화 비평가. 정치관, 도덕관, 종교관이 전혀 다른 사람들과 장시간 대화하여 그 경험을 토대로 칼럼을 쓰고, 이 책을 집필했다. 저서로 『냉소적 이론Cynical Theories』 등이 있다.

옮긴이   **홍한결**

서울대학교 화학공학과와 한국외국어대학교 통번역대학원을 나와 책 번역가로 일하고 있다. 쉽게 읽히고 오래 두고 보고 싶은 책을 만들고 싶어 한다. 옮긴 책으로 『신의 화살』, 『인간의 흑역사』, 『진실의 흑역사』, 『걸어 다니는 어원 사전』, 『한배를 탄 지구인을 위한 가이드』 등이 있다.

개싸움을 지적 토론의 장으로 만드는
어른의 문답법

펴낸날 초판 1쇄 2021년 9월 10일
　　　　초판 9쇄 2022년 1월 20일
지은이 피터 버고지언, 제임스 린지
옮긴이 홍한결
펴낸이 이주애, 홍영완
편집1팀 문주영, 양혜영
편집 최혜리, 유승재, 박효주, 장종철, 김애리, 홍은비
디자인 김주연, 박아형, 기조숙, 윤신혜
마케팅 김슬기, 김태윤, 박진희, 김미소, 김송이, 김예인
해외기획 정미현
경영지원 박소현
펴낸곳 (주)윌북　**출판등록** 제2006-000017호　**주소** 10881 경기도 파주시 회동길 337-20
전자우편 willbooks@naver.com　**전화** 031-955-3777　**팩스** 031-955-3778
블로그 blog.naver.com/willbooks　**포스트** post.naver.com/willbooks
페이스북 @willbooks　**트위터** @onwillbooks　**인스타그램** @willbooks_pub
ISBN 979-11-5581-396-6　03190